乡村振兴背景下区域城乡义务教育一体化研究

樊　昊　姚玉珊　邓云桓　著

西南大学出版社
国家一级出版社　全国百佳图书出版单位

图书在版编目(CIP)数据
乡村振兴背景下区域城乡义务教育一体化研究 / 樊昊, 姚玉珊, 邓云桓著. -- 重庆 : 西南大学出版社, 2025. 3. -- ISBN 978-7-5697-2767-8
Ⅰ. G522.3
中国国家版本馆CIP数据核字第2024VE8727号

乡村振兴背景下区域城乡义务教育一体化研究

XIANGCUN ZHENXING BEIJING XIA QUYU CHENGXIANG YIWU JIAOYU YITIHUA YANJIU

樊 昊 姚玉珊 邓云桓 著

责任编辑: 王瑞兵
责任校对: 尤国琴
封面设计: 小树成荫
排　　版: 吴秀琴
出版发行: 西南大学出版社(原西南师范大学出版社)
地址:重庆市北碚区天生路2号
邮编:400715
市场营销部电话:023-68868624
经　　销: 全国新华书店
印　　刷: 重庆正文印务有限公司
成品尺寸: 185 mm×260 mm
印　　张: 13
字　　数: 282千字
版　　次: 2025年3月　第1版
印　　次: 2025年3月　第1次印刷
书　　号: ISBN 978-7-5697-2767-8

定　　价:52.00元

项目基金：

国家社会科学基金项目，“西南地区岩溶山区乡村“生态—人—地—业”协同绿色发展研究”，23BJY200

2020年重庆市教育委员会人文社会科学研究项目，“基于GIS的重庆市体育旅游资源空间格局形成及发展研究”，20SKGH254

2023年重庆市教育委员会科学技术研究计划项目，“语义符码应用于重庆文化创意产品设计程序之研究”，KJQN202301613

重庆市人文社科重点研究基地“重庆市统筹城乡教师教育研究中心”项目资助，JDZS202303

前 言 QIAN YAN

随着我国经济社会的快速发展，乡村振兴战略的提出为新时代乡村地区的发展指明了方向。乡村振兴战略不仅涉及经济的繁荣和社会的进步，更包含了教育的公平与质量提升。教育是乡村振兴的基石，城乡义务教育一体化发展是实现教育公平的关键路径之一。在此背景下，研究城乡义务教育一体化的发展具有重要的理论和现实意义。

近年来，我国城乡义务教育一体化发展取得了显著成效，但在具体实施过程中仍面临诸多挑战。城乡教育资源分布不均衡、教育质量差距较大、乡村教师队伍建设薄弱等问题依然存在。这些问题不仅制约了乡村教育的发展，也影响了乡村振兴战略的全面推进。因此，探讨在乡村振兴战略背景下，如何实现城乡义务教育一体化发展，成为当前教育研究的重要课题。

本书从乡村振兴与城乡义务教育一体化的关系入手，系统分析了乡村振兴战略与城乡义务教育一体化发展的内在关联，梳理了区域城乡义务教育一体化发展的现实基础和现状。本书以重庆为主要研究区域，探讨了城乡义务教育资源和城乡义务教育一体化发展的路径。

在本书的撰写过程中，得到了多方的帮助。感谢成都市金牛国投天府产业投资有限公司副总经理刘亮在长达一年的田野调查和深度访谈中给予的帮助，并参与了第三章、第四章和第五章的撰写。

感谢重庆第二师范学院的同事杜成林、杨熊裔、李园园、左太安、张晓娟、田亚昀、堵斌和向云路，重庆外语外事学院李庆，三亚学院吴兰卡，重庆市地理信息和遥感应用中心叶胜，重庆城市管理职业学院高蕾，重庆市委统战部钱磊，致公党重庆市南岸区委会高蕴嶙等专家学者发挥自身专业所长，对本书的撰写提出了宝贵的修改意见。

感谢三亚学院亓元、重庆第二师范学院李鹏军和中国台湾元智大学丘昌泰、刘宜君等教授在本书撰写过程中给予的指导和建设性意见。

感谢重庆市委统战部、致公党重庆市委会、南岸区委统战部、南岸区文化与旅游委、致公党南岸区委会、南岸区侨联等部门的协助。

目录 MU LU

第一章　乡村振兴战略与区域城乡义务教育一体化发展

第一节　乡村振兴战略的背景

乡村振兴战略是以习近平同志为核心的党中央经过长期思考、分析和实践提出来的，是在历届领导人乡村建设的经验中丰富起来的。习近平总书记在基层工作时就十分重视乡村发展，他在河北、福建、浙江等地工作期间，针对各地“三农”的实际情况和农民群众的需要，带领当地乡亲积极探索乡村发展的新办法，提出了一系列乡村发展的新思想、新思路和新措施。习近平总书记的“三农”思想就是在基层工作时通过不断地实践形成的。习近平总书记认为，首先要明确“三农”的定位，农民群众在国家革命和建设发展的历程中起着重大作用，我们要始终把农民群众放在心中。“中国要强，农业必须强；中国要美，农村必须美；中国要富，农民必须富”（《在中央农村工作会议上的讲话》），“三农”工作不仅关系到农村的发展，还关系到社会的稳定和国家目标的实现。其次，党要引导农村发展和建设，不断深化农村改革，为“三农”的健康发展提供政治保障。加强农村基层党组织的培训和人才的管理，重视农业的生产和政策改革，把粮食安全的主动权掌握在自己手中，完善农业供给侧结构性改革，促进农业农村现代化的发展[①]。

① 于思文. 习近平乡村振兴战略研究[D]. 哈尔滨：哈尔滨师范大学，2019:40.

党中央基于我国城乡经济发展差异和居民收入差距，提出城乡统筹、协调、一体化及融合发展的战略思想，旨在打破城乡二元结构，促进均衡发展。同时，党中央强调脱贫攻坚不应局限于经济层面，更需通过教育提升乡村居民的思想意识和脱贫能力。为此，党中央制定了具体措施，确保扶贫工作既发展经济，又解放思想，实现全面进步。习近平总书记还十分重视生态文明建设，针对国家建设中出现的生态环境问题，提出了著名的“两山”理论，告诉我们在发展中要处理好生态保护和经济发展之间的关系，做到既要绿水青山，也要金山银山，还对乡村生态文明建设提出了自己的意见和看法，这些都为乡村振兴战略的提出奠定了坚实基础。

2017年10月，以习近平同志为核心的党中央提出了乡村振兴战略这一重要思想。这一实施战略被提升到国家战略的高度，并写入了党章。从国家事业的全局考虑，着眼当前国家奋斗的目标，在认识和把握我国发展的阶段性特征的基础上做出的重大决策——乡村振兴战略，成为全国人民的共同愿望和行动指南。

一、乡村振兴战略的理论渊源

1.马克思、恩格斯的农村发展理论

马克思、恩格斯的农村发展理论是马克思主义农村理论的基石，是马克思主义理论中不可或缺的重要内容。马克思、恩格斯通过分析所处时代各国农村发展状况，对社会主义农村发展进行了思考和研究①。

(1)马克思、恩格斯的农业发展理论。

马克思、恩格斯均对农业的发展及其在社会经济结构中的重要性给予了高度关注。他们认为，农业不仅是人类社会存在和发展的基石，更是确保粮食供应、满足人民生活需求的关键领域。

马克思明确指出，劳动的核心目的在于生产和占有能够满足人们日常生活所需的粮食。这一观念凸显了粮食生产在农业发展中的核心地位。在当前全球粮食安全问题日益严峻的背景下，我国作为粮食生产大国，更应深化对农业重要性的认识，并采取有效措施确保粮食生产稳定增长。

随着资本主义国家工业的迅猛发展，马克思敏锐地洞察到了小农经济的局限性。他认为，小农经济不利于国家生产资料积累和生产力提升。在世界资本主义工业的发展历程中，小农经济终将被社会化的大生产所替代。尽管这是一个必然过程，但各国仍需寻找合适的路径来实现农业现代化，进而增加农民收入。

马克思还预测了未来农业的发展趋势，即走向合作化的道路。恩格斯进一步补充说，无产阶级在掌握国家政权后，应当充分尊重农民的意愿，避免使用暴力手段对待小农；还应维护小农的利益，通过合作社示范和社会救助的方式，引导农民逐步走向合作化，从而实现适度的规模经营。这一理念为当今我国在农业发展中寻求合作化道路提供

---

① 于思文.习近平乡村振兴战略研究[D].哈尔滨：哈尔滨师范大学，2019:23-26.

了宝贵的理论支撑。

(2)马克思、恩格斯的城乡关系理论。

19世纪中叶,马克思、恩格斯批判性地继承并发展了先前的社会主义城乡发展观点。他们深入分析了城乡关系,并在此基础上创立了从对立到融合的马克思主义城乡发展理论。这一理论不仅揭示了城乡关系的本质,还为后来的城乡发展提供了理论指导,其中主要内容包括:

第一,城乡对立。早期的人类历史发展过程中并不存在所谓的城乡关系,故无城乡对立这种说法,但随着社会发展的不断进步,在社会生产力和社会大分工的影响下,城市的出现,伴随着城乡关系的形成。机械化大生产破坏了城乡之间的发展,使城乡发展出现了矛盾,就此城乡关系开始对立。生产资源主要集中在城市,这就使得人口、工业也主要集中在城市,形成了城乡之间的差距,使得农村逐渐被孤立起来。马克思和恩格斯在《德意志意识形态》中提出"一个民族内部的分工,首先会引起工商业和农业劳动的分离,从而也就会引起城乡的分离和利益的对立"。

第二,城乡融合。城乡融合意味着将城市和乡村各自在生产和生活方式上的优势结合起来,实现互补与共赢。马克思主义理论家在深入分析了城乡对立的意义后,基于马克思主义理论,指出城乡对立并不会是长期的城乡关系状态。随着生产力的提升和对城乡对立所带来危害的认识,城乡关系将逐渐由对立走向融合。城乡融合将为双方带来诸多益处,但其实现过程必定漫长而复杂,不可能一蹴而就。

因此,我们必须立足我国的实际国情,用发展的眼光看待城乡关系,并借助先进的知识和理论来指导我们的实践活动。通过不断地探索和创新,找出符合我国国情的城乡发展路径,推动我国城乡关系的和谐融合。

(3)马克思、恩格斯的工农联盟思想。

马克思及其同人深入研究并分析了欧洲农民在资产阶级压迫下的生存状况,以及农民群体在社会变革中所发挥的关键作用。基于对1848年欧洲革命经验的总结,他们提出了工农联盟的理念。工农联盟作为一个革命联盟体,其核心是在共产党的引领下,在无产阶级革命和社会主义建设进程中工人阶级与劳动农民形成了紧密的联盟关系。这一联盟旨在确保双方共同的目标和利益得到实现,从而推动社会的全面进步和发展。

工人阶级和农民阶级都受到剥削阶级的压迫,他们有着相同的革命诉求和根本利益。在革命进程中,工人阶级要取得胜利,必须倚仗农民阶级的支持。小农的经济地位决定了农民阶级既有革命性的一面,同时也存在保守性。因此,农民阶级要想实现真正的解放,必须接受工人阶级的领导。这种领导关系不仅有助于推动革命进程,也是实现社会变革和发展的重要保证。农民在无产阶级革命中具有十分重要的作用,马克思指出,如果无产阶级革命得不到农民的支持,它在一切农民国度中的独唱是不免要变成孤鸿哀鸣的。马克思、恩格斯认为农民是工人的同盟军,革命要取得最终胜利必须争取到广大农民的帮助。

在新时代,我们必须赋予工农联盟新的时代内涵,其中之一就是建立工农合作组织,加强工人与农民之间的联合，确保他们共同分享改革发展成果。自改革开放以来，我国的工农联盟关系已经发生了显著变化，工人和农民之间的联系日益紧密。受社会生活条件影响，农民在改革开放中发挥了领导社会的重要作用，农村经济仍然是我国社会政治和经济生活中最具活力的部分，农村乡镇企业的崛起成为一个显著特征。城市的工业技术和熟练工人流入农村，与农村的富余劳动力等生产要素相结合，催生了农村工厂企业。这种趋势造就了一大批"离土不离乡"的新型农民或工人，他们既保留了农民身份，又融入了产业化的生产活动。农村富余人口大量进入城市劳动力市场，成为城市工业企业生产活动中的重要力量，实际上构成了工人阶级中的一个特殊群体。这两部分农民工人或工人化的农民，使我国广大农村地区的社会阶级结构发生了深刻变化。在社会结构、思想意识和生活方式上，农村地区正朝着现代化方向发展。这种变革正是马克思、恩格斯工农联盟思想在新时代的具体体现，它强调了工人与农民紧密结合并站在同一战线上的重要性。只有确保农民的利益始终放在首位，工农联盟才能稳固，国家发展才能凝聚全国的力量，迈向更加繁荣富强的未来。

在21世纪的中国，我们必须深刻认识到农民在国家发展进程中的重要作用。工农联盟作为我国的阶级基石，具有无可替代的重要性。这一联盟不仅是建立、巩固和加强人民民主专政的基石，更是推动我国走向社会主义现代化的核心力量。工农联盟在巩固和发展爱国统一战线中发挥着基础性作用，是维护国家统一和民族团结的坚强后盾。同时，它也是党和国家制定政策与法律的重要依据，确保了政策和法律能够真正反映人民的利益。我们正在推进的中国特色社会主义事业，承载着工人阶级和农民阶级的共同期望和愿景。为了进一步巩固工农联盟，我们必须不遗余力地建设中国特色社会主义，实现中华民族伟大复兴。这一目标的实现，离不开工农联盟的坚强支持。总之，工农联盟在我国社会主义现代化建设中扮演着举足轻重的角色。只有深入理解和重视工农联盟的重要性，才能确保我国的社会主义事业蓬勃发展，才能实现中华民族伟大复兴。

(4)马克思、恩格斯消灭三大差别理论。

在马克思的科学社会主义理论中，共产主义社会致力于消除三大差别：工农差别、城乡差别以及脑力劳动和体力劳动之间的差别。马克思主义认为，这些差别消除的关键在于利益的均衡与平等。马克思、恩格斯在设想未来的"共产主义"社会时，是以他们所处的资本主义发展时期的状况为参照的。他们认为，剥削制度的存在是造成三大差别的核心原因。在共产主义社会中，剥削制度和异化劳动的消失、生产力的高度发展，为消除三大差别提供了必要的条件。

然而，值得注意的是，马克思、恩格斯主要关注的是消除三对矛盾的对立和冲突。恩格斯明确指出，即使在共产主义社会，乡村与城市在地理环境上的自然差异也是无法完全消除的。由于历史条件的限制，我们需要辩证地看待和发展马克思、恩格斯的理论，包括他们对三大差别的论述。

对于我国来说，农业、农村和农民的问题始终是国家发展的重中之重。自党的十八大以来，特别是党的十八届三中全会后，中国明确了"三农梦"的目标。农业梦旨在发展现代高效农业，使其成为农民致富的重要途径。农村梦致力于破除城乡二元结构，推动城乡一体化发展，将农村建设成为农民的美好家园。农民梦关注农民收入和生活质量的提升，确保每一个农民都能过上幸福美满的生活。

乡村振兴战略是实现这一目标的必经之路。按照马克思主义的观点，社会主义社会将逐步实现三大差别的消除。城乡关系从对立到融合的演变是一个内在的规律，城乡对立是一个历史范畴，城乡融合则是未来社会的重要特征。我国长期的城乡经济结构导致了城乡之间的严重分离和对立，乡村振兴战略的提出正是为了应对这一挑战。党的十九大报告提出乡村振兴战略，将过去的“城乡统筹”调整为“城乡融合”，这推进了乡村和城市在更平等地位上的共同发展，为逐步消除城乡、工农及脑力劳动与体力劳动之间的差别提供了有效的途径。

2. 中国共产党乡村发展思想演进

中国共产党成立以来，农民同农业、农村问题一起，始终是我们党和国家关注的重要问题之一，也是中国革命、建设和改革面临的主要问题。为建设社会主义农村，加快改变农村落后的面貌，从毛泽东、邓小平、江泽民、胡锦涛到习近平总书记等国家领导人都作出了不懈的努力，使得中国共产党在探索乡村问题上取得了重大进展，并提出了一系列关于农村发展的思想。这些思想强调以农民为中心的发展理念，注重乡村经济、社会和文化全面发展，为推动中国城乡协调发展和全面建成小康社会作出了重要贡献。

习近平总书记在思考分析以往领导集体关于乡村发展思想的基础上，针对新时期我国发展的现状和当今形势，进一步系统地提出了乡村振兴战略。习近平总书记于2017年10月18日在党的十九大报告中提出了乡村振兴战略。党的十九大报告指出，农业农村农民问题是关系国计民生的根本性问题，必须始终把解决好“三农”问题作为全党工作的重中之重，实施乡村振兴战略。中共中央、国务院连续发布中央一号文件，对新发展阶段优先发展农业农村、全面推进乡村振兴做出总体部署，为做好当前和今后一个时期“三农”工作指明了方向。2021年2月21日，《中共中央 国务院关于全面推进乡村振兴加快农业农村现代化的意见》，即中央一号文件发布，这是21世纪以来第18个指导“三农”工作的中央一号文件；2月25日，国务院直属机构国家乡村振兴局正式挂牌。为做好乡村振兴这篇大文章，2021年3月，《中共中央 国务院关于实现巩固拓展脱贫攻坚成果同乡村振兴有效衔接的意见》发布。

二、习近平总书记乡村振兴战略产生的时代背景

1. “三农”问题日益突出

(1)农业方面。

中国是一个历史悠久的农业大国，农村人口占据了相当大的比重，这使得“三农”问题始终是党和国家发展的重要关注点。尽管我国仅占世界9%的耕地，却成功养活了全球近20%的人口。而令人惊讶的是，我们用占全球农民总数40%的力量，仅养活了占全

球7%的非农民人口[1]。这些现象不仅凸显了农业在我国国民经济中的基础地位，还揭示了农业生产效率不高、生产方式亟待改进等问题。

在乡村发展的过程中，一系列问题逐渐浮出水面。首先，青年劳动力的流失问题日益严重。随着我国工业化和城市化的迅速推进，大量青年劳动力选择涌入城市，导致从事农业生产的劳动力大幅减少，部分乡村土地因此无人耕种。其次，粮食产量问题也愈发凸显。我国农业面临着农业基础薄弱、优质耕地稀缺、产业结构不合理、自然灾害频发等多重挑战。此外，近几十年来的城镇化和工业化进程占用了大量耕地，加上农民过度使用化肥导致的土壤肥力下降，使得优质土地更加稀少。最后，农产品市场也陷入了困境。广大乡村地区种植的农产品品种趋同，导致农产品价格低迷，而种子、化肥、农药等生产成本却持续上升，使得农业面临巨大的产量压力。

这些问题不仅影响了农民的生活水平和农业的发展，还给整个国家的经济稳定和社会和谐带来了挑战。因此，解决“三农”问题，特别是农业发展中的问题，已经成为刻不容缓的任务。

(2)农村方面。

随着改革开放和城镇化的不断发展，农村中一些青壮年开始走出农村，留在农村中的只有一些老人、妇女和儿童，农村人口老龄化和空心化现象严重。农村劳动力缺乏和留守问题，加剧了农村发展的不平衡性。农村的产业结构不合理，在社会发展过程中，以农业为主的第一产业是基础，第二产业和第三产业发展滞后。由于农村地理条件问题限制，农村的剩余劳动力大多数都转移到了城市，对农村的投资较少，缺少有相关知识的人才。此外，农村还存在着道路和交通等基础设施不够完善、教育资源和水平低下、焚烧秸秆污染环境等问题。农村的文化活动单一，思想观念陈旧，没有创新，只有内容单一的棋牌、秧歌或者大鼓等。农村的基层民主建设中存在着一定问题，乡村治理能力也有待提高。农村基层干部素质偏低，大多数村干部都是农民出身，知识水平和文化素质较低，缺乏应有的领导能力，缺乏领导农民群众发展经济的知识和本领。在农村党员队伍建设中，党和政府对农村党员的思想政治教育不足，使得农村党员的责任意识不强。一些村干部缺乏对新时期现代科学文化知识和党的方针政策的学习和研究，对乡村工作采取应付了事的态度，对农村党支部成员和党员的教育、管理不够严格。有的党员干部责任和服务意识淡薄，没有做到从群众中来到群众中去，起不到领头的作用。农村改革面临着前所未有的挑战。

(3)农民方面。

在我国这样一个人口大国中，农村人口占据了相当大的比例。国家要实现持续发展，就必须关注并提高农民的素质。在国家的发展过程中，农民的素质问题逐渐凸显出来，主要表现在科学文化素质和思想道德素质两个方面。

首先，关于农民的科学文化素质，我国的义务教育虽然已经普及，但许多农民家庭由于经济条件的限制，仍然难以承担教育费用。即使有孩子考上大学，他们也往往面临着

① 秦晖，苏文.田园诗与狂想曲：关中模式与前近代社会的再认识[M].北京：中央编译出版社，1996:1.

缺乏发展机会的困境，这使得“读书无用”的观点在部分农民中得到认同。

其次，在思想道德素质方面，虽然国家的经济发展逐渐改善了农民的温饱问题，但精神问题却日益严重。由于农业生产的季节性和生产方式的机械化，农民们逐渐从繁重的农活中解放出来，有了更多的闲暇时间。然而，农村的文化活动缺乏创新，无法满足农民的精神需求。此外，农民的小农意识也仍然存在，这种意识在家庭联产承包责任制的实施中得到了强化，使得农民的自我意识被强化，而义务观念和集体意识则相应地被弱化。在市场经济环境下，部分农民的思想观念开始扭曲，表现出日益严重的诚信缺失。

2. 城乡发展不平衡

经过四十多年的改革开放，党和国家已经实施了一系列旨在推动农村发展的重大战略措施。这些措施极大地促进了我国农村的进步，显著地提高了农民的生活水平，并在一定程度上缓解了城乡之间的发展差距。然而，这些显著成就的背后，仍然存在着一系列亟待解决的问题。农村区域发展不平衡的问题尤为突出，不同地区的农村在资源分配、基础设施建设、公共服务等方面存在明显差距。此外，城乡发展不平衡问题更是我们当前面临的核心挑战。城乡二元结构明显，城乡之间的要素流动不畅，导致资源分配不均，制约了农村的发展潜力。同时，城乡基本公共服务的不均衡直接影响了农民的生活质量和社会公平。为了实现农村和城市的协调发展，我们需要深入分析和解决这些问题，推动农村地区的全面发展，缩小城乡差距，为农民创造更加公平和繁荣的生活环境。

（1）城乡基础设施发展不平衡。

城乡道路交通设施差异显著。在城市，道路交通设施通常较为完善，包括宽敞的道路、繁忙的交通枢纽、多样化的公共交通方式及先进的交通管理设施等。相比之下，农村地区的道路交通设施则存在诸多不足，如道路狭窄、公共交通设施缺乏、交通管理落后等。这种不平衡现象不仅影响了农村地区的交通运输效率，还制约了农村经济的发展。

城乡供水供电设施存在明显落差。城市地区的供水供电设施通常比较完备，供应稳定可靠，农村地区则可能面临供电不稳定、供水不足等问题。这主要是由于农村地区人口密度相对较低，电力和自来水等基础设施的建设成本相对较高，导致农村地区的供水供电设施建设相对滞后。

城乡通信网络设施发展不均衡。城市地区的通信网络设施通常比较先进，包括高速互联网、有线电视、移动通信等，农村地区的通信网络设施则可能存在覆盖面不广、网速慢等问题。这种不平衡现象不仅影响了农村地区的通信质量，还制约了农村地区的信息获取和知识普及。

城乡医疗教育资源分配不均。城市地区的医疗教育资源通常比较丰富，包括高水平的医疗机构、多样化的教育机构等，农村地区的医疗教育资源则相对匮乏。这种不平衡现象不仅影响了农村地区的医疗卫生和教育水平，还制约了农村地区的人才培养和社会进步。

城乡垃圾处理设施建设不平衡。城市地区的垃圾处理设施通常比较完善，包括垃圾分类、回收、处理等环节,农村地区的垃圾处理设施则相对不完善,无法保证垃圾的有效处理。这种不平衡现象不仅影响了农村地区的生态环境,还制约了农村地区的可持续发展。

(2)城乡公共服务水平不平衡。

城乡基础教育服务水平差异显著。城市地区通常拥有较为完善的基础教育设施和较高的教育水平,包括优质的小学、初中、高中等教育资源,以及多元化的教育方式和课程设置。而在农村地区,由于地理、经济、社会等多方面的因素,基础教育设施建设相对滞后,教育资源匮乏,教学质量也普遍较低。

城乡医疗卫生服务水平存在明显落差。城市地区的医疗卫生服务通常比较先进,包括高水平的医疗机构、专业的医护人员、先进的医疗设备和技术等。农村地区的医疗卫生服务则可能存在诸多不足,如医疗设施简陋、医护人员短缺、医疗技术落后等。这种不平衡现象不仅影响了农村地区的医疗卫生质量,还制约了农村地区的健康保障和民生改善。

城乡文化娱乐服务水平差异明显。城市地区通常拥有丰富的文化娱乐资源,包括博物馆、图书馆、电影院、健身房等,以及多样化的文化活动和娱乐方式。而在农村地区,由于地理和经济等多方面的因素,文化娱乐设施建设相对滞后,文化活动和娱乐方式也较为单一。这种不平衡现象不仅影响了农村地区人民群众的精神文化生活,还制约了农村地区的文化发展和社会进步。

城乡社会保障服务水平不均衡。城市地区的社会保障体系通常比较完善,包括社会保险、医疗保险、养老保险等,以及较为全面的社会救助和社会福利制度。而在农村地区,由于经济和社会等多方面的因素,社会保障体系建设相对滞后,社会保障服务和福利水平也较低。这种不平衡现象不仅影响了农村地区人民群众的基本生活保障,还制约了农村地区的稳定和发展。

城乡公共服务水平不平衡是一个严峻的社会问题,它不仅影响了农村地区人民群众的基本权益保障和生活质量提升,还制约了农村地区的可持续发展和社会进步。因此,需要采取综合性的措施,包括加大政府投入、推进基本公共服务均等化、鼓励社会力量参与等,来提升农村地区的公共服务水平,推动城乡协调发展。

3. 巩固脱贫攻坚成果

2021年2月25日,习近平总书记在全国脱贫攻坚总结表彰大会上庄严宣告:“经过全党全国各族人民共同努力,在迎来中国共产党成立一百周年的重要时刻,我国脱贫攻坚战取得了全面胜利,现行标准下9899万农村贫困人口全部脱贫,832个贫困县全部摘帽,12.8万个贫困村全部出列,区域性整体贫困得到解决,完成了消除绝对贫困的艰巨任务,创造了又一个彪炳史册的人间奇迹!”脱贫攻坚战取得全面胜利后,部分脱贫地区和脱贫人口的内生发展动力还需进一步提升。从发展基础的支撑力来看,脱贫地区尤其是原深度贫困地区在脱贫前具有交通基础设施相对落后、产业化程度不高、部分地区属于禁止开发或限制开发区等特征。脱贫后,这些地区发展突飞猛进,基础设施水平显著提升,产业帮扶取得卓越成效。但其海拔高、山地多、自然灾害频发等特征依然存在，市场主体还需进一步建设，市场化程度仍需进一步提高。从劳动者的劳动能力来看，精准脱贫过程中脱贫人口的劳动生产能力不断提高，对其就业水平提升和收入增加起到显著作用。在巩固、拓展脱贫攻坚成果过程中，习近平总书记指出："应该由政策兜底帮扶的脱贫人口，要逐步同通过正常帮扶有能力稳定脱贫的人口分开，实行分类管理。"此背景下，符合条件的脱贫人口需进一步提升其劳动生产能力。从劳动者思想动力来看，脱贫攻坚使脱贫群众精神面貌焕然一新。在巩固、拓展脱贫攻坚成果阶段，要实现长效脱贫，就要让脱贫群众始终保持艰苦奋斗、苦干实干的精神。关于这一问题，习近平总书记曾强调："要注重激发脱贫群众依靠自身力量发展的志气心气底气，让勤劳致富的受激励，防止'养懒汉'。"

4. 脱贫攻坚贡献及经验

2020年底，中国如期完成新时代脱贫攻坚目标任务，现行标准下9899万农村贫困人口全部脱贫。消除贫困，自古以来就是人类梦寐以求的理想，是各国人民追求幸福生活的基本权利。这些年来，习近平总书记多次在重要活动中阐释中国理念，分享中国经验，推动全球减贫事业大踏步向前。中国在摆脱贫困方面取得的非凡成就为国际社会带来了希望，提供了激励，为推动构建人类命运共同体贡献了中国力量。

中国作为世界上人口最多的国家，在面对贫困问题的挑战时，展现出了坚定的决心与高效的行动力。随着脱贫攻坚战的全面胜利，中国为全球贫困治理贡献了自己的力量和宝贵经验，这不仅为国际社会所认可，更为其他发展中国家提供了可资借鉴的路径。

（1）中国脱贫攻坚的非凡成就。

自改革开放以来，尤其是进入新时代以来，中国政府对扶贫工作给予了高度重视。在短短几十年间，中国成功地帮助7.7亿农村贫困人口摆脱了贫困，这一成就不仅在国内产生了深远影响，更在国际社会上引起了广泛关注。中国提前10年实现了《联合国2030年可持续发展议程》的减贫目标，对全球减贫贡献率高达70%，这一数字无疑彰显了中国在全球减贫事业中的引领作用。

（2）精准扶贫：中国模式的成功密码。

中国脱贫攻坚的成功并非偶然，而是基于一系列精准扶贫政策和措施的实施。精准扶贫，强调的是"精准"二字，即针对不同贫困地区和贫困人口的情况，制定个性化的扶贫方案。其中，不仅包括提供资金支持、发展产业、建设基础设施等措施，更注重教育、医疗、社保等领域的全方位帮扶。这种有针对性的扶贫方式，确保了每一份资源都能用在刀刃上，从而大大提高了扶贫的效率和可持续性。

（3）国际合作与经验分享。

中国在自身脱贫致富的同时，也不忘与其他发展中国家分享自己的经验与技术，通过开展国际合作、提供援助资金和技术支持等方式，积极帮助其他发展中国家实现减贫目标。这种互利共赢的合作模式，不仅加深了中国与广大发展中国家的友好关系，更为全球贫困治理提供了新的思路和方案。

2021年3月2日,中国常驻联合国代表团举行“促进落实2030年可持续发展议程:中国的减贫实践”线上主题吹风会,各方称赞中国脱贫攻坚取得的重大成就和减贫实践,为实现全球共同发展指明了方向、注入了希望。

中国常驻联合国代表张军向全球各会员国、联合国秘书处及相关机构,以及中外媒体详细阐述了中国在脱贫攻坚方面所取得的非凡历史成就,深入解读了这一里程碑事件对中国乃至全球发展的深远影响,并慷慨分享了中国的减贫经验和策略。此次分享会吸引了包括巴基斯坦、阿尔及利亚、埃及、尼日利亚、埃塞俄比亚等在内的近60个国家的常驻联合国代表,以及美国、欧盟、澳大利亚、法国、德国、加拿大、日本、韩国、匈牙利、瑞典、西班牙等多个国家和国际组织的代表,还有中外主流媒体记者在内的约200名嘉宾。

与会代表纷纷向中国表示热烈祝贺,他们认为中国在脱贫攻坚方面取得的巨大成就已经引起了全球的广泛关注,并且为推进全球2030年可持续发展议程作出了重大贡献。他们普遍认为,中国在精准扶贫、关注弱势群体、构建伙伴关系等方面的创新做法,为广大发展中国家提供了重要典范和样板,中国的这一伟大成就将为全球落实2030年议程注入强大的信心和动力。

来自巴基斯坦、阿尔及利亚、新加坡等国的大使特别指出,中国在推动可持续发展目标落实方面始终走在世界前列,为各国提供了实现减贫目标的宝贵范例。他们认为,中国取得的这一伟大成就,得益于中国政府的坚强领导、社会各界的广泛参与以及人民群众的开拓创新精神,这值得国际社会,特别是广大发展中国家深入学习和借鉴。

与此同时,马拉维、埃及、埃塞俄比亚和南非等国的大使也表示,中国的这一伟大成就为广大发展中国家带来了希望和信心。

此外,联合国人口基金、开发计划署和粮农组织等机构的负责人也对中国在全球共同发展中所作出的贡献表示赞赏。他们认为,中国以实际行动促进全球共同发展,特别是在南南合作框架下向发展中国家提供了大量的援助和支持,为落实全球可持续发展目标作出了重要贡献。

(4)总结与展望。

中国脱贫攻坚的成功,不仅为全球减贫事业树立了典范,更为其他发展中国家提供了宝贵经验。在未来,中国将继续坚持走自己的扶贫道路,为实现全体人民共同富裕而不懈努力。同时,中国也将继续加强国际合作,与世界各国一道,共同应对贫困等全球性挑战,推动构建人类命运共同体。

第二节　乡村振兴战略的主要内容

在2018年9月26日，新华社从北京传来消息，中共中央、国务院印发《乡村振兴战略规划（2018—2022年）》。这一规划不仅是中国政府对于乡村振兴战略的全面规划与战略部署，更是中国迈向现代化、实现全面小康的重要里程碑。该规划旨在指导各地区、各部门深入实施乡村振兴战略，推动乡村经济、文化、社会和生态的全面进步。

这份规划文件，以战略性的视角，对中国乡村的未来进行了全面而深入的规划。它强调，乡村振兴战略不仅是经济振兴，更是文化、社会和生态的全面振兴。规划提出了一系列具体的目标、任务和措施，为各地区、各部门提供了明确的行动指南。

这份规划文件，无疑将成为中国乡村振兴战略的纲领性文件，为未来的乡村发展描绘出清晰的蓝图。它将引领中国乡村走向更加繁荣、更加和谐、更加美丽的未来。同时，这份规划也将为全球其他发展中国家提供宝贵的经验和启示，共同推动全球乡村发展事业的进步。

1. 乡村振兴战略与农村义务教育发展的关系

随着国家对乡村振兴战略的大力推进，农村义务教育所面临的问题正逐步得到妥善解决。城乡义务教育的均衡化发展正迎来新的春天，预示着城乡义务教育一体化发展的美好前景。这一变革将为乡村振兴战略落地实施注入强大的动力与活力，推动农村地区的教育事业迈上新的台阶，为乡村全面振兴提供坚实的智力支持。

2. 乡村振兴战略对农村义务教育发展的要求

均衡配置基础教育资源，推进城乡基础教育的一体化发展，是实现乡村振兴的重要战略之一。乡村振兴战略的核心目标在于缩小城乡发展的差距，激发乡村发展的内生动力。因此，推动城乡义务教育的均衡化发展显得尤为重要。各级政府需积极作为，致力于优化农村教育资源配置，强化农村义务教育师资队伍建设，完善基础设施，改善教育环境。

首先，政府需要通过激发乡村发展的内生动力，努力缩小城乡经济发展差距。通过调整产业结构等手段，解决城乡经济发展不平衡、不充分的问题，确保经济发展的同时，为乡村义务教育提供坚实保障。这需要政府及社会各界的积极参与和协作，共同推动农村教育振兴和乡村产业繁荣，为城乡义务教育均衡化发展创造有利条件。

其次，政府需要结合生态乡村、美丽乡村和绿色教育的理念，加强乡村生态文明建设。根据习近平总书记关于农村建设的新时代要求，深化农村义务教育改革。同时，通过教育引导全民树立生态环保意识，将乡村振兴战略与教育紧密结合，为激发农村发展内生动力提供源源不断的支持。

最后，政府应根据实际需要，优化机构设置。通过设立统一的管理机构，推动城乡教育均衡化发展，增加对乡村教育的投入，强化乡村教育管理，完善相关制度，为乡村振兴战略铺平道路。这些措施将为乡村振兴战略的实施注入新的活力，推动乡村教育事业的蓬勃发展。

3. 优化农村义务教育形态，践行终身教育理念

乡村振兴战略致力于满足农民对丰富精神和物质生活的追求，打造富裕和谐的乡村社会。在这一宏伟蓝图下，构建科学的乡村教育体制成为推进乡村振兴战略的内在要求。

首先，我们需要重新定义家庭在教育中的核心角色，以家庭为单位，深化义务教育的实施，推动学习型家庭的构建。在家庭内部，营造以教育为荣的氛围，形成与国家教育相辅相成的家庭辅助教育模式，让教育成为家庭生活的重要组成部分。

其次，我们需要充分挖掘和发挥社会在教育中的潜力。这要求我们在现有教育框架内，不断完善教育体系，推动乡村职业教育、社区教育等非学历教育的蓬勃发展。通过实施社区教育积分制，构建跨区域认可的网络型乡村教育体系，全面提升国民素质和劳动技能，为乡村振兴战略提供坚实的人才支撑。

再者，我们需要完善学历教育体系，在终身教育的理念指导下，打破各级教育之间的壁垒，实现教育资源和教育环境的纵向融合。通过优化教育资源配置，调整教育结构，深化教育改革，建立健全乡村义务教育制度，逐步形成新时期的农村义务教育体系。这一体系将家庭、社会、国家在教育中的功能有机融合，发挥各自优势，推动终身教育与乡村义务教育的深度融合，为乡村振兴战略的实施提供强大的动力引擎。

综上所述，通过重新定义家庭角色、发挥社会功能、完善学历教育体系，我们将构建出科学、高效、融合的乡村教育体制，为乡村振兴战略的全面实施提供有力支撑。

4. 城乡义务教育一体化发展将推动乡村振兴战略实施

（1）城乡义务教育一体化发展是实现乡村振兴战略的重要前提。

为了推进乡村振兴战略，必须建立起城乡协调发展的政策体系。在这一框架下，优先发展农村义务教育显得尤为关键，它是乡村振兴战略发展思维的内在要求。国家相关部门已明确指出，要从国家战略发展的高度来审视和推动农村义务教育的发展，实现城乡教育的一体化发展。

乡村振兴战略与义务教育的发展紧密相连，这是以习近平同志为核心的党中央对新时代农村义务教育发展的核心要求。它体现了我国深化教育改革、建设教育强国的整体战略部署，也反映了人民对更高质量的物质文化生活的追求。城乡教育的均衡化发展不仅有助于解决城乡经济发展中的二元结构问题，更是乡村振兴实施过程中不可或缺的一环。

乡村振兴涉及多个领域，内容广泛，受益群体众多，具有深远的历史意义。早在2010年，我国就从战略高度提出了城乡一体化教育发展的概念。经过多年的实践探索，城乡义务教育一体化已取得显著成效，农村地区的教育基础设施得到了极大改善，与城市的教育质量差距正在逐步缩小。这不仅促进了农村义务教育的提升，还为乡村文明建设奠定了坚实基础。

因此，推动城乡教育的均衡化发展对于实施乡村振兴战略具有重要意义。通过不断优化教育资源配置，加强农村教育基础设施建设，提升农村教育质量，我们能够为乡村振兴战略注入强大的动力，推动农村地区实现全面、协调、可持续的发展。

(2)城乡义务教育一体化发展是乡村振兴战略的题中应有之义。

农业农村现代化是实施乡村振兴战略的总目标，而现代化的农村义务教育是实现这一目标不可或缺的因素。鉴于农村在国民经济中的重要地位，没有农村的现代化，中国的现代化进程将无从谈起。乡村振兴战略是全国现代化建设的内在要求，人的现代化则是乡村振兴战略的基石。教育作为塑造人的现代化的重要手段，对于改变人们的价值观、人生观、思维方式及行为方式具有深远的影响。

现代化教育的重要性在于，它不仅能够传授知识和技能，更能激发个体的潜能，促进人的全面发展。因此，没有教育的现代化，就难以实现人的现代化，进而影响到社会的现代化进程。农村现代化的关键在于打破城乡教育二元结构，缩小城乡教育差距。当前，农村教育面临的主要挑战是教育资源不足和师资队伍落后。

城乡教育均衡化发展是解决这些问题的关键。通过优化教育资源配置，加强师资队伍建设，引入优质教育资源，可以有效提升农村教育水平。这不仅有助于缩小城乡教育差距，还能为农村现代化提供有力支撑。随着国家对城乡义务教育一体化的重视和支持，越来越多的优质教育资源正在向农村地区延伸，为农村义务教育的发展注入了新的活力。

在这个过程中，农村学生将成为推动农村现代化和乡村振兴战略的重要力量。他们将在优质教育的熏陶下，成长为有理想、有本领、有担当的新一代接班人，肩负起建设新型农村、推动乡村振兴的重任。在国家政策的引领和社会各界的共同努力下，我们有信心实现城乡教育均衡化发展，推动农村现代化进程，为实现乡村振兴战略和城乡一体化发展作出重要贡献。

5. 农村义务教育为乡村振兴提供战略支撑

我国领导层从国家发展战略的高度提出了乡村振兴战略，这一战略的成功与否在很大程度上取决于社会大众参与度的高低。然而，更为关键的因素在于人力资源的发展。为了推进乡村振兴战略，必须构建相应的农村人力资源体系，这是乡村振兴战略的基石。在相关理论中，人力资源指的是个体所蕴含的体力和智力的总和。提高人口质量被视为人力资源理论的核心要义，而这需要通过实施一系列措施来实现。教育是提升人口质量的有效途径之一，也是人力资源开发中的关键要素，直接影响着人力资源的质量。从这个角度来看，农村义务教育不仅是乡村振兴战略的重要前提，还与其紧密相连。教育的核心作用在于提高人的素质，从而提升人力资源的质量，形成具有竞争力的乡村人力资本。此外，教育资源的优化配置还能够改善农村的公共服务，推动乡村文化的繁荣，转变农民的思维观念，提升农村劳动者的劳动技能，进一步激发农村的发展活力，并缩小城乡经济发展差距。因此，为了推动乡村振兴战略的成功实施，我们必须高度重视农村义务教育的发展，将其作为乡村振兴战略的重要支撑，并通过优化教育资源配置，提升农村教育水平，为乡村振兴战略注入新的活力。

(1)乡村振兴战略与教育这一公共服务功能相融。

教育与乡村振兴战略是相互促进、相互依存的关系，作为公共服务的重要组成部分，教育在乡村振兴战略中发挥着关键作用。农村义务教育，涵盖了初等和中等教育阶段，贯穿于农村教育的全过程，为农村学生提供了系统的学习机会。义务教育不仅是国家教育体系的核心环节，还是推动城乡一体化发展的战略举措。此外，义务教育对于提升民众生活质量、满足精神需求、促进社会和谐及保障社会公平正义具有重要意义。乡村振兴战略涉及众多方面，包括基础设施的完善、公共服务体系的优化等。在党的十九大之后，相关部门明确提出，2020年底基本公共服务体系更加完善，体制机制更加健全，2035年底基本公共服务实现均等化。其中，农村公共教育服务的城乡一体化是重要的一环。为了实现乡村振兴的战略目标，教育的先行发展显得尤为关键。各级政府应将公共教育服务纳入乡村振兴战略的总体布局中，全面提升教育服务体系的质量和效率，为乡村振兴战略提供强大的软实力支撑。这不仅是推动乡村振兴战略的内在要求，还是实现农村教育现代化、促进农村学生全面发展的必要途径。

(2)在推动生态和文化的繁荣发展中，形成健康的乡村社会价值观念至关重要。

随着社会和经济的飞速发展，传统的“三农”模式与现代社会的距离逐渐拉大。传统的农业生产方式在我国逐渐退出历史舞台，无节制的耕种导致乡村美景逐渐消失，农民辛勤劳作却未能带来收入的增长。在这种背景下，传统文明与现代文明之间的矛盾愈发明显。随着城镇化的持续推进，乡村文化和生态出现了某种程度的退化。

乡村振兴战略的提出，为乡村的绿色发展和生态乡村建设提供了明确的指引。然而，如何入手实施乡村振兴战略、如何选择路径成为摆在我们面前的重要课题。教育在乡村振兴战略中扮演着举足轻重的角色，是实现乡村振兴战略的有效路径。乡村振兴战略既离不开教育的先行发展，也离不开文化体系的建设。

农村义务教育应深深扎根于乡土文化，将生态与文化相互融合，推动乡村居民生活方式的转变和思维观念的更新。通过教育引导，让他们逐步培养符合新型农村建设要求的行为习惯，为乡村振兴战略注入新的活力。这不仅是提升乡村居民生活品质的重要途径，也是促进乡村社会和谐、持续发展的必然选择。

(3)进行知识更新与技能培养，直接助力个体参与乡村建设。

教育的开展可以丰富个体的知识储备、提升个人技术，并将知识和技能直接转化为生产力，农村义务教育更是如此。乡村振兴战略的落脚点在于如何改变生活在农村的农民。通过促进农村教育事业的发展为新农村建设培养新型农民，为全面实现乡村振兴战略，建设环境优美、百姓富裕的新农村奠定基础。基于乡村振兴战略的需要，要采取一系列措施、集社会优势破除人才瓶颈等问题。事实上，一直以来，我国广大农村地区农民素质不高是阻碍“三农”发展的主要原因，基于此，提高农民的综合素质，激发农民发展的自身动力，使之适应不断发展的新型农村生活是实现乡村振兴战略的关键。根据唯物主义的内因关系，在知识更新速度越来越快的今天，乡村振兴战略必须以提高乡村人力资源素质为落脚点，通过教育的开展促进农民知识储备的丰富和技能的提升，使之最终服务于乡村振兴建设。在此基础上，通过政策引导和政治组织保障，让农民成为乡村振兴战略的主力军，使其通过技术的积累和知识的增加，成为具有农村特色的、致力于农业发展和农村建设的特殊人才。在此过程中，各级各地政府要立足实际，切实有效地推动农村义务教育的发展，为全面实施乡村振兴战略奠定坚实的基础[①]。

第三节　城乡义务教育一体化发展的内涵

城乡义务教育一体化涉及城乡关系、城乡一体化、城乡义务教育一体化等一系列既相互联系又有区别的概念，厘清这些概念的内涵和外延、概念之间的相互关系等内容，可让我们分析城乡义务教育一体化具有更加明晰的研究指向，因此，有必要对这些概念进行梳理，明确概念的基本内涵[②]。

一、城市与农村

关于城乡的划分，在我国目前较为通用的是2008年国家统计局的规定，该规定将我国的城乡划分为城区、镇区、乡村三个层次。然而，在不同的领域，对于城乡的划分有着各自的使用规定。邬志辉等研究者将农村的范围界定为镇区和乡村，乡涵盖乡和村屯，县镇则包括县城和镇。自2011年起，中国教育统计年鉴依据国家统计局的《统计用区划代码和城乡划分代码编制规则》，将城乡划分为城区（含主城区、城乡结合区）、镇区（含镇中心区、镇乡结合区、特殊区域）、乡村（乡中心区、村庄）三大类七小类。

城市与农村的形成是社会分工和商品经济发展的自然结果，它们是人类社会发展到一定阶段的历史产物，代表了两种具有明显差异的人类聚落空间。城市，又称为城镇，是以非农产业和非农人口聚集为主要特征的居民点，包括按照国家行政建制设立的市、镇。城市是人类文明不可或缺的重要组成部分，随着人类文明的进步而逐渐发展繁荣。“城市”本身包含了两方面的含义：“城”为行政地域的概念，即人口的集聚地；“市”为商业的概念，即商品交换的场所。

城市和乡村的分离并非人类社会发展的初始阶段就存在的现象，而是随着社会生产力的提升和社会生产关系的紧密结合而发生的一种变革。这一变革是社会分工日益精细、专业化和社会经济进步到一定历史阶段的必然结果。

在本书中，“城市”指的是以非农业经济活动为主导的、人口高度聚集的居住地，这包括了建制市和建制镇；“农村”则是指那些以农业生产为主要活动的、人口规模相对较小

① 李唯．乡村振兴战略背景下农村义务教育发展对策研究——以J市为例[D]．南昌：南昌大学，2020：38-39.

② 谢立．财政支持乡村振兴的方式研究[D]．长沙：湖南农业大学，2021：16-17.

的居住地，主要包括集镇和村庄。城乡关系，是指城市和乡村之间在经济、政治、文化、社会等各个领域所形成的一种普遍联系和相互作用。

二、城乡一体化

城乡义务教育一体化的发展历程可追溯到我国实施九年制义务教育法的时期。1986年，我国颁布了《中华人民共和国义务教育法》，明确规定实行九年制义务教育，为城乡义务教育一体化的起步奠定了基础。随着2002年党的十六大报告提出"统筹城乡经济社会发展"的战略，城乡一体化的概念开始受到重视。2006年党的十六届六中全会进一步明确提出"扎实推进社会主义新农村建设，落实区域发展总体战略"。2008年，党的十七届三中全会通过《中共中央关于推进农村改革发展若干重大问题的决定》，正式将推进城乡一体化发展上升为国家战略，旨在缩小城乡差距，促进城乡经济社会的均衡发展。在党的十七大报告中，党中央提出了形成城乡经济社会发展一体化新格局的目标，旨在通过工业化促进农业现代化，以城市的发展带动乡村，实现区域经济的全面协调发展。党的十八大报告中，党和国家再次针对城乡发展一体化进行了详细阐述，明确指出，解决"三农"问题的关键在于城乡一体化，而这也是当前全党工作的重中之重。报告中还明确指出，要进一步加快城乡一体化体制建设，在多个方面推进一体化，建立城乡一体的新型工业和城乡关系，实现各要素在城乡之间的平等交换、自由流动，实现公共资源均衡配置。

尽管国外学者在研究中并没有明确提出"城乡一体化"这一概念，而是更多地使用"城乡均衡"和"城乡协调"等表述，但"城乡一体化"作为一个有"中国特色"的提法，是为了解决中国特有的城乡关系、城乡差距和城乡发展问题而提出的。它旨在解决中国历史条件下形成的城乡二元体制机制和由此产生的多方面城乡差距，是解决"三农"问题的根本途径。然而，从马克思主义经典理论到近现代城市规划学和地理学的学者们都曾提出过与"城乡一体化"相关的观点、理论和设想①。

在《共产主义原理》中，恩格斯深入探讨了城乡融合的思想，认为当社会发展到一定阶段时，城乡之间的对立将逐渐消失，互补性将更加明显，资源将在城乡之间自由流动。在工农业发展水平较低的阶段，乡村农业人口较为分散，而大城市工业人口相对集中，这种状况不利于生产力的提升。但随着生产力的发展，旧的分工将被消除，劳动者在生产过程中将接受多样化的教育，可以根据自己的兴趣变换工种，并平等地享有自己创造的财富。这时，城市和乡村将实现高度融合，城乡差距几乎消失，所有社会成员都将获得全面而自由的发展。在《反杜林论》中，恩格斯进一步阐述了城乡关系，指出当生产力发展到一定水平时，为了满足工业生产和农业生产的需要，以及公共卫生事业的发展，必须消除城市和乡村的对立。城乡的高度融合将排除对生态环境的污染，促进社会的有效发展和人类社会的可持续发展。恩格斯的这些论述强调了"城乡融合"在工农业发展水平高度发达时的可能性和必要性，认为这是工业生产本身和农业生产及公共卫生事业发展的

① 谢立.财政支持乡村振兴的方式研究[D].长沙:湖南农业大学,2021:59-71.

直接需求。只有实现“城乡融合”，才能解决大城市发展中的问题，实现经济、社会和生态的协调发展。白永秀和王颂吉两位国内学者指出，城乡一体化是社会主义发展到某个阶段的必然路径。在完善社会主义市场经济体制的过程中，要实现城市和农村的快速发展，必须依赖于城乡之间的生产要素流动。城乡一体化不仅打破了城乡分割的局面，还促进了城乡在多个层面的深度融合，构建了共享发展成果的机制，为农业现代化、农民市民化和农村城镇化的发展提供了有利条件。通过城乡一体化，可以优化城乡空间布局，促进要素的自由流通，实现权益平等和资源的均衡，进而推动城乡的共同进步。从内涵和性质上看，城乡一体化包括经济、社会、政治和文化四个层面的整合[①]。洪银兴和陈雯认为(图1-1)，城乡一体化是一个涉及体制、城镇城市化、产业结构、农业企业化和农民市民化等多个方面的综合过程。这个过程的目标是将城市和乡村建设成一个相互依存、相互促进的统一体，充分发挥各自的优势和作用，确保城乡之间的劳动力、技术、资金、资源等生产要素能够在城乡间进行科学合理的流动和组合[②]。谭天美和欧阳修俊则强调，城乡一体化是指在特定区域内，乡村与城市在政治、经济、文化等多个方面实现有机结合，形成城乡之间互相带动、互补融合、协调发展的关系。其最终目标是逐步消除城乡二元结构，实现城乡的共同繁荣[③]。

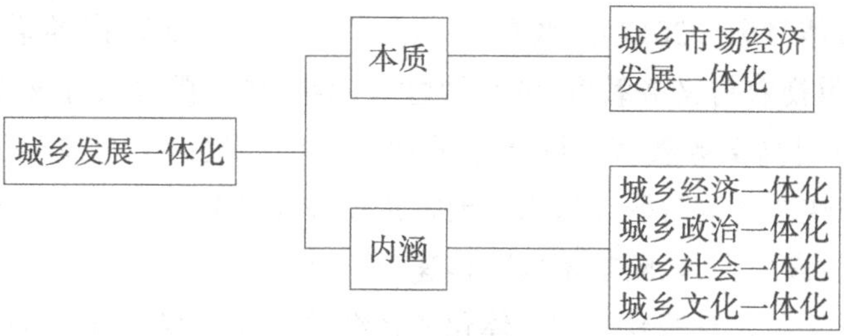

图1-1　城乡发展一体化的本质与内涵

尽管学术界对于城乡一体化的概念进行了深入的探讨，但至今仍未形成统一的定论。在日常使用中，城乡一体化、城乡统筹、城乡融合等术语经常被交替使用。学术界普遍认为，首先，城乡一体化是建立在社会经济发展到一定阶段的基础之上的，这要求生产力达到一定的水平。其次，它与城乡二元结构形成鲜明对比，属于制度层面的范畴，旨在消除导致城乡差别的制度与政策，缩小城乡差距，确保城乡居民在多个层面上的平等权益。此外，城乡一体化并不意味着将非均质空间完全转变为均质空间，城市和乡村仍将保持其各自的主要特色，即城市以非农产业为主导，乡村则以农业为基础。

城乡一体化是一个双向互动的发展过程，通过发挥各自的优势，实现资源、市场和服务的互补，从而促进双方的协调与协同发展。这一过程并非追求城乡之间的“低层次平衡发展”或“平均主义”，而是旨在提升乡村的地位，使其在市场体制下与城市处于同等的竞争地位。此外，城乡一体化是一个综合性的系统工程，涵盖城乡经济、空间、文化、生态

① 白永秀，王颂吉．城乡发展一体化的实质及其实现路径[J]．复旦学报(社会科学版)，2013(4)：149-156，171.

② 洪银兴，陈雯．城市化和城乡一体化[J]．经济理论与经济管理，2003(4)：5-11.

③ 谭天美，欧阳修俊．我国城乡教育一体化发展研究的回顾与省思[J]．现代远程教育研究，2022，34(2)：64-72.

和社会等多个方面的一体化发展。

2022年8月22日，重庆市人民政府网发布了《重庆都市圈发展规划》，该规划提出重庆都市圈由重庆主城都市区中心城区及其周边紧密联系的城市共同构成。这一规划旨在推动周边城市与中心城区的同城化发展，通过全域统筹、一体规划，推进基础设施、创新创业、产业体系、公共服务、生态环境和城乡治理等领域的同城共建[①]。这一举措体现了成渝地区城郊乡一体化发展的理念，并将这一理念付诸实践。

综合上述学者的观点，本书认为城乡一体化是指通过促进城乡间资源、劳动力、资金、技术和环境等生产要素的自由流动与整合分配，进一步加深城乡关系的融合与互通，从而形成一个相互促进、相辅相成的统一体。这一过程旨在优化资源配置，提高生产效率，促进城乡经济的共同发展，实现社会经济的全面进步。

三、城乡教育一体化

城乡教育一体化在城乡一体化的整体布局中占据举足轻重的地位，缺乏这一环节，城乡一体化的完整实现便无从谈起。2016年7月2日，《国务院关于统筹推进县域内城乡义务教育一体化改革发展的若干意见》（国发〔2016〕40号）明确指出了推进城乡义务教育一体化的若干具体目标。2017年，党的十九大报告进一步强调了“推动城乡义务教育一体化发展，高度重视农村义务教育”的重要性。同年，国务院办公厅又发布了《关于进一步加强控辍保学提高义务教育巩固水平的通知》（国办发〔2017〕72号）。到了2020年，习近平总书记在陕西考察时明确指出：“要推进城乡义务教育一体化发展，缩小城乡教育资源差距，促进教育公平，切断贫困代际传递。[②]”从这一系列的国家政府文件中，我们不难看出党和国家领导人对城乡教育一体化的持续关注和重视，这也为学界对城乡教育一体化发展的深入研究提供了强大的动力和支持[③]。

城乡教育一体化作为城乡一体化战略的重要组成部分，尽管学者们对其定义有不同的解读，但都致力于打破城乡二元结构，实现教育资源的公平分配和优势互补。杨小微等学者指出，乡村的现代化不是那种放弃自身、奔向城市并被城市改变的“被城镇化/城市化”或“被现代化”，而应是一种自主而主动的“在地化”，即“在地城市化”和“在地现代化”，是厚植于农村土壤又充分吸收现代性“养料”而生长出来的独特的“城乡现代化”样态。在这一进程中，城市中心区与郊区、县镇与乡村之间的教育融合成为关键，然而这两种融合模式均呈现出“城市中心”的倾向，强调城乡间的差异而非一体化发展[④]。邬志辉则从系统思维的角度出发，认为城乡教育应被视为一个整体，打破城乡二元经济和社会

---

① 重庆市人民政府．重庆21区+四川广安！重庆都市圈发展规划正式出炉[R/OL].(2022-08-23)[2024-03-03]. http://www.cq.gov.cn/zwgk/zfxxgkml/zcjd_120614/mtsj/202208/t20220823_11030773.html.

② 新华网．习近平在陕西考察时强调 扎实做好“六稳”工作落实“六保”任务 奋力谱写陕西新时代追赶超越新篇章[EB/OL].[2021-10-20].http://www.gov.cn/xinwen/2020-04/23/content_5505476.htm.

③ 谢立．财政支持乡村振兴的方式研究[D].长沙：湖南农业大学，2021:17-18.

④ 杨小微．城乡教育一体化：乡村教育现代化的一种路径选择[J].中国民族教育，2021(5):15.

结构的束缚,推动城乡教育相互支持、协调发展,共同迈向教育现代化[①]。这一观点强调了城乡教育在空间布局、教育体系、制度、政策以及发展目标等方面的融合与融通,促进城乡教育资源的共享和优势互补。褚宏启进一步指出,城乡教育一体化旨在通过整合教育资源,构建动态均衡、双向沟通、良性互动的教育体系和机制,以缩小城乡教育差距,消除地域和经济因素导致的教育不公平。这一战略反映了政府在现代化和城市化进程中对于城乡关系变化的新认识,是破解城乡教育二元结构、推动教育公平与和谐发展的重要举措[②]。孙绵涛提到,实现城乡教育一体化的核心在于改革旧的体制机制,构建全新的、完善的城乡一体化教育体制机制[③]。这包括构建一套科学的、可操作的指标体系,以测量城乡教育一体化的动态过程,确保教育公平、共生共荣和协调发展的目标得以实现[④]。

综合上述学者的观点,本书对城乡教育一体化的定义如下:城乡教育一体化是将城乡教育视为一个统一的整体,通过系统性的规划和综合考虑,运用体制创新和政策调整的手段,优化并合理配置城乡间的教育资源,促进其顺畅流动。这一过程旨在最终实现城乡教育在均衡、协调和可持续发展方面的全面提升。城乡教育一体化的核心本质在于推动城乡教育的均衡发展,以此为基础,实现更高层次的教育公平。在这一进程中,城乡教育既保持其各自独特的区域性特色与优势,又在一个统一的框架内实现有机融合与发展,形成既统一又具差异的一体化教育模式。

四、城乡义务教育一体化

义务教育,作为诸多国家共识的基础性、全局性教育形式,其强制性、免费性和公益性的性质已得到广泛认同。在世界范围内,普及和发展义务教育被视为至关重要的任务。在中国,特别是在中国特色社会主义的框架下,这一理念同样受到重视。需要明确的是,本书所讨论的义务教育特指学校层面的教育,与德国的职业教育或日本的学前教育有所区别。政府在推进城乡义务教育一体化中扮演着至关重要的角色,这主要基于义务教育的特性。政府应发挥宏观指导和调配作用,确保教育资源在城乡之间均衡流动和配置,从而保障人民群众享有均等的义务教育服务。

“一体化”作为一种发展理念和思维,最初用于描述西欧国家之间的经济整合,如今已广泛应用于多个领域。在中国,城乡义务教育一体化的概念自2010年的《国家中长期教育改革和发展规划纲要(2010—2020年)》开始被明确提出,并在随后的政策文件中得到了进一步细化和定位[⑤]。这一过程不仅仅是制度和因素的动态变化,更反映了深层次

① 邬志辉.城乡教育一体化:问题形态与制度突破[J].教育研究,2012,33(8):19-24.

② 褚宏启.城乡教育一体化:体系重构与制度创新——中国教育二元结构及其破解[J].教育研究,2009,30(11):3-10,26.

③ 孙绵涛,我国城乡教育一体体制改革与机制创新研究[J].教育理论与实践,2011,31(22):16-19.

④ 褚宏启.教育制度改革与城乡教育一体化——打破城乡教育二元结构的制度瓶颈[J].教育研究,2010,31(11):3-11.

⑤ 陈巧云,张乐天,蒋平.管窥城乡统筹背景下的义务教育研究现状[J].教育学术月刊,2014(3):40-47.

的社会关系。城乡义务教育一体化的核心在于打破长期存在的城乡二元结构,促进教育资源的自由流动和均衡配置,以缩小城乡教育差距,满足人民对优质教育的需求。

在探讨我国城乡义务教育的发展路径时,政策文件中出现了三种表述:城乡义务教育一体化发展、城乡义务教育统筹发展和城乡义务教育均衡发展①。尽管这些概念在实际应用中有时会出现交叉和混淆,但它们各自具有独特的内涵和侧重点。城乡义务教育一体化的提出,反映了政府在现代化和城市化进程中对于城乡关系变化的新认识。学界对此形成了两条主要的研究路线。一是以公共服务均等化为目标,推动城乡教育资源的自由流动和均衡配置,缩小城乡教育差距;二是以教育公平为核心,打破城乡二元分治的体制机制,建设城乡教育共同体,促进城乡教育的互动和协调发展②。

李玲、宋乃庆等学者指出,城乡教育均衡强调的是教育资源和教育需求的相对平衡,城乡义务教育统筹发展则更注重城乡教育发展的整体规划和良性互动。城乡义务教育一体化旨在缩小城乡教育差距,实现教育公平,强调城乡教育的协调发展③。张丕芳强调,实现城乡义务教育一体化需要树立教育公平的理念,提升农村教育投入,统一城乡教育标准和教师待遇④。陈静漪和宗晓华则提出,农村义务教育供给机制需要从城乡分立的模式向城乡统筹的模式转变,从单一的经费供给改革向全方位的综合改革迈进。这表明,城乡义务教育均衡和统筹发展是推进一体化的重要手段,一体化的内涵则更为丰富⑤。张乐天认为,城乡教育一体化是建立在城乡教育统筹基础之上的更高层次的发展状态⑥。张力则指出,城乡义务教育一体化是义务教育均衡发展的更高要求,标志着义务教育均衡发展进入了一个新的阶段⑦。

尽管学者们对于城乡义务教育一体化的概念进行了深入探讨,但仍存在一些模糊之处,特别是一体化与均衡发展之间的关系仍需进一步明晰。本书认为,城乡义务教育一体化是社会公平正义和城乡一体化在教育领域的体现。其核心在于破除城乡二元结构,促进教育资源和要素的自由流动,实现城乡教育资源的均衡配置。这有助于缩小城乡教育差距,实现教育资源共享。具体而言,城乡义务教育一体化涵盖了教育机会、办学条件、教师队伍建设、教育经费投入及教育质量评估等多个方面的一体化。通过这一系列的措施,我们可以更好地推动城乡义务教育的协调发展,实现教育公平和社会公正。

---

① 谢立.财政支持乡村振兴的方式研究[D].长沙:湖南农业大学,2021:44-45.

② 杨卫安.城乡教育一体化:问题指向、内涵阐释与方法论选择[J].湖南师范大学教育科学学报,2015,14(5):78-83.

③ 李玲,宋乃庆,龚春燕,等.城乡教育一体化:理论、指标与测算[J].教育研究,2012,33(2):41-48.

④ 张丕芳.城乡义务教育投入一体化是实现教育公平的关键[J].西华师范大学学报(哲学社会科学版),2019(2):114-116.

⑤ 陈静漪,宗晓华.从城乡分立到城乡一体化——中国农村义务教育供给机制演进路径分析[J].西南大学学报(社会科学版),2012,38(5):75-82,174.

⑥ 张乐天.城乡教育一体化:目标分解与路径选择[J].复旦教育论坛,2011,9(6):63-67.

⑦ 张力.城乡一体化发展是义务教育均衡发展的更高要求[J].中国教育学刊,2017(12):3-5.

第四节　城乡义务教育一体化发展的研究现状

城乡教育一体化战略，作为中国政府在统筹城乡教育改革、推动城乡教育均衡发展的政策框架下的新举措，旨在打破长期存在的城乡教育二元结构，实现教育公平与和谐发展。这一战略部署深刻反映了现代化与城市化进程中，政府对于城乡关系变化的新认识和应对策略。《国务院关于统筹推进县域内城乡义务教育一体化改革发展的若干意见》（国发〔2016〕40号）进一步强调了义务教育的核心地位和性质，明确了改革发展的方向和路径。

城乡义务教育一体化可以被视为一条具有中国特色的教育发展道路，它基于中国教育的实际需求和发展阶段而展开。因此，在相关的研究领域中，国内文献占据了主导地位。然而，国外的理论和研究成果在城乡关系、资源配置以及一体化等方面也为我们提供了宝贵的参考和启示。这些理论和经验可以为本书的研究提供理论支撑和实证依据，帮助我们更深入地理解城乡义务教育一体化的内涵、策略与挑战。

一、国内相关研究现状

利用中国知网（CNKI）数据库，本书对“城乡教育”“城乡教育一体化”“城乡义务教育一体化”三个核心主题进行了系统检索。为确保所获取的期刊论文具有高质量的参考价值，本书特别限定了核心期刊和CSSCI来源期刊作为筛选条件。截至2023年12月31日，以“城乡教育”为主题，共检索到相关论文1875篇；以“城乡教育一体化”为主题，共检索到相关论文413篇；以“城乡义务教育一体化”为主题，共检索到相关论文136篇。这些检索结果为我们深入研究城乡教育一体化提供了丰富的资料和参考。

1.关于城乡义务教育一体化的内涵和层次的相关研究

深入理解城乡教育一体化的基本内涵是实现其发展的关键所在，这对于把握城乡义务教育一体化的本质也至关重要。资源共享、相互融合、协调共生和共同发展等概念构成了阐释城乡教育一体化内涵的核心词汇。通过系统梳理相关文献，我们能够更全面地了解城乡义务教育在不同层面的研究进展。

在中国，城乡教育一体化主要体现为城市中心区与郊区教育的“半郊区化”融合，以及县镇与乡村教育的“过度城镇化”融合①。苏刚指出，城乡教育应从传统的“二元对抗”模式转变为“有差别地统一”②。邵泽斌进一步强调，城乡教育一体化不是简单地偏向某一方，而应实现“城、郊、乡”三元结构的和谐统一。这种“三元结构”超越了传统的“二元

① 邬志辉.城乡教育一体化：问题形态与制度突破[J].教育研究，2012，33(8)：19-24.

② 苏刚.城乡教育一体化：从“二元对抗”走向“有差别的统一”[J].上海教育科研，2013(10)：21-24.

结构”，代表了城乡教育一体化发展的新方向[①]。褚宏启将城乡教育一体化定义为统筹城乡教育发展、整合城乡教育资源的过程，旨在打破城乡二元经济结构和社会结构的束缚，构建动态均衡、双向沟通、良性互动的教育体系和机制。这一机制旨在促进城乡教育资源共享、优势互补，推动城乡教育相互支持、相互促进，缩小城乡之间的教育差距，有效消除地域、经济等原因导致的教育不公平，改变农村地区教育的落后状况[②]。李玲指出，城乡教育一体化是在教育公平的核心价值取向下，打破城乡二元僵局，建设城乡教育共同体的过程。这一过程是注重保持和发挥城乡教育的区域性特色与优势，促进城乡教育互动联结、相互帮扶、相互作用，逐步实现城乡教育公平、共生共荣、协调发展的动态进程。李玲等学者还强调，城乡义务教育一体化已由外延式发展转向内涵式发展，更加注重城乡学生核心素养和学科素养的培养，以提高综合素养，为建设人力资源强国打下坚实的基础[③]。城乡教育一体化发展不仅仅依赖于外在力量的推动，更需要内在动力的支撑。这要求政府关注学校教育教学变革，使学校朝着特色优质学校的目标发展，优化城乡学校内部组织结构，发挥自组织功能，为学生提供个性化和差异化的教育。

此外，人均GDP(Gross Domestic Product，国内生产总值)、人均国民收入、生均教育经费(政府投入)、人均教育支出(家庭支付)、人均受教育年限等因素也对城乡教育一体化发展产生影响[④]。褚宏启认为，从我国的教育体系来看，城乡教育一体化主要涉及基础教育、职业教育、继续教育三个类别。其中，基础教育制度改革是重点，义务教育制度改革更是重中之重。基础教育是整个教育体系的基础，也是农村地区教育的主要类型，在城乡教育一体化中地位重要。而义务教育作为基础教育的重要组成部分，其城乡一体化更是城乡教育一体化的核心任务[⑤]。这些研究不仅明晰了城乡教育一体化的基本内涵，还凸显了其在农村教育改革发展中的核心地位。

杨卫安和邬志辉在探讨城乡教育一体化层次时，采用了连续的序列视角，参照了官方的城乡划分标准《统计上划分城乡的规定》，并结合我国的行政区划实际情况，指出城乡关系是相对而言的。他们基于城乡的不同等级和层次，结合我国的行政区划，将城乡关系细分为七个层次。在他们的研究中，城乡教育一体化的推进通常是从省行政区划分和隶属关系方面进行的，具体可以分为三个层级。首先，县域内的城乡教育一体化是第一个层级，其统筹主体是县政府。县政府负责协调区域内的教育事业，包括促进教育资源的有效流动和实现教育资源配置的最优化，以及对各级各类学校的整体性调整与安排。县级政府在这一层级中扮演了核心角色，作为最小的统筹单位来推进城乡教育一体化。其次，市域内的城乡教育一体化是第二个层级，其统筹主体为地级市或计划单列市。这些政府组织负责协调辖区内的教育事业，包括实现教育资源的有效流动和优化配置，

① 邵泽斌.流动的教育权:论我国城乡义务教育的“三元统筹”[J].社会科学战线,2014(8):214-220.

② 褚宏启.城乡教育一体化:体系重构与制度创新——中国教育二元结构及其破解[J].教育研究,2009,30(11):3-10.

③ 李玲,宋乃庆,龚春燕,等.城乡教育一体化:理论、指标与测算[J].教育研究,2012,33(2):41-48.

④ 李玲,黄宸,薛二勇.新阶段城乡义务教育一体化发展评估研究[J].教育研究,2017,38(3):38-45.

⑤ 褚宏启.教育制度改革与城乡教育一体化——打破城乡教育二元结构的制度瓶颈[J].教育研究,2010,31(11):3-11.

以及对各级各类学校的统筹安排。与县域城乡教育一体化相比,市域城乡教育一体化涉及的范围更广,复杂程度更高。一个典型的例子是2008年教育部和成都市共同建设的国家统筹城乡教育综合改革试验区。最后,省域内的城乡教育一体化是最高层级,其统筹主体为省、自治区和直辖市。这些单位负责统筹管理区域内的教育事业。与市域统筹相比,省域统筹的内容基本相同,但由于涉及的范围更广,统筹的难度也更大。一个典型的代表是2018年教育部和重庆市共同建设的国家统筹城乡教育综合改革试验区。这三个层级的推进,体现了城乡教育一体化从局部到整体的逐步深入过程,每个层级的成功实践都为更高层次的推进提供了宝贵的经验和借鉴①。

2. 关于城乡义务教育一体化评价指标和成因的研究

城乡义务教育一体化是什么样的?要达成什么样的状态?诸多学者对此构建了多种指标体系。最早可参照的教育均衡发展指标体系研究,是袁振国提出的建立教育发展均衡系数②;随后,翟博从宏观、中观、微观等15个内涵指标分析入手,构建教育均衡发展要素③;李玲等人构建了城乡义务教育一体化指标体系和指数计算公式与方法④;周江燕和白永秀构建了城乡义务教育发展一体化的35个指标参数⑤。朱家存等人基于安徽省的政策实践,构建了一套省域义务教育均衡发展的监测指标和相应的测量工具⑥。在思辨研究层面,刘海峰认为我国城乡教育一体化发展的指标设计应考虑"教育公平"和"教育质量"这两大问题,他认为城乡义务教育一体化的阶段性目标是构建城乡义务教育一体化的新体制、新机制,总体目标是促进教育公平、提高教育质量⑦;邬志辉认为城乡义务教育一体化可以分为初步的、基本的和更高水平的三个阶段的一体化,更高水平的一体化还要看城乡学生义务教育完成之后再接受高中阶段教育和高等教育时能否实现平等化⑧;陈静漪等认为义务教育的城乡一体化发展需要先通过政策干预以城市反哺农村,使城乡义务教育逐渐均等化,然后才是城乡义务教育发挥各自优势和特色,相互支持,一体化协调发展⑨;冯建军则从教育输入、教育的过程以及教育发展的结果三个方面进行了指标构建,并指出教育输入的质量均衡不等于资源投入的均衡,教育的过程和教育发展的内部均衡才是真的均衡⑩;以西南大学李玲为代表的学者从量化的角度将城乡义务教育一体化的评估指标按照投入、过程和结果三个层面设计了25个子指标,在实践中具有较强的可操作性。

① 杨卫安,邬志辉.城乡教育一体化:范围、实质与研究路径[J].湖南师范大学教育科学学报,2013,12(4):5-9.

② 袁振国.建立教育发展均衡系数切实推进教育均衡发展[J].人民教育,2003(6):11-13.

③ 翟博.教育均衡发展:理论、指标及测算方法[J].教育研究,2006(3):16-28.

④ 李玲,宋乃庆,龚春燕,等.城乡教育一体化:理论、指标与测算[J].教育研究,2012,33(2):41-48.

⑤ 周江燕,白永秀.中国城乡发展一体化水平的时序变化与地区差异分析[J].中国工业经济,2014(2):5-17.

⑥ 朱家存,阮成武,刘宝根.区域义务教育均衡发展监测指标体系研究——基于安徽省义务教育政策实践[J].教育研究,2010,31(11):12-17,59.

⑦ 刘海峰.我国城乡教育一体化改革的若干理论问题[J].教育理论与实践,2011,31(32):26-28.

⑧ 邬志辉.当前我国城乡义务教育一体化发展的核心问题探讨[J].教育发展研究,2012,32(17):8-13.

⑨ 陈静漪,宗晓华.从城乡分立到城乡一体化——中国农村义务教育供给机制演进路径分析[J].西南大学学报(社会科学版),2012,38(5):75-82,174.

⑩ 冯建军.义务教育优质均衡发展的理论研究[J].全球教育展望,2013,42(1):84-94,61.

城乡义务教育一体化的目标不仅仅是资源的均衡配置，更包括教育质量和教育公平的双重提升。在理论基础和成因分析方面，城乡义务教育一体化的推进受到要素流动与资源配置失衡等多重因素的影响。学者们认为，农村和城市是一对相互辩证的范畴，必须统一审视、统一布局和统一管理。同时，城乡学生在生均预算内公用经费、居民人均教育费支出等方面的差异是造成城乡义务教育发展差距的主要原因。分级办学体制和社会资源分配制度的二元化也是阻碍城乡义务教育一体化发展的重要因素。

综上所述，城乡义务教育一体化是一个涉及教育资源均衡配置、教育质量提升和教育公平实现的综合性工程。通过构建科学的指标体系和推动政策创新，我们可以逐步消除城乡教育差距，为每一个孩子提供公平而优质的教育机会。

3.关于城乡义务教育一体化中资源配置的研究

城乡义务教育一体化在本质上是实现城乡教育资源的互通有无和共建共享。这一过程中，如何确保资源的均衡配置成为学者们关注的焦点。事实上，城乡义务教育资源配置的不均衡是阻碍一体化进程的关键所在，因此，通过优化资源配置来推动城乡教育一体化成为研究者们的基本共识。在资源配置的方式上，尽管提倡改变过去的计划配置方式，但鉴于义务教育的基础性、公益性特性，仍主张政府应成为义务教育资源配置的主体，一致强调政府的义务教育资源配置职能。这意味着，政府在推动城乡教育一体化进程中扮演着至关重要的角色。在评价资源配置的效果时，学者们发现，教育资源配置的不均衡对城镇居民的升学机会有着重大影响①。同时，教育资源的投入增加，特别是教育经费的投入，对于促进地区经济的发展也有着积极的作用②。这进一步强调了优化资源配置在推动城乡教育一体化中的重要性。为了实现义务教育资源的均衡配置，学者们从不同的角度提出了建议。例如，从伦理学的角度出发，义务教育资源的配置应确保制度的公平公正，并辅以教育公平的补偿制度。而从经济学的角度来看，教育资源配置应追求帕累托最优，既要最大化存量资源的效益，又要实现资源的增量，以推动城乡教育一体化的动态发展③。

近年来，随着进城务工人员随迁子女教育问题的凸显和乡空城挤现象的出现，基于人口流动的资源动态配置问题也日益受到关注。在全面二孩政策和城镇化快速发展的背景下，我国学龄人口数量和结构的变化对教育资源的合理配置提出了更高的要求④。为此，学者们建议深化体制机制综合改革，统筹规划义务教育资源布局，完善教育资源共享与调配机制⑤。同时，也需关注由非权力性流动带来的学生要素相对自由流动与由权

① 许玲丽，周亚虹.义务教育资源配置对初中升学机会的影响[J].上海经济研究，2011(12):25-35,44.

② 张辽.教育资源配置、人力资本积累与经济增长——基于区域比较的研究[J].中央财经大学学报，2012(8):61-66,77.

③ 冯婉桢，吴建涛.我国县域内义务教育均衡发展的帕累托路径研究——基于增量教育资源配置的视角[J].教育学术月刊，2012(6):52-54.

④ 尚伟伟，郅庭瑾.人口变动与教育资源优化配置——中国教育发展论坛2019综述[J].清华大学教育研究，2019,40(3):122-125.

⑤ 刘善槐，王爽.我国义务教育资源空间布局优化研究[J].教育研究，2019,40(12):79-87.

力性流动引导的教师资源配置之间的矛盾,以避免乡村学校发展日渐式微的困境[①]。

综上所述,在城乡义务教育一体化进程中,资源的均衡配置是关键所在。通过优化资源配置方式、评价资源配置效果,以及构建适应人口流动的教育资源配置机制,我们可以推动城乡教育一体化的深入发展,确保每一个孩子都能享受到公平而优质的教育机会。

4.关于城乡义务教育一体化实践案例的研究

在城乡义务教育一体化的进程中,学者们不仅关注相关概念和政策意义,还深入探索了其实践层面。在我国,多个地区如西南部的成都、重庆及中部和东部的北京、山东、江苏、福建、湖北、安徽、湖南的长株潭城市群等,都在城乡义务教育一体化方面进行了积极的实践探索。这些实践不仅为我们提供了丰富的经验,还为我们提供了反思和改进的机会,为本研究提供了宝贵的实践案例。除了关注国内的实践情况,学者们也对国外的实践探索进行了经验介绍。郝俊杰、董珍指出,国外在统筹城乡教育发展时,主要依赖于深入人心的公平公正的教育理念、充分保障的教育财政制度、扶弱助贫的教育政策、得力的统筹城乡办学软硬件措施、到位的统筹城乡教师待遇制度及对农村教学内容实用性的重视等关键因素[②]。王正青则从宏观政策层面、中观学校层面、微观教学层面对多个国家如美国、日本、韩国、瑞典、俄罗斯、印度、南非、越南、老挝、泰国等推进城乡教育均衡发展的措施进行了归纳和总结,为我国城乡教育一体化发展提供了政策建议[③]。李潮海对美国、日本、韩国三国在城乡教育一体化发展方面的共性特征进行了归纳,发现这些国家在推进城乡教育一体化时倾向于向农村教育进行政策倾斜[④]。金香花研究了韩国政府发展农渔村教育的支持性政策[⑤],乌云特娜则对波兰农村教育存在的问题及其策略进行了深入探究[⑥]。李涛、邓泽军进一步总结了国际统筹城乡教育综合改革的模式,包括日本的法律建构型,韩国的政策驱动型,新加坡和美国的公共统筹型,芬兰和瑞典的市民私域型,马来西亚和尼泊尔及印度三国的生存统筹型,以及越南、巴西、印度尼西亚的发展统筹型[⑦]。这些国内外的实践探索为我国城乡义务教育一体化的推进提供了宝贵的经验和启示,有助于我们更好地理解和应对城乡教育一体化进程中的挑战和问题。

二、国外相关研究现状

尽管"城乡义务教育一体化"是一个具有中国特色的概念,但国外学者对于城乡关系、一体化进程及教育公平问题也给予了很多的关注。因此,本文将对国外在这些方面的相关研究进行系统的梳理与分析,旨在借鉴和吸收国外学者的研究成果,以拓展我国城乡义务教育一体化相关研究的视野。城乡关系一直是社会学、经济学和教育学等多个

① 雷万鹏.构建适应人口流动的教育资源配置机制[J].教育发展研究,2020,40(Z2):3.

② 郝俊杰,董珍.国外统筹城乡教育发展的经验及启示[J].重庆工商大学学报(社会科学版),2009,26(1):82-86.

③ 王正青.国外推进城乡教育均衡发展新趋势——社会生态系统的理论框架[J].中国教育学刊,2011(1):20-23.

④ 李潮海.美日韩城乡教育一体化发展的经验与启示[J].沈阳师范大学学报(社会科学版),2012,36(6):110-112.

⑤ 金香花.韩国政府发展农渔村教育的支持性政策评析[J].教育评论,2012(2):153-155.

⑥ 乌云特娜.波兰农村教育发展中的问题及其政策分析[J].外国教育研究,2013,40(2):123-128.

⑦ 李涛,邓泽军.国际统筹城乡教育综合改革:发展脉络、治理模式与决策参考[J].江淮论坛,2012(1):169-175.

学科领域的研究热点。国外学者对于城乡发展差异、城乡互动及城乡融合等问题进行了深入的研究,这些研究对于我们理解城乡义务教育一体化的背景与动因具有重要的参考价值。同时,一体化作为一个跨学科的概念,也被广泛应用于区域发展、经济一体化、文化一体化等多个领域。国外学者对于一体化的理论研究和实践案例为我们提供了丰富的经验和启示,有助于我们更深入地理解城乡义务教育一体化的内涵与要求。此外,教育公平作为全球共同关注的话题,国外学者对此进行了广泛而深入的研究。他们从不同的角度和层面对教育公平进行了界定和探讨,提出了许多有益的理论和观点。这些研究成果对于我国城乡义务教育一体化进程中如何保障教育公平具有重要的指导意义。

综上所述,通过对国外相关研究的梳理与分析,我们可以更加全面地理解城乡义务教育一体化的内涵与要求,借鉴国外学者的研究成果,为我国城乡义务教育一体化的实践提供有益的参考和借鉴。

1.城乡关系问题研究

城市作为人类社会发展的一个里程碑,其出现并非一开始就伴随着严格的城乡划分。最初,人们只是生活在不同的区域,A区或B区,并未意识到城乡之间的差异。然而,随着生产力的提升和劳动分工的细化,城市逐渐成为先进生产力和文明生活的聚集地,城乡关系开始变得复杂。特别是19世纪的工业革命,大量剩余劳动力涌入城市,城市人口激增,引发了一系列经济和社会问题,甚至加剧了阶级矛盾。因此,城乡关系逐渐成为学者们关注的焦点。王华和陈烈两位学者在梳理西方城乡发展理论时,指出有三种主要观点:城市偏向、城乡融合和回归乡村[①]。其中,城市偏向认为乡村最终会走向城市化;城乡融合强调城乡之间的差异会逐渐消失,实现一体化;回归乡村注重新乡村建设,注重乡村的可持续发展。这些观点因不同时期的经济发展水平不同而有所不同。在城乡关系的研究中,城乡二元结构理论和融合发展理论是两大主流。刘易斯作为城乡二元结构理论的代表,从发展经济学的角度将经济结构划分为现代工业部门和传统农业部门。他认为,城市是城乡发展的最终方向,城镇化能够带动传统农业部门的发展,吸引农村剩余劳动力,使城乡二元结构逐渐走向一元。而马克思、恩格斯的城乡融合理论及霍华德的花园城市理念则强调城乡生活条件的均等化,认为城乡应该实现融合发展。城市和乡村的对立或分离并不是社会发展的必然结果。城乡自一开始就是融合发展的,最终也将在社会生产力的发展和人的生活需求的推动下,走向一体化。这种一体化并非简单的地理位置合并,而是指社会生活水平和社会基本公共服务的均衡化。

事实上,20世纪70年代中期以来,一些学者已经不同程度地关注城乡相互作用研究。道格拉斯(Mike Douglass)在一些假设和理论框架下,通过实证研究,将城乡相互作用分解成结构和流,构建了城乡联系图表,并探讨了以后研究的路径和方向[②]。与昂温的框架相比,道格拉斯的模型显得更加严密,因此将城乡相互作用研究引向了更深入的方

① 王华,陈烈.西方城乡发展理论研究进展[J].经济地理,2006(3):463-468.

② DOUGLASS M.A regional network strategy for reciprocal rural-urban linkages: an Agenda for policy research with reference to Indonesia[J].Third world planning Review,1998,20(1):1.

向。近些年来，一些学者开始对城乡相互作用研究进行综述。塞西莉亚·塔科里（Cecilia Tacoli）和大卫·塞特思威特（David Satterthwaite）回顾了近年来“城乡相互作用”的研究[①②]，特别关注现代经济、社会和文化变化对城乡相互作用的影响途径，并就此构建了积极的和消极的“城乡相互作用与区域发展”的关联模式，强调中小城镇在乡村和区域发展，以及缓解贫困中的作用，为更好理解城乡贫困的产生他们提出了“城乡连续系统”（the Rural-Urban Continuum）的概念，并强调“生计”（Livelihoods）基础是城乡的主要区别。

在城乡一体化的进程中，重视城乡教育一体化显得尤为重要。教育对于推动农村现代化、改善传统农业及促进城市发展具有关键作用。舒尔茨在《改造传统农业》一书中指出，增加农民的教育投资与教育服务对于提高劳动效率、推动城乡经济融合具有重要意义。因此，在推进城乡一体化的过程中，我们必须重视城乡教育的发展，特别是乡村教育。这为我国当前推进城乡义务教育一体化提供了重要的启示。

2. 资源配置相关研究

国外对于教育资源配置的研究，常常与教育公平问题紧密相连。城乡义务教育一体化的追求，不仅源于社会经济发展的需要，更体现了人们对教育公平的渴望。在教育公平的理论探索中，我们可以追溯到古希腊雅典时期的民主平等教育概念。柏拉图提倡公民教育，而亚里士多德在公平理论上提出了“数量相等”和“比值相等”的观点。其中，“数量相等”指的是从量的角度来分配资源，“比值相等”则强调按照比例来配置资源。他认为，在政治权利的分配上，应以比值的平等为依据。这显示出公平与资源配置之间的紧密关系。

随着历史的发展，18世纪的新兴市民阶级开始呼吁教育中的平等思想，探索教育公平的发展路径。到了“二战”后，教育公平的概念与人们的日常生活更加紧密地联系在一起，并成为民众对教育权利的主要追求。1948年的《世界人权宣言》明确指出教育是儿童的基本权利。2006年，世界银行发布的一份报告强调应重视为贫困地区儿童和弱势群体提供平等的社会基本公共服务机会，如义务教育等。英国学者洛雷拉·特尔齐（Lorella Terzi）认为，教育公平可以为人的自由行动提供基础和能力[③]。教育在一定程度上能够赋予人们自由行动的机会，然而，当前教育资源的配置却常常成为制约人们流动的重要因素。因此，如何通过资源的均衡配置来保障人们行动和流动的自由，也是实现平等教育机会所应包含的基本内容。

3. 一体化理论研究

理解“一体化”的概念对于把握城乡义务教育一体化的发展路径至关重要。在英文中，“一体化”表示为“integration”，源自拉丁文的“integratio”，含有“更新、整合”之意。这

① TACOLI C. Rural-urban interactions: a guide to the literature[J]. Environment and Urbanization, 1998, 10(1): 147-166.

② SATTERTHWAITE D, TACOLI C. The urban part of rural development: the role of small and intermediate urban centers in rural and regional development and poverty reduction[EB/OL]. [2014-11-09]. http://pubs.iied.org/9226iied.

③ TERZI L. Capability and Educational Equality: The Just Distribution of Resources to Students with Disabilitiesand Special Educational Needs[J]. Journal of Philosophy of Education, 2007(4): 756-773.

一概念在历史长河中逐渐演变,并在经济领域得到了广泛研究。荷兰经济学家丁伯根(Jan Tinbergen)在1954年的《国际经济一体化》中首次明确提出了经济一体化的概念,强调通过消除阻碍经济高效运行的人为因素,实现国际经济结构的优化与协调。美国经济学家巴拉萨(Bela Balassa)在其1961年的著作《经济一体化理论》中进一步深化了这一概念,他认为经济一体化不仅是一个过程,更是一种状态,涉及商品和生产要素的自由流动,并划分为贸易一体化、要素一体化、政策一体化和完全一体化四个阶段。与此同时,卡尔·多伊奇(Karl Wolfgone Deutsch)在1992年指出,“一体化”通常意味着将不同部分整合成一个整体或复合体,这既可以描述原先同一单位之间的关系,又可以描述原先分离的单位达到整体状态的过程。这一解释对于理解我国的城乡义务教育一体化尤为重要,它意味着我们需要消除城乡在义务教育发展过程中的分离状态,实现城乡之间的有机融合,使其成为一个协调发展的整体。这种一体化不仅是一种状态,更是一个动态的发展过程。在区域经济一体化的背景下,世界经济在特定空间范围内实现了一体化,其中较为典型的是欧洲联盟。然而,经济一体化更多地强调市场和经济效益的一体化,具有排他性。相比之下,城乡义务教育一体化的发展则基于人类共同利益的非排他性视角,旨在促进教育公平和社会公正。

4.义务教育研究

(1)义务教育作用的研究。

各国对义务教育的作用都展现出了极高的重视程度。各国对义务教育作用的研究主要聚焦于其对经济的影响,以及如何更有效地发挥其作用。这些研究不仅为我们提供了深入的理论依据,更为实际教育工作提供了宝贵的指导和参考。

(2)义务教育均衡发展的研究。

义务教育均衡发展的概念是我国特有的提法。在国外学术界,许多学者普遍认为“教育公平”与“义务教育均衡发展”这两个概念在内涵上具有较高的相似性,甚至可以理解为一种包含与被包含的关系。当深入研究教育公平的内涵时,实际上也在探讨义务教育均衡发展的相关问题。以性别平等为例,一些学者将其视为教育公平的关键指标。他们认为,传统观念中“重男轻女”的偏见,导致了男女在教育上的不平等对待,这是教育发展不均衡的一种体现。因此,政府在制定教育政策时应特别关注性别平等,甚至在必要时向女学生倾斜,以满足她们的特殊需求和利益[①]。此外,还有学者对英国推进义务教育均衡发展的措施进行了深入研究。他们通过分析《学校——追求卓越》白皮书,发现英国不仅关注政府提供的平等、公平的教育权利和机会,还强调学校的自主性和多样性。这种多样化的教育策略旨在更好地满足学生的需求,促进他们的全面发展,并使他们更好地适应全球化的趋势。在促进教育均衡发展的措施方面,许多国家认为实质性的教育公平意味着城区和乡村学校在标准化建设上的统一。这意味着在义务教育阶段,需要均衡配置各种教育资源。这种均衡配置的落实被认为是教育平等的实质性体现。关于学校

① GORARD S. SMITH E. An international comparison of equity in education systems [J]. Comparative Education, 2004 (40):17.

教育资源的公平合理分配问题，国外学者提出了财政中立、水平公正、垂直公正的原则。他们认为，身心发展不良、家庭经济困难或生活有困难的学生应得到学校更多的关注和资源支持。同时，国外学者也重点关注了义务教育均衡中师资力量的分配问题。例如，对韩国教师互换政策的研究，旨在探讨如何通过政策手段实现师资力量的均衡分布，从而提高整体教育质量。

综上所述，国外学者对教育公平与义务教育均衡发展的研究涵盖了多个方面，包括性别平等、教育资源分配、学校自主性等。这些研究不仅为我们提供了宝贵的理论支持，还为各国制定和实施教育政策提供了重要参考。

(3)城乡义务教育一体化的研究。

对于此概念，国外学者将研究重点集中在政策、制度等方面，对农村教育如何发展进行基础性研究。国外追求平等的社会理念成为推动城乡教育统筹发展的社会基础。在政策研究方面，有学者对美国的教育法规法案进行了深入研究，并指出教育法规政策的实施对教育的整体发展具有深远影响。以美国为例，该国专门颁布了针对初等和中等教育的法案，这一法案的颁布对于提升农村或经济困难家庭学生的入学率具有重大意义。这不仅体现了政府对教育的重视，还反映了社会对教育公平的追求。同样地，印度也颁布了《国家教育政策》，明确提出要向社会上所有教育落后的地区，特别是农村地区，提供必要的教育资源。这一政策的出台，显示了印度政府对农村教育的重视和承诺。从国外的这些研究中，我们可以看到学者们对义务教育均衡发展和城乡义务教育一体化进行了大量而富有成效的研究。他们的研究成果不仅为我们提供了宝贵的理论支撑，还为后续研究提供了实例和参考依据。然而，我们也需要注意到，这些研究成果的时间相对较长，可能缺乏一定的时效性，其实用性和实践性也可能受到一定影响。对农村教育的发展进行政策与制度层面的基础性研究至关重要。通过借鉴国外的成功经验和做法，结合本国实际情况，我们可以更好地推进城乡义务教育一体化的发展，实现教育公平和均衡。

综上所述，国外对于城乡融合发展、教育公平和一体化和义务教育的研究为我们提供了宝贵的借鉴。这些研究不仅凸显了城乡融合发展、资源配置和一体化发展在当前社会中的重要性，还为我们全面认识和理解我国城乡义务教育一体化的特色与需求提供了理论支持。在此基础上，我们可以深入思考如何构建基于要素流动的资源配置机制，以推动城乡义务教育一体化的持续发展。

三、国内外已有研究评述

城乡义务教育一体化是推进义务教育均衡发展的重要战略问题，对于实现教育公平和满足人民美好教育需求具有重要意义。学者们普遍认为，城乡义务教育一体化的本质在于促进教育资源的优化配置和共享，实现城乡教育的均衡发展。这一理念不仅得到了国内外学者的广泛认可，还是当前我国教育事业发展的必然选择。

城乡义务教育一体化的推动需要破除城乡经济社会二元结构，建立义务教育城乡一体化体制机制。这需要从制度层面入手，打破城乡教育之间的壁垒，实现教育资源的有效流动;也需要加强教育治理能力建设,提高政府、学校和社会等各方面的协同作用,形成合力,推动城乡义务教育的一体化发展。在推进城乡义务教育一体化的过程中,我们需要关注以下几个方面:首先,要注重整体性和系统性,将城乡义务教育纳入国家教育体系中统筹规划,构建科学合理的教育资源配置格局;其次,要加强政策引导和支持,加大对农村地区和贫困地区的倾斜力度,促进教育资源的均衡分布;再次,要注重创新和变革,探索符合当地实际的城乡义务教育一体化模式和路径,不断完善相关政策和措施;最后,要加强国际合作与交流,借鉴国际先进经验和技术手段,提升我国城乡义务教育一体化的水平和质量。

在新时代背景下,城乡义务教育一体化已成为推动教育公平和提升教育质量的核心议题。然而,现有研究在某些方面仍显不足,尤其是在研究范式和评价指标上。传统的研究多基于城乡社会的相对稳定状态,忽视了当前高流动社会中教育要素复杂多变的现实。这导致了一些实践中的问题,如标准化乡村学校建设后的资源浪费现象。因此,我们需要结合新时代的特征,探索新的研究视角和方法。城乡义务教育一体化是一个渐进的过程,其内涵不断丰富和发展。当前的评价体系过多地关注外部资源的配置,尤其是物的层面,而忽视了内涵式评价的重要性。傅松涛认为:"教育质量既是教育存在的一种客观实在规定性,也是教育实践主体能动地人为期望、要求和设计的理念性产物,更是研究者主体对教育客观实在规定性和教育实践主体理念设计所进行的人为能动反映和建构①。"教育公平和质量已成为新时代教育发展的重要方向。教育公平不再仅仅停留在物的层面,而是转向以"人"为核心的评估域。这要求我们在推进城乡义务教育一体化的过程中,更加注重人的全面发展和个体差异,确保每个孩子都能享有公平而有质量的教育。不同的主体对教育质量的内涵期待和现实感受均会不同,对城乡义务教育一体化的获得感也会不同,2019年教育部工作要点也已经指明城乡义务教育一体化已经进入了水平提升阶段,如何提升水平、确保质量,需要新的路径支持。杨卫安指出新时代城乡义务教育一体化已经显现出了"从县域到跨区域更大范围的均衡、从质量到特色更高水平的发展、从物质到文化更深层次的融合的主要特征"②。

综上所述,新时代背景下的城乡义务教育一体化需要我们转变研究范式和评价指标,注重内涵式发展和教育公平性的提升。陶红等人呼吁"义务教育的资源配置必须以适应儿童流动的需要为基础,必须尽快建立适应人口流动的动态义务教育资源配置"③。我们还需要关注教育构成要素的流动和配置问题,建立适应人口流动的动态资源配置机制,推动城乡义务教育一体化的深入发展。这将有助于实现教育公平、提高教育质量并满足人民对美好教育的需求。

---

① 傅松涛.生态化:教育质量的时代趋势与坐标[J].中国人民大学教育学刊,2012(4):100-110.

② 杨卫安.城乡义务教育一体化:制度形态与新时代特征[J].现代教育管理,2020(9):31-37.

③ 陶红,杨东平,张月清.基于人口流动的义务教育资源配置[J].上海教育科研,2010(11):4-7,18.

第二章 乡村振兴战略与区域城乡义务教育一体化发展的内在关联

百年大计，教育为先。在人类社会不断发展进步的过程中，乡村振兴战略和推动乡村现代教育改革是密不可分的两个方面，二者相互激发、相互渗透，相辅相成，互为有机整体。城乡义务教育一体化发展的每一次改革都可能引发乡村振兴战略事业的巨大变革，经济的进一步发展决定了人才在其中立足成为不可或缺的条件。自改革开放以来，党一直坚持将城乡义务教育一体化发展视为一项共识政策和宝贵经验，将城乡教育建设置于国民经济优先发展的重要位置。人才素质的持续提升和乡村经济社会的振兴升级都密切依赖于教育，二者相辅相成，同频共振。在乡村，教育发挥着启蒙思想、开阔心智、传播理论知识、塑造文明的作用，是乡村振兴的基础和前提。而乡村振兴战略政策的不断深化也为乡村教育创造了无限的希望和可能性①。

乡村振兴战略是实现中华民族伟大复兴的必然诉求。关注乡村振兴战略与乡村教育振兴之间的相互关系，是准确理解乡村教育高质量发展的阻力机制和实际难题的逻辑前提。教育在促进乡村社会高质量发展中扮演着至关重要的角色，乡村振兴战略与乡村教育发展之间存在着一种紧密且相互依存的关系，即一体性的共生关系。一方面，乡村振兴必然包括乡村教育的振兴。教育是乡村社会民生事务的重要组成部分，是乡村振兴战略目标全面实现的关键指标，不应仅仅局限于确保

① 央张卓玛.乡村教育与乡村振兴的关系研究[J].活力，2023，41(20)：159-161.

“有学上”的底线需求。另一方面，教育是建设现代化乡村、推动智慧农业发展的必要手段。信息化、现代化发展模式与乡村生产生活的传统模式之间的冲突，加剧了乡村社会发展过程中高素质人才的供需矛盾。教育振兴乡村的根本在于发挥教育在培养人才方面的关键作用，全面提升乡村人口的综合素质。然而，在现实中，评价乡村教育发展水平和质量往往以教育投入总量、适龄儿童入学率等表面的数字化指标为依据。这些表面的数字化指标虽然看似具有解释力和说服力，却无法准确评估乡村教育发展的质量和实际效果。因此，所谓良好的乡村教育、适合乡村儿童的教育也无从谈起，仅凭冰冷的数字无法全面了解教育事业的本质。教育的价值取向是特定时期对教育理念和目标的集中表达，决定了教育体系的设计和行为选择。对乡村教育价值取向的历史演变进行反思，审视有识之士在回归育人之道的探索中所面临的困难，有助于更准确地理解新时代育人实践的深层问题[①]。

乡村教育的未来不能仅陷入“离农”或“向农”这种二元对立的观点争辩，而是应该构建乡村教育与乡村振兴战略协同发展的机制，这是推进乡村教育高质量发展的必然选择。首先，需要超越把乡村教育简单视为某种促进乡村或城市发展手段的偏见。这是有效构建乡村教育与乡村振兴战略互促机制的先决条件。其次，教育内容的选择和实施过程应该融入乡村振兴战略的元素，培养学生了解、热爱、贡献乡村的情怀和能力。最后，要优先保障乡村振兴战略对乡村教育内源发展的基础支持，不断提升乡村教育的保障力和吸引力。

乡村振兴战略是我国全面建成小康社会、基本实现现代化，再到全面建成社会主义现代化强国的整体战略布局中的一项关键战略。习近平总书记在党的十九大报告中明确提出了“实施乡村振兴战略”，并将其列为决胜全面建成小康社会的七大战略之一。这是党中央对“三农”工作的战略部署，也是新时期做好“三农”工作的重要遵循，具有重要的理论意义和实践指导作用。乡村振兴战略的实施需要从思想上先行，思想的引领是乡村振兴战略的关键。乡村振兴战略不仅涉及经济物质层面的振兴，更包括教育的振兴。教育在乡村振兴战略中起着至关重要的作用，对于实现农业农村现代化具有关键性意义。乡村振兴战略也为乡村教育提供了更多的基础支持，推动了城乡义务教育一体化向更深层次发展。这体现了在新时代背景下，党中央对于农村工作和乡村教育的高度重视，以及对乡村振兴战略全面推进的深刻思考。

---

① 满忠坤，岳蕾蕾.新时代乡村教育高质量发展的价值逻辑与推进策略[J].聊城大学学报(社会科学版)，2023(5)：89-96.

第一节　城乡义务教育一体化发展是乡村振兴战略实施的重要支撑

20世纪80年代，我国提出了普及九年义务教育的目标，到21世纪初，我国基本实现了义务教育的全面普及。2022年，建档立卡辍学学生动态清零。2023年义务教育阶段的在校生达到了1.6亿人，全国近三千个区县实现了义务教育基本均衡。《中国教育现代化2035》提出了推进教育现代化的总体目标，即到2035年总体实现教育现代化，将我国纳入教育强国行列。2035年的主要发展目标包括建立一个为全民终身学习服务的现代教育体系，实现学前教育的优质化普及，实现优质均衡的义务教育，全面普及中等教育，大力改善职业教育服务能力，显著提高高等教育的竞争力，并为残疾儿童和青年提供适当的教育。这一目标旨在为在21世纪中期建设富强、民主、文明、和谐、美丽的社会主义现代化国家打下坚实的基础，建立一个全社会涉及的教育治理新模式①。

党的二十大强调了乡村振兴战略和教育优质均衡的重要性，并且国家特别关注了义务教育的发展。尽管城市地区的教育发展良好，但农村地区面临着基础设施、教师水平、教学环境等多方面与城市存在差距的挑战。党的二十大明确指出，农村义务教育是适龄儿童都可享受的服务，是青少年成人成才的基础，是促进乡村教育振兴的推动力，更是乡村振兴战略的重要一环。因此，只有发展好农村义务教育，做好城乡义务教育一体化发展，乡村才能拥有更多的人才，从而实现乡村振兴。

乡村教育与乡村振兴战略之间存在内在的依存关系，乡村教育为实现乡村振兴战略目标提供支持，也是实现其自身高质量发展的关键。党的十九届五中全会明确提出“建设高质量教育体系”，将教育高质量发展纳入新时代我国教育事业服务国家重大战略的实际需求。在2021年全国教育工作会议上，我国教育事业发展进入了“整体抓质量的新阶段”，并将教育高质量发展定位为战略性支撑。党的二十大更是从综合部署的角度明确了教育、科技、人才的高质量发展，将其作为全面建设社会主义现代化国家的基础、先导和战略支撑。实现乡村教育高质量发展不仅是构建高质量教育体系的关键环节，还是推动我国经济社会高质量发展的战略路径。

教育部部长怀进鹏在乡村振兴战略工作领导小组会议上强调了“统筹推进乡村教育振兴和教育振兴乡村工作”的重要性，明确了乡村教育振兴对于乡村振兴战略的关键意义。推动乡村教育高质量发展不仅是乡村振兴战略有序推进的重要内容，还是实现乡村振兴战略目标的基础支撑。在乡村振兴战略中，人才是关键，高素质人力资源是最核心的因素。因此，实现教育高质量发展目标是乡村振兴战略目标如期实现的前提性保障。培育、吸引和留住乡村优秀人力资源的最直接途径是高质量的乡村教育，因此，使乡村教

① 梁钰歆．乡村振兴背景下城乡义务教育资源优化配置研究——以山西省忻州市×区为例[D]．太原：山西财经大学，2023：45-46.

育为乡村振兴战略提供有力支持，是其应当肩负的使命和价值追求。

乡村振兴战略的内在含义寓于乡村义务教育的振兴之中。乡村振兴战略的五大支柱包括产业振兴、人才振兴、文化振兴、生态振兴和组织振兴，其中教育振兴虽未单独列为一项，但贯穿于上述各方面[①]。产业振兴能够为乡村义务教育发展提供更广泛的生源，乡村义务教育的优质发展反过来也有助于促进产业振兴，留住并培养优质人才资源。人才振兴表明乡村不仅需要更多外来人才的支持，还需要积极培养乡村本土人才。乡村学校既是文化的传承者，又是文化传播的重要载体。乡村文化振兴有助于挖掘、培育、传承和传播乡村本土文化，对乡村校园文化建设也具有积极影响。生态振兴意味着乡村的宜居、和谐、繁荣，这也直接影响到校园的环境状况。组织振兴意味着乡村需要有健全的组织机制、领导机构和法治保障，这也会影响乡村义务教育的组织管理。因此，乡村义务教育振兴与乡村振兴战略的各个方面相互交织，共同构建了乡村综合振兴的整体框架。

一、提供人才支撑

在城镇化率逐步提升的过程中，“三农”问题变得尤为突出，因此急需提升乡村人力资本的储备。根据第七次人口普查的数据显示，城镇居住的人口达到9.0亿人，占比63.89%；而乡村居住的人口为5.1亿人，占比36.11%。相较2010年的普查数据，城镇人口增加了2.4亿人，而乡村人口减少了1.6亿人，城镇人口比重上升了14.21个百分点。在城镇化进程迅速推进的同时，乡村空心化的现象逐渐凸显，导致乡村人力资本存量显著不足，无法满足推动乡村振兴战略的现实需求。因此，推动乡村振兴战略必须坚持城乡融合，而非简单的城乡接合。为了增加乡村人力资本的储备，需要通过推动乡村教育的发展来提高乡村整体文化素质水平，更新思想观念，重构乡村知识结构，培养一代又一代的新生力量。这些新生力量需要具备适应现代农业发展的能力，深深植根于乡村，怀揣着浓厚的乡土情怀，成为具备现代农业知识和技能的新型农民[②]。

乡村的发展和振兴迫切需要高质量的劳动力支持，乡村经济建设则离不开优质的劳动力。当前，我国有超过五亿的农村人口，其中半数以上从事农业生产，而另外两亿多人在城乡之间流动。促进乡村经济的发展，实现农业和农村的现代化，关键在于提高乡村居民的生产力水平。教育是提高农业生产科技水平和人力资源再生产的主要途径之一。乡村教育直接关系到乡村人力资源质量的提升，也关系到乡村振兴战略目标的实现。当前，要想实现农业和农村的现代化，满足乡村居民不断增长的生活需求，必须依赖乡村教育，培养新型乡村建设人才，即那些了解农业、热爱农村、关心农民的“三农”工作队伍。乡村教育包括义务教育、职业教育和成人教育，是培养参与乡村建设新型人才的有效途

① 卢海丽，张立国，高寒，等.城乡教育一体化视野下乡村义务教育优质均衡发展的困境及疏解[J].教育理论与实践，2023，43(28)：26-33.

② 杨天菊.乡村振兴背景下师范生公费教育政策赋能乡村教育的逻辑与路径优化[J].农村经济与科技，2023，34(11)：286-288.

径，也是积累乡村人力资本的重要途径，其中乡村义务教育更是重中之重①。

乡村义务教育在乡村振兴战略和可持续发展中承担了立德树人的基本任务。教育的根本目的是促使人的全面发展，而人的发展方向在于何处呢？《义务教育课程方案（2022年版）》明确提出："要在坚定理想信念、厚植爱国主义情怀、加强品德修养、增长知识见识、培养奋斗精神、增强综合素质上下功夫，使学生有理想、有本领、有担当，培养德智体美劳全面发展的社会主义建设者和接班人。"换言之，义务教育的目标是培养适应国家和社会发展需要的人才，从而推动社会的进步。习近平总书记曾强调："教育是民族振兴、社会进步的重要基石。"德才兼备的人才是实现乡村振兴战略和可持续发展的前提。新时代的乡村义务教育致力于培养具备良好品德、情怀和责任担当的时代人才，为乡村振兴战略注入活力。

人才是实现乡村振兴战略的首要资源和关键因素。在2021年的中央人才工作会议上，习近平总书记指出，国家的发展和民族振兴取决于人才，"要深入实施新时代人才强国战略"。人才振兴不仅是乡村全面振兴的重要组成部分，更是实现乡村振兴战略的现实途径。乡村教育在促进乡村振兴战略过程中，起到了培养人才、提供智力支持的重要作用，为乡村振兴战略注入了活力。乡村教育的赋能不仅解决了人才缺乏的问题，还为乡村的持续发展提供了支持，从而有力地推进了乡村振兴战略的实施。

乡村教育作为实施乡村振兴战略的关键智力推动力，与乡村振兴战略密切相关。首先，乡村振兴战略是一项涉及多方面因素的复杂战略，关键在于推进各种要素协同发展，而人才是其中至关重要的一环，尤其是了解农村、热爱农村的本土人才，而乡村教育为培养这类人才提供了重要途径和平台。其次，注重教育的发展可以加强优秀人才的培养，包括农业领域专业人才及乡村规划、设计、建设、管理等方面的专业人才。通过乡村教育，广大农民得以发挥主体作用和首创精神，成为乡村振兴战略的中坚力量。最后，乡村教育侧重于提升乡村素质教育水平，使乡民接受良好的文化教育和职业培训，为乡村的可持续发展奠定基础。发展教育是培养高素质农民不可或缺的途径，只有教育取得实质性进展，才能从根本上解决乡村发展后劲不足和人才短缺的问题。因此，在全面推动乡村振兴战略的过程中，乡村教育和人才振兴在乡村全面发展中扮演着关键角色。

另外，相较于城市，我国广大农村地区受到经济、交通、资源等多方面的制约，短期内难以培养出大量高质量人才。因此，为了解决当前乡村人才匮乏的问题，不仅需要鼓励和支持本土人才回流乡村，还需要依赖高校教育系统，培养并激励那些具有农业情怀的高素质人才投身乡村振兴战略的历史潮流。高校教育为乡村振兴战略培养了农业科技人才、公益服务人才及基层管理人才这三大类人才。农业科技人才主要关注农村农业工作的前沿问题，面向现代高效的绿色农业发展需求，为农村产业的转型升级培养优秀的"新农人"。公益服务人才主要由医药类和师范类院校培养，他们能够缓解农村公共资源匮乏的困境，为乡村的健康、教育等基础服务提供充足的人才支持。此外，高校还为乡村

① 孙岳琪，徐汉滨．乡村振兴背景下乡村教育持续发展的现实困境与应对路径[J].连云港师范高等专科学校学报，2023，40(2)：12-17.

振兴战略培养了大量的基层干部和管理人才，越来越多的大学生加入服务乡村的队伍，极大地优化了农村基层管理人员的队伍结构。

从长远来看，乡村教育的不断发展有助于提高乡村居民的可实现能力。可实现能力是指个体实现个人愿望的潜力，而乡村居民的可实现能力对于构建宜居乡村、幸福家园、文明社区至关重要。通过传递知识、培养技能和引导科技应用等途径，乡村教育使得乡村居民能够掌握先进的生产技术，进而提升他们的可实现能力，形成人力资源的优势。一旦乡村居民的可实现能力得到提升，他们将会自发地采取行动，通过努力和付出改善个人生存状况，并更深刻地认识自身的利益、生活目标及价值追求。此外，乡村教育还通过教育与引导，激发乡村居民参与乡村建设、推动乡村转型发展的主体自觉性，让他们认识到自己是乡村的主人翁，是乡村生活的主导者，更是乡村建设的重要推动者。一旦乡村居民加强了主导地位的认识，就能更自觉地发挥积极性和主动性，加速美丽乡村建设的步伐，推动乡村振兴战略的建设。

二、提供产业支撑

党的十九大报告提出了乡村振兴战略的部署，将其作为决胜全面建成小康社会、全面建成社会主义现代化强国的国家战略。党的二十大再次强调要全面推进乡村振兴战略，坚持农业农村优先发展。其中，产业振兴被明确为乡村振兴战略实施的重点，是充分激发乡村发展内生动力、实现乡村永续发展的有力保障。在乡村振兴战略取得显著成效的同时，各地也出现了一些问题，其中之一就是“形式化”和“样本化”的现象。这表现为人为地将美丽乡村建设样本化，强调表面形象，而忽视了乡村产业的实质性发展，导致乡村建设的空心化。这种问题的出现可能是因为在推动乡村振兴战略过程中，有些地方着重关注外在的形象和标志性建设，而未能充分关注乡村产业的发展。过分强调“样本化”可能导致乡村振兴战略计划变成了简单的外部模仿，而非因地制宜地满足当地实际需要。为解决这一问题，乡村振兴战略需要更加注重发展乡村的内在动力，关注具体地区的特色和需求。在推动美丽乡村建设的同时，要更加注重培育和发展乡村产业，提升乡村经济的可持续性。这需要科学制定乡村振兴战略规划，注重因地制宜地发展，使乡村振兴战略既形式美观，又有实质产业支撑，实现全面、可持续的发展。

乡村产业振兴的实现过程涉及推进各类资源与生产要素向乡村聚集、重组与转换，从而助推乡村产业现代化转型。这一过程同时能倒逼乡村人才结构的调整与升级。当前，我国农民适应生产力发展和市场竞争的能力相对不足，新型职业农民队伍的建设亟须加强。乡村教育的发展滞后使得农民难以适应现代化的发展趋势，这也妨碍了乡村振兴战略的强劲推进。在这一背景下，党的十九大报告和乡村振兴战略的实施意见都明确指出要高度重视乡村义务教育，并强调要优先发展乡村教育事业。因此，加强乡村教育的投入，培养专业型和职业型的乡村人才队伍，为乡村振兴战略做好产业支撑显得至关重要。为实现乡村产业振兴，乡村教育需充分发挥其服务功能，保障乡村学生能够获得同等质量的教育资源。这不仅有助于培养乡村青年的综合素质和创新能力，也为乡村产业发展提供了坚实的后备力量。通过提升乡村教育水平,能够培养更多适应现代产业需求的劳动力,推动乡村产业的崛起与兴旺。因此,乡村产业振兴与乡村教育的协同发展是乡村振兴战略成功实施的关键一环。

同时,产业进步的根源在科技,科技在乡村振兴中发挥着至关重要的作用,被认为是第一生产力,也是推动乡村振兴战略的深层次驱动因素。习近平总书记强调:"农业现代化,关键是农业科技现代化。"在新时代,我国农村经济发展的目标和任务发生了深刻的变化,除了增加农业生产量,更加注重质量和效率,因此对科技创新的依赖程度也随之提升。在"十四五"时期,推动农业农村现代化的任务包括实施重要农产品保障战略,强化现代农业科技和物质装备,推进农业绿色发展,构建现代乡村产业体系和现代农业经营体系等,这些都离不开农业技术、信息技术、生物技术和数字技术等方面的创新①。

教育与科技在乡村振兴战略中扮演着关键角色,它们之间存在相互促进的关系,共同为产业发展赋能。一方面,乡村义务教育为乡村振兴战略提供人力支撑和经济基础。通过优质的教育体系,农村地区能够培养出高素质的人才,这些人才将成为乡村产业发展的重要力量。良好的教育可以提升农村居民的知识水平、技能水平和创新能力,使他们更好地适应产业升级和科技发展的需求。这种人力支撑不仅为现有产业提供了更具竞争力的劳动力,还为未来的创新和发展奠定了坚实的基础,有助于促进乡村科技创新。通过加强专业技术团队建设,可以转变农业农村生产方式,建设规模化、智能化、工业化、创意化的现代农业。另一方面,乡村教育还能助力农村信息化建设,推动农村各产业与现代信息技术的融合,建立网络化的生产、经营和销售体系,提高农业的智能化水平。因此,通过加强乡村教育,为乡村培养更多高素质的人才,可以为乡村产业的升级提供有力支持,推动乡村经济的可持续发展,进一步支撑乡村振兴战略。

三、提供文化文明支撑

1. 传承乡村优秀文化,建设乡土特色文明

乡村教育可以提高乡土文化认同感,具有促进乡土文化传承和发展的重要作用。2022年我国就在中央一号文件《中共中央 国务院关于做好2022年全面推进乡村振兴重点工作的意见》中明确提出要启动实施文化产业赋能乡村振兴战略计划,并在2023年继续强调了文化在乡村振兴战略中的地位和作用。乡村作为孕育乡村文化的发源地,拥有丰富的乡土文化资源。乡村教育作为传播乡土文化的主要手段,可以在教学过程中引导学生深入了解、感受和认同乡村文化,从而提升他们的乡土文化认同感。在乡村教育中强化乡土文化教育,可以帮助学生更好地理解乡村的历史、传统和文化特色。这有助于培养学生对乡村的独特感情和认同感,使他们珍视、传承和弘扬乡土文化。乡村教育不仅是传承中华优秀传统文化的重要手段,也是塑造学生文化认同的有效途径。此外,乡村教育在促进传统乡土文化与现代教育技术的融合发展方面也扮演着关键的角色。利

① 韩美群,徐梦瑶.高等教育服务乡村振兴的机理、困境和路径[J].山西师大学报(社会科学版),2024,51(1):95-102.

用现代教育技术，如云计算、大数据、虚拟现实、人工智能等，可以更灵活、生动地传播和展示乡土文化。这种融合可以使乡村教育更加具有吸引力，提高学生对乡土文化的兴趣和理解①。

农村文化是中华民族文化的重要传承。中国广大农村蕴含着丰富的非物质文化遗产，包括传统习俗和高超的手艺技艺，这些都需要后代加强保护、传承和发扬。然而，在长时间的城乡二元发展过程中，城市吸引了大量农村居民，导致他们的乡土情感淡化，使得优秀农村文化传承面临断层的威胁。乡村教育根植于农村土壤，是传播和弘扬农村优秀文化的主要途径，拥有多重价值和功能。例如，乡村教育可以引导学生了解家乡、热爱家乡、为建设美好家乡而努力，培养他们对家乡的深厚感情，激励他们确立学习的志向。此外，乡村教育有助于推动农村社会的文明进步，纠正不良风气，倡导文明生活方式。同样，乡村教育能够激发农民参与乡村文化建设，以满足他们日益增长的精神文化需求。

学校在新农村精神文明建设中扮演着主导角色，要强化新时代农村精神文明建设，传承和践行社会主义核心价值观，需要不断发挥乡村学校的作用。在深入挖掘、传承、创新卓越的传统乡土文化，促进精神文明建设方面，学校具有得天独厚的优势。乡村学校应自觉肩负起新时代新形势下的教育责任和使命，提高办学条件，大力提升办学水平和教学质量，为乡村振兴战略提供坚实的精神支撑，培养出能够为家乡发展和乡村振兴战略贡献力量的人才。

2. 提高农民生态意识，推动乡村生态文明

生态文明的构建是中华民族可持续发展的长期任务。生态环保和文明建设对于实现美丽中国目标至关重要。长期以来，中国广大农村地区的生态保护广受关注。在新的发展阶段，无论是农村环境的改善还是农村产业的发展，都需要给予绿色、环保更多的关注，同时尊重当地的自然环境，努力追求人与自然的和谐共生。乡村的可持续发展依赖于其丰富的自然资源和健康的生态环境。保护和发展乡村的自然环境不仅是对自然资源的有效管理，更是对乡村生产力的维护和提升。与城市不同，农村地区的资源流动相对缓慢，更接近自然生态系统，使得自然界的能量得以循环利用、自我修复和发展，推动并实现了乡村生产与生活的有机转化。

然而，当前我国面临着工业化和城镇化高速发展的挑战，乡村结构失衡且遭受环境破坏。一味盲目追随城市发展的步伐导致农村地区的生态环境受到极大的压力，农村结构的失调也严重妨碍了农业和农村的可持续发展，乡村自然环境遭到了破坏。费孝通先生所言的"乡土本色"在现代化发展过程中逐渐淡化。在这一过程中，一些发展方式以牺牲公共自然资源为代价，产生环境污染、水土流失等无法逆转的影响。

因此，加强生态文明教育成为实现生态文明的必然要求，也是推动乡村振兴战略的必然选择，生态文明的目标是人与自然、人与社会的和谐与平衡。为了全面提升农村生态保护水平，促进生态工作的协同发展，必须以科学的生态文明理念为指导。乡村教育

① 杨天菊．乡村振兴背景下师范生公费教育政策赋能乡村教育的逻辑与路径优化[J]．农村经济与科技，2023，34(11)：286-288.

在传递科学生态文明理念和培养农村居民生态素养方面具有重要作用。在农村环境被污染、生态被破坏的情况下,需要从根本上纠正理念上的偏差,将保护环境纳入发展经济的核心目标。在农业农村发展过程中,应立足于自身的自然资源优势,深度挖掘生态资源,实现生态资源的多元化增值。乡村生态振兴的建设需要社会各界的参与,也需要通过多种途径。其中,教育的发展与“三农”发展联系密切,是建设农业农村现代化、开发乡村人力资本和激活文化资本的重要抓手。它不仅能够为生态文明建设提供观念和智慧支持,还能助力农村居民提高生态文明素养,养成良好的环境保护习惯。

四、提供治理水平支撑

国家治理的基础在于社会治理,而社会治理的重点和难点主要体现在城镇化进程中。城镇化的快速推进导致大量中、青年劳动力进城务工,而留守农村的主要是老年人、儿童和其他弱势群体,使得农村老龄化和空心化问题日益突出。这也导致一系列实际问题,例如村中公共事务无人打理、会议无人参加、自治制度运行不畅、村两委形同虚设等,这些都成为乡镇面临的共性难题。

在这一背景下,教育具有显著的作用。通过将治理理念和目标融入农村人民的日常生活,提升他们的素质和综合能力,有望逐步实现乡村社会的现代化治理。因此,乡村教育的发展有助于提高乡村社会的治理效率。在乡村振兴战略的实施过程中,乡村教育的发展为新的乡村领导人的涌现提供了可能性,激发了乡村社会治理内生动力,有效制约和监督了村两委的权力,促进了法治、自治与德治相结合的乡村治理体系的建立和完善。乡村教育有助于推进乡村治理的民主化、法治化和科学化。

一方面,运用道德引导,可以提高乡村治理水平。在新时代的大背景下,乡村治理的现代化离不开道德引导这一关键手段。乡村治理体系的建设与发展密切关联着乡村的繁荣和稳定。如果不提升乡民的道德水平和道德素养,乡村治理的现代化就实现不了。道德教化在乡村教育中具有重要作用,不仅有助于深化学生的道德认知,培养他们良好的道德行为习惯,还能通过社会教育参与提升乡村居民的道德素养,塑造乡村文明风貌,从而强化乡民凝聚力,为乡村治理新体系构建和乡村“善治”目标实现提供助力。

另一方面,强化乡村法治观念,有助于推动法治乡村建设。全面依法治国是中国特色社会主义的核心要求和基本保障,以法治规范乡村居民行为则是建设和谐美丽乡村的内在要求。建设完善的法律制度,确保“有法可依”,是实现乡村法治的先决条件。乡村居民“有法必依”的实现,取决于人们对法治的信仰和尊重程度。因此,在推动美丽乡村建设时,必须重视提升乡村居民的法治素养,培养他们的法治认知、规则意识、程序思维。乡村教育的受众是乡村居民,可以通过普及法律知识,提升乡民的法治素养。具体而言,乡村教育可以引导居民增强法律意识,使其了解、理解,并能自觉地遵循法律规范。此外,乡村教育还能为居民提供法律工具,使他们能够在面对侵害时自主运用法律手段保护自身权益。

此外,向农村地区投入各种教育资源,采用科学的治理理念进行教育扶贫,可以为乡村治理科学化创造良好的环境。

最后,教育扶贫政策还可在法治的轨道下,协调和规范政府、学校、贫困人口等多元主体之间的利益分配和冲突关系,助力乡村法治建设。教育和教化对农民观念与行为具有重要影响,无论是刚性的法律还是柔性的社会规范,都需要他们认同并自觉遵守才能发挥出真正的作用,从而为乡村振兴战略打下坚实基础。

五、小结

总的来说,为实现乡村振兴战略提供有力支持,我们需要致力于城乡教育一体化,特别是加强乡村教育,通过多方面努力,包括培育优质人力资源、推动乡土文化的传承、营造和谐的生态环境,以及为乡村产业振兴提供智力支持等,改善农村居民的生活环境,促进乡村的繁荣、文明、宜居与和谐发展。但也要注意,在这个过程中,乡村教育的定位和发展不仅仅是为了追求教育的现代化,更重要的是不能脱离教育的本土特色。乡村教育的发展应建立在本土文化的基础上,既强调教育现代化的建设,又注重体现乡村教育的本土特色,形成现代化和本土化双轨道共同推进的发展路径。离开本土化,乡村教育现代化将失去实际根基;离开现代化,乡村教育的本土特色也无法得以凸显。然而,在审视乡村教育的理论与实践时,我们的焦点往往落于教育现代化建设框架下的两大核心议题上:一是城乡教育均衡发展的追求,二是城乡教育一体化发展的路径探索。这两者紧密关联于教育现代化的宏伟蓝图之中,其中,城乡教育一体化被视为推动教育均衡发展的有效策略与手段,城乡教育均衡发展则构成了这一进程中的终极愿景与目标。简而言之,乡村教育现代化的进程,其核心目的正是借助城乡教育一体化的实施策略,最终实现城乡教育资源的均衡配置与教育质量的全面提升。

因此,乡村教育现代化建设,必须充分彰显乡村教育的本土特色。这包括展现乡村教育与自然亲近、融入乡土的开放性特征,设计基于乡土文化的校本课程,以及营造具有乡土乡情的民俗民风和培养怀有乡土情怀的本土化教师。如果我们忽略乡村教育的本土特色,将城市教育标准强加给乡村教育,那么乡村教育可能会逐渐趋同于城市教育,陷入变城乡教育"一体化"为城乡教育"一样化"的误区。这会使乡村教育简单复制城市教育,最终导致乡村教育的"空心化",还会使城乡教学手段和教育资源的利用过于"统一",陷入过度关注知识传授、考试成绩和升学率提高的现实困境,甚至偏离教育现代化的初衷,使得乡村教育呈现千校一面的境地。因此,城乡教育一体化并非将二者完全割裂开来,也不是将城市学校和农村学校建设成千篇一律,而是在办学条件、国家教育目标和课程体系等方面实现统一的基础上,充分发挥城乡学校各自的特色和优势,在理念、主体、课程、功能、方式和来源等方面相互借鉴,实现城乡教育的一体化进程,进而实现有地方特色的乡村振兴战略。

第二节　实施乡村振兴战略对推动城乡义务教育一体化向深层次发展的作用

实施乡村振兴战略是我国国家层面的一项重大决策，旨在加强农村发展，促进城乡区域协调发展。在这一战略的推动下，城乡教育一体化向深层次发展成为推动农村全面发展的重要方向。长期以来，城市化进程带来了城市的繁荣，但也导致了农村地区的相对滞后。农村教育资源不足、师资力量不均衡、教学质量不高成为制约农村儿童成长的重要因素。实施乡村振兴战略，加强农村经济建设和改善农村基础设施，为城乡教育一体化创造了更为有利的条件。

在城乡教育一体化的现状中，城市和农村之间存在明显的教育资源差距。城市的学校设施、师资力量、教学设备相对先进，农村地区则面临着师资短缺、学校设施简陋、教学条件艰苦的问题。这种不平衡的教育资源分配，导致农村学生在受教育机会和教育质量方面的相对劣势，制约了农村儿童的全面发展。

乡村振兴战略推动城乡教育一体化向深层次发展主要体现在以下几个方面。第一，乡村振兴战略可以推动城乡教育优质均衡发展，对农村教育的发展产生积极影响；第二，乡村振兴战略可以有效改善农村学校的硬件条件，还能通过实施数字乡村战略推动农村教育信息化；第三，乡村振兴战略有助于提升乡村教育办学水平，通过联片教研和提升乡村教师待遇的方式，为农村输送优质师资；第四，乡村振兴战略可以通过健全制度保障的方式，建设农村教师队伍；第五，乡村振兴战略有助于重新认识乡土的重要性及乡土对农村发展的作用，从而开发有乡土特色的教育资源；第六，在乡村振兴战略背景下，可以充分利用现代化资源，树立本土意识，精准深入培训，做好乡村教师人才队伍的建设；第七，乡村振兴战略将推动乡村教育向数字化转型；第八，在乡村振兴战略与脱贫攻坚相互促进的背景下，教育的扶贫工作被赋予了重要使命。

总的来说，实施乡村振兴战略推动城乡教育一体化向深层次发展是中国社会发展的必然选择。乡村振兴战略通过加强农村教育，提高农村学生的受教育水平，从而实现城乡教育的均衡发展，再进一步为乡村振兴战略的持续深入提供坚实的人才支持和智力支撑。这既是中国国家层面的政策需求，又是社会全面进步的迫切需要。在未来的发展中，应当加大对农村教育的投入，建设更为完善的农村学校和教育体系，使得城乡教育真正实现全面一体化，为中国的可持续发展奠定坚实基础。

一、有助于推进城乡教育的优质均衡发展

城市与农村之间的教育不平衡一直是我国长期存在的问题，这种不平衡的形成主要是由于城乡二元结构制度。在城市或乡镇，优质的师资和大量高质量的教育资源聚集，农村教育则相对处于弱势地位。乡村振兴战略的不断推进对农村教育的发展产生了积

极影响。从系统论的角度看,这将有力推动城乡教育的一体化,将城市教育和农村教育看作一个整体,有助于避免农村教育边缘化的问题。城乡一体化的推动充分发挥了城市的辐射带动作用和城乡关联的优势,实现了城乡资源的共享,取得了共赢的效果。随着城乡一体化的不断推进,农村学校的教学环境逐渐改善,教师待遇不断提高,农村社会发展的向心力也在逐渐增强,实现了城乡教育资源之间的良性互动。

实现城乡整合、城乡融合是新型城市化进程的主要特点。城乡社会经济的整合加速了城乡义务教育融合的步伐。《中国教育现代化2035》强调,县域内的义务教育应在基本平衡的基础上达到高质量的平衡。党的二十大报告提出,要"加快义务教育优质均衡发展和城乡一体化",这成为在乡村振兴战略时代背景下,全面提升农村义务教育水平、促进教育公平、推动教育现代化的重要任务和呼吁①。

首先,更新发展理念,有针对性地解决农村教育的不足之处。第一,有助于各级政府正确认识农村教育质量水平,摒弃认为农村教育必然薄弱的观念,意识到农村教育有很大的提升空间。第二,有利于政府充分发挥主导作用,按照"全面发展理念更鲜明、标准化建设程度更高、教师队伍更强、人民群众更满意"的优质均衡内涵,制定全面的城乡教育一体化发展计划,并在政策、人才和资金等方面提供更多支持。第三,推动完善多元化的教育经费筹措体制,调整农村经费支出结构比例,加强对经费使用的监管,提高农村义务教育经费的使用效益。

其次,以质量为导向,切实帮助提高每一所农村学校的运作质量。要实现义务教育优质均衡发展和城乡教育一体化,关键在于提高农村学校的教育教学水平,保护和提升现有每所农村学校的品质。一方面,可以充分利用乡村振兴战略的势头,提升农村学校的办学水平。乡村振兴战略与农村教育的高质量发展相辅相成,可以通过整合校园环境设计与美丽乡村建设,构建贴近农村学生生活、突出乡土特色的课程教学体系等方式,增强课程改革的本土适应性,加强师生对农村文化的认同感和归属感。另一方面,借助新型城镇化,可以建立起优质教育资源的辐射机制。新型城镇化要求加强城市对农村的支持,可以探索适应区域内优质教育资源共建共享的实践模式,如实施集团化办学、学校联盟、学区一体化管理、课程教学信息资源建设等措施,以便更好地满足不同地区的教育需求。

最后,强化协同治理,完善城乡教育融合发展的体制机制。唯有不断提升城乡融合发展水平,才有可能实现城乡一体化的宏伟目标。城乡教育一体化的显著特点在于资源的合理配置及相应的保障制度建设,其实质在于制度建设。以乡村振兴战略为背景,推动城乡教育一体化发展,可以将完善治理体系和提升治理能力作为改革的推动力,将城乡建设双向流动和体制机制动态平衡视为改革的核心,实现城乡教育要素的平等交换和公共教育资源的均衡配置。这将为在更高层次的城镇化和逆城镇化条件下,城市和农村教育的相互补充与共同发展创造必要的制度环境。

---

① 丁向东,李贵成.乡村振兴背景下城乡义务教育优质均衡发展的现实困境及实现理路[J].河南社会科学,2022,30(9):118-124.

需要强调的是，城乡教育一体化并非要求“同质化”。在强调整体推进的同时，必须凸显各自的差异性和互补性，即在“求同”的基础上突出一体化，通过标准化推动义务教育的均等化，实现农村普惠性学前教育的提质扩容；同时在“存异”的原则下，避免将农村教育按照城市模式改造，而应在保留农村教育特色的基础上提升质量，形成城乡教育互补依存、一体化和现代化发展的格局。

二、有助于改善农村学校办学条件

乡村振兴战略将推动农村基础设施升级视为建设美丽乡村的关键任务，这不仅对改善农村学校的硬件条件有利，还能通过实施数字乡村振兴战略推动农村教育信息化。然而，长期以来，农村地区的交通基础设施和信息化建设滞后等问题一直限制着农村教育事业的发展。在学校内部，也存在着教学楼破旧、学生宿舍简陋，以及缺乏现代化的教学设备等问题。随着乡村振兴战略提出建设美丽乡村的目标，很多地方的村容村貌发生了根本性的改变。这种整洁干净的社会环境对人的精神健康产生了积极的影响。

农村教育的薄弱环节，即乡镇寄宿制学校和小规模学校，肩负着确保兜底教育公平的关键使命。在乡村振兴战略的推进中，“两类学校”成为备受关注的议题。我国经济和教育发展的地域不均，导致“两类学校”在不同地区呈现出明显的差异。有研究发现，东部沿海省份的“两类学校”大多已经完成了硬件及配套设施的“全覆盖”升级，而一些中西部贫困偏远地区仍未达到标准。

根据2018年《国务院办公厅关于全面加强乡村小规模学校和乡镇寄宿制学校建设的指导意见》(国办发〔2018〕27号)的工作要求，各省份要完善“两类学校”的基本办学标准，以填补农村义务教育学校在条件上的不足。在中央政策和经费的支持下，各地农村“两类学校”的办学条件基本上达到了省定标准。为了减小不同地区之间“两类学校”办学条件标准化的差距，提供更好的教育环境，提升农村教育的整体水平和质量，有两个关键措施：首先，制定“两类学校”建设的国家标准，引入新技术标准，从省定基本办学标准向国家层面的更高标准迈进；其次，各地应优先将公共资源和经费投入“两类学校”的全面标准化建设，加速提升水平，确保“两类学校”标准化建设能够全面达到要求。

同时，当前乡村空心化现象凸显，随着农村生源数量减少，乡村教育面临撤点并校的新问题。因此在乡村振兴战略背景下，在教学点与小规模学校撤并的过程中，教育行政部门应该注重整体规划，将学校布局的调整与乡村未来发展规划紧密结合，考虑到乡村人口的发展和分布情况。这既包括方便学生就近入学，又需要满足乡村学生接受优质教育的需求。同时，还可以将乡村学校建设视为留住乡村青年和吸引人才返乡的重要途径，结合当地产业发展情况，合理解决乡村居民子女上学的问题。

地方政府可以通过拓宽社会力量参与乡村教育治理的空间和渠道，明确相关主体的责任与权利，不断完善乡村教育的多元治理机制，以增强乡村教育发展的潜力。在这个过程中，要特别强调整合资源、提高教育质量，使乡村学校成为各方愿意投入的社区教育中心。同时，政府可通过引导社会资本、企业和非营利组织等参与乡村教育事业，共同推动乡村教育的可持续发展。这样的合作将有助于形成更加灵活、适应性强的乡村教育治理模式，更好地改善当地办学条件，服务当地社区需求。

三、有助于提升办学水平

1. 联片教研促进办学水平提升

在乡村振兴战略背景下，为有效解决地区间教育资源、办学水平不均衡的问题，政府提出了许多方式方法。联片教研是一种集中多个学校力量、充分发挥各校主观能动性的活动，为城乡教育提供智力支持，有力地促进了各校的均衡发展，缩小了同一地区教育发展的差异。联片教研的实施拓展了教研的功能，使其更加科学有效，破除了城乡学校和学科之间的壁垒，强化了校际和教师之间的联系，实现了优质教育资源的整合和共享，有效地提高了农村教师的教研认知和积极性，助推了教师专业素质的提升。

联片教研通过汇聚各学校的资源，充分发挥各学校的主观能动性，有效推动了各学校的平衡发展，减小了同一地区教育发展的差异。联片教研的展开拓宽了教研的职能，提高了教研的科学性和效益，打破了城乡学校之间的校际和学科壁垒，加强了校际和教师之间的联系，实现了高质量教育资源的整合和共享，有效地提升了农村教师的教研意识和积极性，推动了教师专业素质的提高。

基于联片教研所展开的高质量的教育服务能够满足学生接受优质教育和全面发展的需求，从而有助于乡村教育留住生源，长远来看，有利于培养学生的乡土观念和乡土情怀。

2. 提升乡村教师待遇

乡村振兴战略在生活条件改善、专业素质提升和人生价值实现等方面也为乡村教师提供了支持。这有助于满足教师对乡村教育的期待心理，帮助他们不断提升职业尊严。通过提供良好的工作和生活条件，以及专业培训和发展机会，可以帮助乡村吸引并留住更多的优质师资。地方政府和教育部门可以制定政策，提供更多的福利和支持，以激励教师在乡村从事教育工作，并确保他们在这一过程中获得应有的尊重和回报。

2015年，我国国务院办公厅发布了《乡村教师支持计划（2015—2020年）》。该计划在制度上为农村教师提供全方位保障，全面改善了农村教师的待遇，有效地缓解了农村教师流失问题。该计划推出后，2020年以来，各地纷纷推出了类似的乡村教师支持计划、培养计划等。为鼓励和吸引杰出人才到山区和农村中小学任教，以稳定山区和农村骨干教师队伍，各级政府在财政方面增加了投入，着力提高了农村教师的收入水平，建立了针对山区和农村边远地区义务教育学校教师的岗位津贴制度，对在农村基层和偏远地区长期从事教育工作的教师采取了工资倾斜政策等一系列措施，全面保障了乡村教师的待遇，并鼓励更多教师为乡村教育事业贡献力量，实现了向农村输送优质师资的目标，展现了积极的政策倾向①。

① 陈诗英. 乡村振兴视域下乡村教育高质量发展的路径研究[J]. 贺州学院学报，2023，39(S1)：1-7.

四、有助于健全城乡教育制度保障

在党中央的领导下，各地方根据自身实际情况，不断贯彻落实乡村振兴战略，出台了一系列优惠政策促进乡村振兴战略的发展，为乡村教育提供方向上、政策上的指引，确保优秀人才留在乡村。师资队伍作为农村教育振兴的基石尤为重要。经验表明，农村教师队伍建设需注重顶层设计，健全制度保障，重点从加强师德建设入手，同步推进农村教师的补充、流动、能力提升，并确保政策惠及每一位教师。

首先，坚持强化基础，提升农村教师的专业水平。2020年，《教育部等六部门关于加强新时代乡村教师队伍建设的意见》（教师〔2020〕5号）再次强调了多措并举建设农村教师队伍的要求。其中，强调加强农村教师培训，特别是加大对紧缺学科农村教师的培训，并完善国培示范引领、多级培训参与、多形式实施的乡村教师培训体系。其次，要完善农村教师的管理补充机制，灵活调整城乡教师编制总量，动态监测农村教师队伍状况，优先合理补充农村幼儿园教师及中小学紧缺学科教师。同时，提高农村教师的工资收入水平，通过在乡镇、集中连片特困地区及艰苦边远地区提供工作津补贴、交通补助和住房保障等方式，进一步改善教师的待遇。

其次，健全保障制度，促进义务教育师资在城乡间共享流动。为推动教师这一核心教育要素在城乡之间自由流动，需要打破体制壁垒。一方面，要有效实施义务教育师资的“县管校聘”机制，调整教职工编制，完善区域内义务教育阶段校长和教师的交流轮岗制度等。另一方面，在新型城镇化建设中，加强基础设施建设，确保农村及农村学校具备与城市相媲美的发展环境、办学条件和生活品质，以提升农村教育岗位对优秀教师的吸引力。

最后，优化乡村教育治理机制是我国教育治理现代化的重要任务。深化教育改革、加快教育现代化是实现教育强国目标的必然要求。乡村教育在整个国家教育体系中占据着重要的地位，其发展水平直接关系到我国教育整体水平。在优化乡村教育治理机制上，一方面需要关注人的主体发展，促进指导者与学习者的共同发展。这意味着教育部门和地方政府应当深刻认识乡村教育的现实状况，实事求是地确定乡村教育发展目标。治理理念要以立德树人为核心，围绕这一根本目标来理顺乡村教育治理机制。这样的方式可以使乡村居民更加清晰地认识到乡村教育的育人目标，并且明白这并不仅仅是为了获得经济回报，更是要回归乡村学生实际需求，推动乡村振兴战略。另一方面，为实现人的现代化，地方政府和教育部门需要不断优化治理机制，注重提高教育质量、推动教育公平，以确保每一个乡村学生都能够在良好的教育环境中得到全面发展。通过深化教育体制改革、优化资源配置，可以更好地服务乡村居民，促进乡村教育的现代化发展，实现教育治理水平的现代化提升[①]。

① 姚郑晗．乡村振兴背景下农村教育现代化的路径选择[J]．农村经济与科技，2022，33(18)：248-250．

五、有助于开发乡土教育资源

乡村教育是在农村发生并深深植根于农村的教育体系。其助力乡村振兴战略的核心目标在于重新认识乡土的重要性及乡土对农村发展的作用，因此乡村振兴战略的发展有助于使村民认识到乡土文化对于农村孩子、乡村教育和农村发展的重要性，使其能够接受并认同乡土文化，树立起乡村文化的自信心。在乡村教育助力乡村振兴战略的过程中，使其真正回归“乡土本位”。

乡村教育的现代化建设应当凸显乡村教育的本土化特色，展现乡村教育亲近自然、融入乡土的开放性特征。一方面，乡村教育应立足于乡土文化，传承优秀的乡土文化，坚持正确价值观的引导，在现有“以县为主”管理体制的基础上，鼓励民众和基层组织参与乡村学校和乡土文化的建设。另一方面，乡村教育在顺应时代发展的同时，应保留自身特色，不断挖掘和丰富乡村文化，塑造积极向上的乡土文化氛围，使乡土文化成为乡村振兴战略的内生动力，还可以建设教师交流轮岗监督平台，通过城乡教师轮岗制度，将城市的先进教育理念与乡村本土教育资源深度融合，建设具有本土特色的乡村义务教育。这样的举措有助于城乡教育的融合发展，为乡村现代化发展提供有力支持。

基于本土化和生活化的乡村教育优势，结合当地特色、学生需求及地区差异，开发乡土教材，创新乡土课程和教材，可以充分挖掘乡村教育资源，构建既本土化又现代化的乡村教育。通过将乡土教材引入课堂，可以增强学生对家乡的认同感，激发他们建设家乡的理想抱负。同时，合理增加职业教育和成人教育中的乡土课程内容，培养村民“爱乡亲乡”的情感，使得本土化乡土教育资源特色得到充分发挥[①]。

六、有助于搭建精准化乡村教师培训体系

随着乡村振兴战略的逐步深入，乡村教师的重要性不断彰显，乡村教师是乡村教育的灵魂，没有乡村教师的坚守和教师队伍的提升，乡村教育振兴的目标是难以实现的。因此，为了加强乡村教师人才队伍的建设，须积极调动现代化资源，牢固树立本土意识，实施精准且深入的教师培训策略，从而有效地提升乡村教师的专业素养与教育教学能力，构建起一支高素质、适应乡村教育需求的教师队伍。

首先，可以充分利用现代化资源，建立培训平台，依托大数据监测教师的教学数据，实现精准化教师培训。政府和中小学校可联合利用信息化资源进行有针对性的培训调整，以大数据技术为支撑，为乡村教师队伍建设提供精准化支持，充分抓住国家数字化发展的机遇。

其次，可以设置乡村培训基地，充分利用乡村闲置文化场地。政府和学校应当完善培训措施，可以定期邀请优秀资深教师进行线下培训，并强调“重内容轻形式”的原则。这不仅有益于教师的培训，还能形成对其他行业的辐射，为引进人才提供更多机会。

---

① 冀香，郭悦，李云飞.教育推进乡村振兴的现实挑战与路径探索[J].公关世界，2023(6):13-15.

另外，强调教师乡土情怀，可以鼓励教师结合乡土文化创新乡村义务教育，避免用城市教育的霸权主义贬低乡村教育。此外，还可以深入推进“县管校聘”的管理措施，完善交流轮岗、支教助教的激励机制，引导优质教师资源向乡村流动。

最后，建议构建培训评估框架，完善培训质量标准，对教师实施多元化评价，并建立保障机制和奖励机制。在福利待遇、评优、晋升等方面给予倾斜，以不断激发教师的发展活力。这些举措有助于提升乡村教师队伍的素质，推动乡村教育的现代化建设[①]。

七、有助于乡村教育数字化转型

伴随信息化时代的不断发展，乡村振兴战略指出了乡村教育数字化转型的重要性。党的十八大以来，以习近平同志为核心的党中央高度重视数字化转型，并提出实施国家大数据战略，加快建设数字中国，成为全球范围内率先探索数字化转型之路的重要倡导者。在此过程中，数字化、网络化、智能化成为信息化浪潮的特征。2016年7月，《国家信息化发展战略纲要》进一步强调了以数字化、网络化、智能化为特征的信息化浪潮的兴起，并对未来十年国家信息化发展提供了重要指导。2021年3月，《中华人民共和国国民经济和社会发展第十四个五年规划和2035年远景目标纲要》明确提出“加快数字化发展，建设数字中国”，将数字化转型整体驱动生产方式、生活方式和治理方式的变革作为国家战略的一部分。在党的二十大报告中，习近平总书记指出，要“推进教育数字化，建设全民终身学习的学习型社会、学习型大国”。2021年7月21日，《教育部等六部门关于推进教育新型基础设施建设构建高质量教育支撑体系的指导意见》(教科信〔2021〕2号)强调，教育新型基础设施是以新发展理念为引领，以信息化为主导，旨在满足教育高质量发展需求的新型基础设施体系。目标是到2025年基本形成结构优化、集约高效、安全可靠的教育新型基础设施体系，并通过迭代升级、更新完善和持续建设，实现长期、全面的发展。

数字技术的广泛应用和深远影响使其成为影响国家竞争力的关键因素之一。在教育领域，将先进科技和信息技术应用于教育，促进教育向数字化转型，是推进教育改革的必然趋势。数字化教育的推进不仅是提高教育效率的手段，更是加速教育发展、建设教育强国的必由之路。

数字化建设的实施依赖于数据的采集，数据采集则需要建立完善的数字设施。乡村教育数字设施建设涵盖了硬件和软件两个方面。硬件设施包括普及5G网络和购置高性能数字设备，软件设施则涉及平台的构建。在硬件和软件的协同作用下，数字技术为乡村教育的发展提供了强大支持，有助于乡村教育整合碎片化的经验和知识。这一整合不仅提升了乡村教育内容的系统性和完整性，还为满足乡村教育个性化需求提供了解决方案。

为了充分发挥数字技术在乡村教育中的作用，乡村教育数字设施建设将在未来得到不断加强。这包括创造数字环境，借助大数据、5G、云计算等新兴技术，将数字技术与乡

① 陈权，奚锡珍．乡村振兴背景下乡村教育高质量发展的原点、困境及实践路径[J]．终身教育研究，2022，33(6)：47-53.

村教育过程深度融合。数字技术作为推动力量，有望扩大乡村教育的实际效果，构建具有数字化特色的乡村教育生态系统。

八、为乡村教育扶贫明确工作方向

乡村全面振兴与脱贫攻坚密不可分，教育的扶贫工作在这一进程中承担着关键责任。脱贫攻坚政策与乡村振兴战略任务相互关联，是建设美丽、幸福乡村的根本要求。扶贫的核心理念强调“扶志”和“扶智”，意味着要引导乡村贫困人口由被动的“靠、等、要”转向主动的“想、要、愿”。

脱贫攻坚所取得的巨大成果需要在乡村振兴战略工作中得到巩固。未来的扶贫工作将进一步覆盖乡村所有村户与行政村，扩大到全部农户，成为“三农”专项工作任务。乡村教育的扶贫工作也要随着时局的变迁而调整。从过去仅关注单个乡村地区义务教育贫困适龄人口的专项教育扶持，逐步转变为面向广大乡村地区的全面教育扶贫。这种大转变以真正推动乡村地区综合教育的协调发展，缩小城乡教育水平差距为主要目标。

综合教育扶贫的实施将全面、有效地发挥乡村科学文化教育的重要作用。这不仅有助于提升乡村居民的综合素质，还能为乡村振兴战略和脱贫攻坚工作创造更为有利的条件。因此，在乡村教育扶贫工作中，不仅要关注知识的传授，更要注重培养乡村居民的思维方式和创新能力，为他们的自主发展提供更为全面的支持。

乡村振兴战略是党和国家为解决“三农”问题、实现农村高质量发展、逐步实现共同富裕而做出的战略部署，是国家对乡村现实问题的精准回应，也是对乡村发展愿景的顶层设计和规划。在这一宏大的战略背景下，乡村教育作为乡村振兴战略的一部分扮演着至关重要的角色。乡村振兴战略的目标是统揽全局、全面建设社会主义现代化国家，在这个过程中，乡村教育被视为实现农村高质量发展的重要一环。

乡村振兴战略为乡村教育扶贫明确了发展目标，指引了发展方向。通过深入挖掘和理解乡村实际需求，乡村教育得以更精准地回应当地的特殊情境和挑战。战略的规划和部署为乡村教育提供了发展的蓝图，促使其更好地服务乡村振兴战略的总体目标。通过提升教育水平、改善教育资源配置，乡村教育不仅能够满足农村居民对知识和技能的需求，还为乡村振兴战略提供了智力和人才的支撑①。

九、小结

总的来说，在乡村振兴战略视角下，乡村教育在资源、办学条件、办学水平、制度保障等方面可以得到深层次发展。2018年，《中共中央 国务院关于实施乡村振兴战略的意见》中明确提出了“优先发展农村教育事业”的要求。随后，2021年《中华人民共和国乡村振兴促进法》进一步强调了各级政府在农村振兴过程中需要加强农村教育工作的统筹。习近平总书记在党的二十大报告中也指出，全面建设社会主义现代化国家的最艰巨、最

① 央张卓玛．乡村教育与乡村振兴的关系研究[J]．活力，2023，41(20)：159-161.

繁重的任务仍然在农村。此外,2023年《中共中央 国务院关于做好2023年全面推进乡村振兴重点工作的意见》再次明确提到推动基本公共服务资源下沉,特别着力加强薄弱环节,推进县域内义务教育优质均衡发展,提升农村学校办学水平。

可以看出,乡村振兴战略明确提出了农村教育作为基本公共服务的发展要求。中国农村社会在转型中呈现出人口结构复杂多样、业态结构发生变化、社会治理内容和结构更加开放等特点。在应对这些挑战的过程中,乡村教育通过对教育形态、价值观念、实践方式和理论建设的提升,走上了实现农村教育整体现代化的改革之路,为乡村教育的深层次发展奠定了基础。

乡村振兴战略是中国步入新时代后对乡村发展困局所做出的伟大举措,为乡村发展走向现代化提供了航向指标,也是乡村教育走向专业化、科学化的重要推力。习近平总书记明确指出:"实施乡村振兴战略是关系全面建设社会主义现代化国家的全局性、历史性任务。"在这一大战略框架下,乡村教育被赋予了更为重要的使命,不仅要满足乡村居民的教育需求,更要成为乡村振兴战略的有力支撑。

在乡村振兴战略中,乡村教育被视为"车之双轮""鸟之双翼",强调了教育在乡村振兴战略中的双重作用。统筹推进振兴乡村教育与教育振兴乡村成为新时代教育的重要职责和使命。这意味着乡村振兴战略为乡村教育提供了坚实的物质基础,为乡村教育的发展铺平了道路,指引着乡村教育朝着高质量发展迈进,为乡村教育带来了前所未有的发展机遇[①]。

第三节 乡村振兴战略与城乡义务教育一体化发展互促共生的表现

党的十九大明确了"乡村振兴战略",强调要"高度重视发展乡村义务教育,推动建立以城带乡、整体推进、城乡一体、均衡发展的义务教育发展机制"。可以看出,乡村振兴战略不仅包括乡村社会经济的发展,还包括乡村教育的发展。《中共中央 国务院关于实施乡村振兴战略的意见》和《乡村振兴战略规划(2018—2022年)》均明确提出强化乡村振兴战略人才支撑。教育是培养高素质人才的根本途径和重要保障。推动乡村振兴战略顺利实施,必须大力发展乡村义务教育,促进城乡义务教育一体化发展。乡村义务教育是乡村在人才培养过程中唯一占主要地位的阶段,可以为乡村振兴战略培养"知农""爱农"和"助农"的人才奠定坚实的基础。因此,乡村振兴战略与城乡义务教育一体化发展是互助共生的,后者是前者的应有之义,前者是后者高质量发展的政策保障,二者不能割裂,否则都会受到发展不力的影响。

① 丁甜甜.乡村教育与乡村振兴的关系探析[J].活力,2023,41(11):143-145.

一、乡村振兴战略是城乡义务教育一体化发展的政策保障

实施乡村振兴战略，是国家实现城乡社会均衡发展、促进乡村现代化的重要举措，其中乡村义务教育发展是乡村振兴战略的重要组成部分，没有乡村教育的现代化就没有乡村现代化。城乡义务教育一体化发展是当前我国教育事业实现教育公平的关键，更是实现人民对美好生活向往目标的重要内容。城乡义务教育一体化是在我国进入新时代，实施乡村振兴战略、实现现代化强国背景下，为推进城乡教育均衡发展，保持与发挥城乡教育区域性特色与优势，支持我国乡村振兴战略和促进城乡协调发展的重要举措。乡村振兴战略关注的是乡村社会、经济、政治、教育等方面的全面发展。乡村义务教育发展可以为乡村振兴战略提供人才，乡村振兴战略可以更好地服务乡村义务教育的发展，这对于决胜全面建成小康社会、实现建设现代化强国目标具有重大意义。

1. 乡村振兴战略为城乡义务教育一体化发展提供政策引导

党的十九大提出实施乡村振兴战略，同时指出要优先发展教育事业，推动城乡义务教育一体化发展，尤其要高度重视农村义务教育。党的十九届五中全会也提出了“优先发展农业农村，全面推进乡村振兴”，这就将农村教育提升至国家高度，更加成为党和人民热切关注的事业。农村广大地区基于最广泛最深厚的发展基础、最大的发展潜力和后劲成为乡村振兴战略的重要课题，乡村教育承载着传播知识、塑造文明乡风的责任，是阻挡贫困代际传递、助力农村脱贫致富的根本之路，为此，乡村要振兴教育必先行，“富了脑袋才能富口袋”。

党的十九大把乡村振兴战略与科教兴国战略、人才强国战略、创新驱动发展战略、区域协调发展战略、可持续发展战略、军民融合发展战略并列为党和国家未来发展的“七大战略”。中共中央、国务院先后颁布了多项政策文件以推动城乡义务教育一体化发展，如《关于进一步做好进城务工就业农民子女义务教育工作的意见》(国办发〔2003〕78号)和《国务院关于深化考试招生制度改革的实施意见》(国发〔2014〕35号)等。《国务院关于积极推进“互联网+”行动的指导意见》(国发〔2015〕40号)，明确了“十三五”时期推进城乡义务教育一体化的具体路径和任务要求；中共中央办公厅、国务院办公厅印发《关于构建优质均衡的基本公共教育服务体系的意见》，将“推进义务教育学校标准化建设”作为重要内容纳入试点范围予以明确；教育部印发《县域义务教育优质均衡发展督导评估办法》(教督〔2017〕6号)，对各地落实各项政策措施提出明确要求等。《国务院关于统筹推进县域内城乡义务教育一体化改革发展的若干意见》(国发〔2016〕40号)实施至今，有效推动了县域城乡义务教育的一体化发展改革，各地区按照中央的统一部署并结合各地实际积极落实，使得我国县域内城乡义务教育一体化改革发展取得了一定成果，全面改善了农村义务教育中薄弱学校的基本办学条件。按照勤俭办教育和“缺什么补什么”的原则，国家全面部署实施了全面改善农村义务教育薄弱学校基本办学条件工作，规定各地区加大对困难地区的经费投入和资源投入、改善学校生活设施、妥善解决县镇学校大班额等问

题，尽力改善学校基本办学条件。另外，扎实推进教师管理机制改革，以激励广大教师扎根农村、教书育人、长期从教，真正打造“下得去、留得住、教得好”的乡村教师队伍。农村教育发展取得的成果还表现在农村学校布局逐渐合理化、农村教育信息化建设逐步推进、农村高中阶段教育普及程度逐渐提高、涉农职业教育逐步发展等各个方面，为农村人才的培养工作打下了坚实基础，更有利于农村教育助力乡村振兴战略。在中央政策的强力推动下，各地积极探索符合本地区实际的城乡义务教育一体化模式并取得初步成效。由此可见，党对乡村振兴战略的高度重视。

乡村振兴战略的提出不仅促进了乡村经济的发展，更为乡村义务教育发展提供了千载难逢的机遇，能在一定程度上极大地促进义务教育城乡一体化发展。乡村教育在乡村振兴战略下的发展主要表现在，优秀师资开始被吸引入驻、素质教育理念开始受到重视、财政资金投入开始变得稳定等多个方面。实施乡村振兴战略，有利于城乡师资统筹配置，并向乡村教育倾斜，缓解乡村人才紧缺的现状，为义务教育的城乡一体化发展提供强有力的政策支持。为全面落实党的十九大关于实施乡村振兴战略的政策，中共中央、国务院出台了《关于实施乡村振兴战略的意见》(以下简称《意见》)。《意见》作为战略层面的顶层设计，对地方各级政府、各个部门具有指导性的意义。《意见》中强调要优先发展农村教育事业，并指出要“高度重视发展农村义务教育，推动建立以城带乡、整体推进、城乡一体、均衡发展的义务教育发展机制”，旨在以城乡融合发展为契机，实现城乡义务教育一体化。教育部将“推动城乡义务教育一体化发展”列入了2018年工作要点，各级地方政府部门也纷纷召开会议出台文件，强化对城乡义务教育一体化的重视程度。城乡义务教育一体化作为乡村振兴战略的必然要求和义务教育发展的必然取向，其发展也必将成为乡村振兴战略实施的重要环节。随着乡村振兴战略的全面实施，国家和地方各级政府对于城乡教育一体化的重视程度不断提高，关于城乡义务教育一体化的制度设计和考核体系也将不断完善。

2. 乡村振兴战略为城乡义务教育一体化发展提供经费支持

乡村振兴战略是中国政府当前的重要战略之一，旨在促进农村地区的经济发展、社会进步和生态改善。在乡村振兴战略中，为了实现城乡义务教育的一体化发展，政府应建立和完善以财政投入为主的经费保障机制，这是确保城乡义务教育一体化的重要保障。通过加大省级统筹力度和转移支付力度，优化资源配置和布局调整，同时积极鼓励民间资本参与乡村教育事业特别是乡村学校建设，可以逐步缩小城乡教育资源差距。乡村振兴战略为县域义务教育城乡一体化的实现提供物质保障。一方面，“建立健全城乡融合发展体制机制”是乡村振兴战略的任务，而乡村教育振兴作为乡村振兴战略不可缺少的一部分，其与城市教育的接轨也是必不可少的[①]。城乡义务教育一体化主要表现为资源配置与流通的一体化，由于城乡二元结构的影响，城乡之间义务教育阶段的教育资源与教学水平都存在着明显的差距。随着城乡融合的不断发展，城乡之间的资源流动更加自由化，城市的教师资源与教学技术向农村流动也会更加便利，教育资源的自由流动

① 陆昇．回归与重建：乡村振兴背景下的乡村教育[J]．南昌教育学院学报，2018，33(6)：39-42，69.

会不断缩小城乡义务教育阶段教育水平差距，最终实现义务教育一体化。

另一方面，随着乡村振兴战略的实施，国家对于乡村的投入力度会不断加大，对教育尤其是义务教育阶段教育的投入也会不断加大。在国家的鼓励和引导下，社会各界尤其是城市人群对于农村义务教育的发展也会出资出力，教育融资渠道不断拓宽，城市资金投入农村义务教育的机会增多。第一，政府可以通过财政拨款向农村地区提供经费支持。这些经费可以用于改善农村学校的基础设施、购买教学设备、提高教师待遇等方面。第二，政府可以向农村地区的学生提供教育补助金，用于支付学费、书籍费、交通费等。这有助于减轻贫困家庭的经济负担，促进农村学生接受良好的教育。第三，政府可以推出各种资助政策，鼓励优秀的教师到农村地区执教。这些政策可以包括津贴、奖励和福利待遇，以提高教师到农村地区工作的积极性。第四，政府可以建立专门的教育基金，用于支持农村地区的教育发展。这些基金可以来自政府拨款、社会捐赠、企业赞助等渠道，用于提高学校条件和提高教育质量。同时，乡村振兴战略实现的关键在于实现乡村发展的科技化、现代化，在这一过程中，国家将加大对乡村的科技扶持，城市带动乡村科技水平不断提高的过程中，城市教育也将促进乡村教育的科技化水平不断提升。

在我国步入新时代的背景下，随着乡村振兴战略的深入实施与现代化强国目标的稳步推进，城乡义务教育一体化成为至关重要的战略部署。它旨在打破城乡教育壁垒，促进教育资源的均衡分配，同时尊重并发挥城乡教育各自的区域特色与优势。这一举措不仅为乡村振兴战略提供了坚实的人才支撑，还极大地促进了城乡之间的协调发展，为实现全面建成小康社会的宏伟目标奠定了坚实基础，并对最终达成建设现代化强国的伟大愿景具有重大意义。乡村振兴战略可以为城乡义务教育一体化提供经费支持，但需要政府采取综合措施，统筹规划，加大对农村教育的投入力度，优化教育资源配置，推动城乡教育的均衡发展。

3. 乡村振兴战略为城乡义务教育一体化发展提供师资培训

乡村振兴战略是我国进一步实现社会主义现代化的重大举措。乡村教育的发展对实现乡村振兴战略的目标有重要影响，保证乡村教育高质量高水平的发展才能进一步加快乡村振兴战略的实施。教师是教育的第一资源，是全面实现公平而有质量教育的关键。从这个意义上来说，乡村教师在乡村振兴战略中起着关键性作用。截至2018年底，我国共有乡村教师290余万人，40岁以下的青年教师近170万人，约占58%。当前我国乡村教师“下不去、留不住、教不好”问题突出，乡村教师队伍作为乡村教育的重点和薄弱环节受到了国家和社会的重点关注。“兴国必先强师”，乡村教师队伍建设要摆在优先发展的战略地位。向乡村输入本土需要的教师，解决乡村学校教师资源不足的问题，推动西部地区教育事业的发展，促进城乡义务教育均衡发展的实现，是当下改善我国乡村教育事业发展滞缓状况的首要任务。

教师是立教之本、兴教之源。“强师计划”“特岗计划”“国培计划”等一系列计划项目有力地促进了乡村教师队伍的建设和发展壮大。此外，中小学教师职称制度改革，“同工同酬”“岗位工资”等政策有效地提高了乡村教师的待遇水平和工作积极性。乡村振兴战略致力于促进城乡义务教育的一体化发展，其中一项重要任务是提供师资培训，以提高农村地区教师的专业水平和教学能力。第一，政府可以制定并实施专门的培训计划和项目，针对农村地区的教师进行培训。这些培训可以包括教育教学理论、教学方法和课程设计、评估与评价等方面的内容，旨在提高教师的专业素养和教学技能。第二，政府可以加大对农村地区师范院校的支持力度，提供专项经费，用于改善师范院校的教学条件和师资力量。同时，政府可以建立与师范院校合作的机制，让农村地区的教师获得更多的师范教育资源和培训机会。第三，政府可以促进城乡教育资源的共享和协作。例如，可以组织城市教育专家和农村教师之间的交流活动，让城市教育专家为农村教师提供培训和指导，也让农村教师分享实践经验和教学成果。第四，政府可以建立在线学习平台或提供相关培训课程，使农村地区的教师可以在工作期间进行灵活的培训和学习。这样可以提高教师的学习便利性和培训效果，让他们能够更好地应对教学挑战。第五，政府可以设立奖励机制，鼓励农村地区的教师参加各类师资培训活动。这些奖励可以是经济激励，也可以是职称晋升或评优评先等形式，以激发教师们积极参与培训的热情。

农村教师队伍是推进农村教育振兴和实现乡村振兴战略目标的基础性力量。在新时代背景下，加强农村教师队伍建设，提高其素质和能力，已成为加强农村基层组织建设、推进农业农村现代化、促进农民增收致富的重要保障。可以说，加强农村教师专业发展已成为推进农村教育振兴和实现乡村振兴战略目标的重要保障。因此，加大对农村教师队伍建设和培训的投入力度，优化资源配置，提高队伍整体素质，是乡村振兴战略的必要条件。乡村振兴战略可以很好地服务于乡村教师的各种培训，促进乡村教师的专业发展。

二、城乡义务教育一体化发展是乡村振兴战略的应有之义

乡村振兴战略明确提出，建立健全城乡融合发展体制机制和政策体系。优先发展农村教育事业、推进城乡义务教育一体化发展进程是其应有之义。农村教育振兴是乡村振兴战略的重要组成部分，是新时代党和国家对农村教育问题的新要求，是我国农村教育发展的进一步深化，也是推进乡村教育现代化进程的战略部署。

1.城乡义务教育一体化发展是乡村振兴战略的核心要素

乡村振兴战略的实质是乡村现代化，乡村现代化取决于乡村教育的现代化。《意见》指出，到2035年乡村振兴战略取得决定性进展，农业农村现代化基本实现。没有农业农村的现代化，就没有国家的现代化。换言之，乡村振兴战略的实质是深入推进并实现乡村的现代化。实现乡村的现代化根本在于人的现代化，人的现代化体现在价值观念、思想道德、知识结构、行为方式等由传统性向现代性的转变。在人的现代性转变过程中，教育起到举足轻重的作用，教育决定一个人转变达到的程度。实践证明，没有任何一种要素能比教育更持久地推动人思想、心理、态度和行为的转变。可以说，没有教育的现代化，就难以实现人的现代化，乡村现代化乃至乡村振兴。

乡村教育现代化的程度取决于城乡义务教育一体化的发展水平。乡村教育现代化

的最大难题是教育资源不足导致的发展滞后。城乡一体化是破解乡村发展滞后的重要措施，其中教育是帮助乡村脱贫致富、促进人的现代化的关键举措。城乡义务教育一体化发展能够为乡村教育提供现代化的教育资源、优质的师资及先进的教育理念，而这些正是破解乡村教育资源短缺、教育质量不高、结构性失衡、教育理念保守等问题的“精准”良药。随着城乡义务教育一体化的发展，越来越多的优质资源输入乡村，城乡教育深度融合，制约乡村教育现代化的枷锁将逐渐被打破，乡村教育的现代化水平将跃上新台阶。广大乡村学生在优质教育的培育下成长为一代新人，他们将为乡村振兴战略提供丰富的人力资源和智力支持，持久推动乡村社会的现代化变革，助力实现乡村全面振兴。

实施乡村振兴战略，就要优先发展农村教育事业。对乡村来说，教育既具有传播知识、塑造文明乡风的功能，又为乡村建设提供了人才支撑，在乡村振兴战略中具有不可替代的基础性作用。正因如此，党和政府把包括公共教育在内的基础设施建设的重点放在农村，优先发展农村教育事业。第一，城乡义务教育一体化发展可以培养和提高农村地区的人力资源素质，为乡村振兴战略提供人才支持。通过加强农村地区的教育投入和提升教育质量，可以提高农村居民的教育水平和综合素质，增加他们的就业竞争力和创新能力，促进人才在城乡之间流动和交流。第二，城乡义务教育一体化发展可以促进教育资源的均衡配置，减少城乡教育差距，实现城乡教育的均衡发展。在乡村振兴战略中，重点是解决农村地区的教育问题，提高农村学校的办学条件和教育质量，让农村学生享受到与城市学生相当的教育资源和机会。第三，城乡义务教育一体化发展可以提升农村居民的受教育程度，改善农村社会的文化素质和人口结构。这有助于提高农民的就业能力和收入水平，促进农村经济的发展，减少农民外出务工的现象，增强农村社会的稳定性和可持续发展能力。第四，城乡义务教育一体化发展可以实现社会的教育公平，为农村地区的学生提供平等的教育机会。通过加大对农村教育的投入和支持，可以减轻贫困家庭的经济负担，提高农村学生的教育获得感和幸福感，保障他们的基本受教育权益。

综上所述，城乡义务教育一体化发展在乡村振兴战略中具有重要的地位和作用。通过提升农村教育水平，促进人力资源的培养和流动，实现教育资源的均衡配置，促进农村社会稳定发展，以及实现教育的社会公平和民生保障，城乡义务教育一体化发展为乡村振兴战略提供了坚实的基础和支撑。

2. 城乡义务教育一体化发展为乡村振兴战略提供人才储备

乡村教师是乡村教育事业发展的第一资源，也是乡村文化振兴的重要力量。一支高素质、专业化的乡村教师队伍不仅将承担起乡村教育事业的重任，还将重新建构其在乡村社会的精英地位，再度成为乡村社会文化的灵魂和文化建设的中坚力量。地方政府应紧密结合乡村学校实际情况，统筹配置城乡教师资源，稳定和优化乡村教师队伍，为乡村教育振兴和文化振兴提供坚强有力的人力资本支撑。

首先，城乡义务教育一体化的发展为乡村振兴战略的实现提供人力资源与人才保障。乡村振兴战略的最终目的是致富乡村，使农民生活富裕。“授人以鱼不如授人以渔”，只有让农民提高受教育水平、增强素质、提高职业技能，才能真正地推进乡村振兴战略和城乡一体化发展。由于发展阶段和资金技术等各方面原因,我国绝大部分乡村当前依然保持着小农经济发展模式,乡村发展过分依赖第一产业,农业产业化水平极低,这样的发展模式注定要被高速发展的时代所淘汰。乡村振兴战略的实施就是要转变当前我国农村的发展模式,通过实施质量兴农战略、构建乡村一二三产业融合发展体系、构建农业对外开放新格局、促进小农户和现代农业发展有机衔接等政策,实现乡村发展的现代化。农村发展的现代化要求农民必须有知识、有能力、有技术。在这个过程中,教育起到了至关重要的作用,而作为整个教育体系的基础,义务教育是重中之重,只有接受了高质量的义务教育,才能更好地接受更高层次的教育。借助城乡义务教育一体化的不断发展,城乡义务教育的差距不断缩小,可以使农村学生享受到更高质量、高层次的教育,从而适应当前以及今后农村发展的种种挑战。

其次,城乡义务教育一体化的发展可以有效地提高乡村人口素质,推动乡村文化建设。文化是一个国家、一个民族的灵魂,乡村文化是乡村的灵魂和血脉。《意见》指出,要"繁荣兴盛农村文化,焕发乡风文明新气象"。在乡村振兴战略实施过程中,要坚持物质文明与精神文明相结合[①],在发展乡村经济的同时,要注重满足村民与经济发展相适应的精神需求,注重乡村文化的传承与弘扬,而教育自古便承载着文化传承与弘扬的重任。良好的教育可以使农民的精神得到充分满足,提升农民精神风貌,符合乡村振兴战略的发展要求。同时,教育可以提高农民素质,推动乡村精神文明建设,培育文明乡风、良好家风、淳朴民风。城乡义务教育一体化作为提升乡村教育质量的有效手段,可以极大地满足农村学生对于高质量义务教育的需求,并为其获取更高层次的教育打造坚实的基础。

城乡义务教育一体化在客观上对以城乡融合为要求的乡村振兴战略具有推动性。在过去的几十年中,由于发展经济和提高工业化水平的需要,我国对于工业的支持力度远大于农业,因此,依靠工业发展起来的城市,其发展速度远超农村,这种城乡二元结构产生了许多不可避免的问题。一方面,大量农村人口的流入使得城市人口超过了承载量,导致交通拥堵、住房紧张、就业困难等城市病的出现;另一方面,由于农村青壮年大量向城市转移,农村也出现了空巢老人、留守儿童等一系列社会问题。同时,农村青壮年劳动力和高素质人才大规模向城市转移,务农人员数量减少并呈现老龄化趋势,且文化水平偏低,导致生产力水平低下,粮食安全受到威胁。乡村振兴战略的实施,正是为了有效优化城乡二元结构,建立城乡融合的发展格局。而城乡义务教育一体化,则是实现这一目标的重要途径。通过义务教育这一媒介,可以实现教育资源在城乡之间的自由流动,进而带动其他资源的自由流动,这完全符合乡村振兴战略中建立健全城乡融合的体制机制的发展要求。更重要的是,城乡义务教育一体化的发展,能够为农村培养出更多具有高素质和专业技能的人才。这些人才不仅能够在农村地区发挥重要作用,推动农业现代化和农村经济发展,还能够成为城乡融合发展的桥梁和纽带,促进城乡之间的交流与合作。因此,城乡义务教育一体化不仅为乡村振兴战略提供了人才储备,更在强化城乡融

① 曲博文.乡村振兴视域下农村精神文明建设的新路径探索[J].创新创业理论研究与实践,2018,1(13):84-86.

合纽带方面发挥了不可替代的作用。

3.城乡义务教育一体化发展促进乡村文化传承与创新

教育与文化是一种彼此敞开的关系，城乡教育一体化与乡村文化传承的关系也是基于属性与价值的相互支持，一者承担文化功能，一者履行教育责任。“文化”对“教育”来说是根，“教育”对“文化”来说是末[①]。乡村文化作为一种传统农耕文化，体现的是乡村社会和乡村居民的价值观念、精神风貌、社会心理及行为方式。乡村文化是乡村教育的沃土，乡村教育是乡村文化传承的生命机制。乡村教育的地位和命运取决于乡村文化的地位和命运，有关乡村文化传承的研究，必须要在立足现实教育实践的基础上，确立探究文化传承的有效路径。根据文化传播论的观点，学校教育作为文化发展的根基，是文化延续和发展的重要内在机制和手段，学校教育通过课程、课堂、教师及各种活动，或隐或显地进行文化传承，其中课程是文化传承的载体，课堂是文化传承的主阵地，教师是文化传承的使者。因此，在统筹城乡教育一体化发展过程中，积极接纳与汲取城市先进文化，可以弘扬与更新乡村文化，也是新时期乡村教育所面临的重要使命。

城乡教育一体化是城乡一体化的应有之义，它是在教育公平的核心价值取向下，打破城乡二元僵局，建设城乡教育共同体，在保持与发挥城乡教育区域性特色与优势的基础上，促进城乡互动联结、相互帮扶、相互作用、消解差距，逐步实现城乡教育公平、共生共荣、协调发展的动态过程[②]。城乡教育一体化发展的重点是弘扬乡村文明，遏制乡村教育衰败，乡村文化传承的意义是保持文化活力，培养能够面向未来的乡民，两者在目标指向上存在某种价值契合。乡村文化的传承即文化建设，文化的本质是人类的思想及其外化，所以乡村文化建设的核心是观念建设。它是一种态度的培养和认知的塑造，通常基于两种特性（长期性和偶然性）和两类中介（教育和环境）展开。文化观的形成是日积月累的，观念建设也是在长期的乡村生活中渐渐完成的。而且，形塑文化观的不是系统的知识，而是散布于乡村生活中的种种偶然因素，如历史、故事、述说、体验等。在这一意义上，观念建设又具有间接性和生成性，它通过教育和环境的中介，以及乡土世界的真实栖居，影响乡民对待文化的态度和文化知识的获得。

第一，城乡义务教育一体化可以推动城乡教育资源的共享，包括教学设备、图书资料、艺术资源等。通过共享这些资源，乡村学校可以获得更多的教育资源，提升教育质量，从而更好地传承和创新乡村文化。第二，城乡义务教育一体化可以加强城乡之间的师资交流。城市学校的优秀教师可以到乡村学校进行教学指导和培训，乡村教师也可以到城市学校学习先进的教学方法和理念。这种交流有助于提升乡村教师的教学水平，进而促进乡村文化的传承与创新。第三，在城乡义务教育一体化的背景下，乡村学校可以结合自身特点，开设具有乡村特色的课程。在城乡义务教育一体化过程中，可以将乡土文化、乡村历史、乡村生活等内容纳入课程体系，让学生在学习中了解和认同乡村文化，从而增强对乡村文化的传承意识。这些课程可以包括乡村历史、民俗、手工艺、民间艺术

---

① 胡德海.论教育的两个“为本”[J].当代教育与文化,2009,21(1):28-31.

②李玲,宋乃庆,龚春燕,等.城乡教育一体化：理论、指标与测算[J].教育研究,2012,33(2):41-48.

等，通过课程的学习，学生可以更深入地了解和传承乡村文化。第四，城乡义务教育一体化可以鼓励学生参与实践活动，如乡村社会实践、研学旅行等，让学生亲身感受乡村文化的魅力，从而增强对乡村文化的认同感和传承意识。通过这些实践活动，学生可以亲身感受和体验乡村文化，增强对乡村文化的认同感和归属感，进而促进乡村文化的传承与创新。第五，城乡义务教育一体化可以加强家校合作，通过家长会、家访等方式，增进学校与家长之间的联系和沟通。学校可以引导家长参与乡村文化的传承与创新活动，如组织家长和学生一起参加乡村文化节庆、手工艺制作等，从而增强乡村文化的社会影响力。总之，城乡义务教育一体化发展可以通过资源共享、师资交流、课程设置、实践活动及家校合作等途径，促进乡村文化的传承与创新。这不仅有助于提升乡村教育的质量，还有助于保护和弘扬乡村文化的独特魅力。

乡村教育的文化责任在于激活教育自身的“生命机制”，承担文化传承的历史使命。乡村教育应当扎根乡村文化深处汲取养分，建立教育与文化的深度对话，将土地里生长出的文化编译成教育的语言和符号。一方面，乡村教育成为“文化化”过程中的重要路径，教育获得文化属性；另一方面，乡村教育承担着筛选、保存和改造文化的责任，使珍贵的乡村文化通过乡民一代一代地传承下去。教育的本质是培养人，乡村文化的教育责任是培养对乡村文化知识上认识、价值上认可和心理上认同的“乡民”。所以，乡村教育要使乡民成为理解乡村文化的“文化获得者”，喜欢乡村文化的“文化欣赏者”及宣传乡村文化的“文化自豪者”。乡村教育不是鼓励乡民“走出乡土”，而是让其怀有愿意“走回乡土”的情怀和自信，同时能够吸引新质乡民的归入。文化是传承性的，乡村的区位（偏远）、样态（聚落）和生产劳动（四季轮回）特征进一步强化了乡村文化的稳定性、保守性和一元性。如果教育志在推动乡村文化兴盛，它必然不能违背文化传承规律，应当尊重乡村文化的核心价值，避免基于他者逻辑来建构教育理解。这也意味着，乡村教育的文化立场是本土的，文化思维是动态的，文化价值是服务于其内在发展的。

因此，本书认为乡村振兴战略与城乡义务教育一体化是一种内容上包含与被包含，作用上相互影响、相互促进的关系。由于乡村振兴战略是一项包含政治、经济、文化、社会、生态文明的全方位多方面战略，而教育是乡村振兴战略中至关重要的一环，其对乡村振兴战略的实施具有深远影响。义务教育质量的高低直接决定了整个乡村振兴战略的成败，也直接决定了乡村学生的未来，而推进城乡义务教育一体化正是提升义务教育质量的有效方式。在乡村振兴战略背景下研究与之相适应的城乡义务教育一体化路径选择也是实现乡村振兴战略的关键。

第三章　区域城乡义务教育一体化发展的现实基础

第一节　国内外城乡义务教育发展的经验及启示

长期以来,中国城乡分割的二元经济结构和教育制度导致义务教育领域显著的城乡差异。随着民众对教育资源,特别是优质资源的渴望日益增长,城乡教育发展不均衡及优质资源短缺的问题日益凸显。因此,实现义务教育均衡发展成为刻不容缓的战略任务。

在党的十九大报告中,明确提出了"推动城乡义务教育一体化发展,高度重视农村义务教育"的重要指示,这被视为全面建成小康社会、实现新时代中国特色社会主义伟大胜利的关键一环。党和政府对此给予了极高的重视,并相继出台了《国家中长期教育改革和发展规划纲要(2010—2020年)》、《国务院关于深入推进义务教育均衡发展的意见》(国发〔2012〕48号)及《国务院关于统筹推进县域内城乡义务教育一体化改革发展的若干意见》(国发〔2016〕40号)等一系列相互关联、互为支撑的政策文件。这些措施有力地推动了城乡义务教育一体化进程,显著缩小了县域内学校之间的差距。

然而,必须认识到,中国城乡教育之间的差距是在长期历史中形成的,农村优质教育资源的短缺仍是当前统筹城乡教育发展的主要障碍。这不仅关系到城乡义务教育的均衡发展,更与实现教育公平、统筹城乡发展、推进城乡一体化及构建和谐社会等重大目标紧密相连。为了更深入研究重庆市区域城乡义务教育一体化发展的现实基础，我们需要对国内外城乡义务教育发展的经验进行总结。

一、国外城乡义务教育发展的经验

从全球视野来看，经济、社会、文化发展的不均衡性导致了包括中国在内的许多国家和地区的城乡义务教育之间存在显著差距。面对这一问题，各国政府纷纷借鉴了一系列的理论研究成果，尤其是那些基于实践发展需要的理论。为了缩小这一差距，各国政府广泛开展了旨在消除城乡义务教育差异的运动。这些运动通常伴随着强有力的国家干预，以确保城乡之间的教育资源能够更为均衡地分配，从而推动城乡义务教育的均衡发展。这样的努力不仅关注教育资源的分配，还致力于提升农村和偏远地区的教育质量，以实现更为公平和包容的教育环境①。

1.树立教育公平理念，大力实施“全民教育”

从国际视角来看，追求公平和平等的社会理念是推动城乡义务教育均衡发展的坚实基础。早在第一次世界大战前，西方国家就开始倡导起点均等论，重点关注贫困地区和家庭的儿童及女童的入学机会公平问题。进入20世纪50年代至20世纪60年代，西欧和北欧地区盛行过程均等论，它更加强调让每个孩子都有机会享受同等质量的教育。而到了20世纪60年代后期，以科尔曼(James Samvel Coleman)为代表的结果均等论逐渐占据主导地位，它更加关注学业成功机会的均等性②。这些理念和研究不仅推动了社会对教育公平性的认可和支持，还为各国在城乡义务教育均衡发展方面奠定了理论与舆论基础。

“全民教育”作为一个全球性的概念，旨在向所有人提供知识、技术、价值观和人生观，使他们能够自尊、自主地生活，不断学习，改善自己的生活，并为国家和人类作出贡献。随着时代的变迁，“全民教育”理念不断被赋予新的内涵。国际组织将其归纳为五个方面：一是有质量的全民教育，强调教育质量和效果；二是保障全民基本技能，确保每个人都能掌握基本的生活和工作技能；三是全民的终身教育，倡导学习贯穿人的一生；四是更强的全民教育，注重教育的综合性和适应性；五是全纳的全民教育，强调教育机会的普遍性和包容性。这些含义都围绕着“面向全面”展开，各具特色，为各国政府根据《全民教育行动纲领》制定具体目标提供了指导③。例如，该纲领明确提出，到2015年，确保所有儿童，特别是女童、处境困难儿童、少数民族儿童，都能接受并完成免费的高质量初等义务教育④。如今，“全民教育”已成为一项跨国界的政策行动，得到了绝大多数国家的积极响应和决策支持。

---

① 王娟涓，徐辉.国外城乡义务教育均衡发展的经验及启示[J].外国中小学教育，2011(1):7-12.

② 郝俊杰，董珍.国外统筹城乡教育发展的经验及启示[J].重庆工商大学学报(社会科学版)，2009，26(1):82-86.

③ 张力.从国际国内两个视角看义务教育均衡发展问题[J].人民教育，2010(1):5-8.

④ 秦晓文，王磊，郭秀晶.国际义务教育发展的基本经验[J].教育科学研究，2006(9):22-25，29.

2.通过立法保障公民受教育权利和机会的均等

教育立法在国际范围内被视为普及义务教育、促进城乡教育均衡发展的关键保障。无论是发达国家如美国、英国、日本、澳大利亚，还是发展中国家如印度、巴西，各国政府均通过立法手段确保每个公民享有优质教育的权利和机会均等，这一理念在国际社会已形成广泛共识。以美国为例，在其义务教育均衡化进程中，政府颁布了一系列具有深远影响的教育法规。1965年的《初等与中等教育法》是美国联邦政府提出的首个补偿性教育政策法律，旨在通过经济资助改善低收入家庭子女的教育状况。2001年的《不让一个孩子掉队法案》则是对该法案精神的最新体现和强化。日本同样重视教育立法，其《教育基本法》第三条明确规定，国家和地方政府必须为因经济原因上学困难的学生提供奖学帮助[①]。此外，《偏僻地区教育振兴法》也详细规定了国家和地方政府为振兴偏远地区教育所必须采取的措施。在印度，政府于1986年首次颁布《国家1986教育政策》，该政策第四部分特别指出，在部落区域应优先开办小学，并在这些区域优先建造校舍，同时向社会上教育落后的部分，特别是农村落后地区提供适当刺激，以推动教育的均衡发展。这些法律规定为各国实现城乡教育均衡化发展提供了坚实的法律基础和保障，确保了教育公平和社会公正的实现。

3.建立充分的教育经费保障机制

财政投入是实现城乡义务教育均衡发展的基石，缺乏足够的财政支持，真正的城乡教育均衡将难以实现。作为各国公共教育制度的基石，义务教育通常由各国政府直接组织、管理和投资。为了实现城乡义务教育的均衡发展，各国政府在农村教育投入方面积极承担责任。总体而言，主要采取了以下政策措施。

第一，构建集中化的教育投资体制。由于各国的历史文化传统、政治体制、财政和教育管理体系的差异，各国政府在干预和投资义务教育的方式上有所不同。然而，为了确保义务教育的全民性、普及性和均衡性，多数国家倾向于采用以中央或省级政府为主的相对集中的投资体制。根据经济合作组织的资料，韩国、法国、意大利、泰国、荷兰、葡萄牙、捷克、爱尔兰等国的义务教育公共经费主要由中央或联邦一级的最高行政当局承担，投资比重在财政转移支付前通常超过53%[②]。此外，美国、德国、印度、澳大利亚、加拿大、西班牙等国的义务教育公共经费主要由省、邦、州、都道府县等高层次地方当局承担，其投资比重通常超过40%，某些国家如比利时甚至高达90%以上。

第二，通过立法手段确保各级政府的教育经费投入。从国际视角来看，许多国家通过立法来明确和约束各级政府在义务教育投入方面的责任。例如，日本通过一系列法律法规如《学校教育法》《地方财政法》等，确保各级政府和其他相关机构履行其教育财政义务。根据这些规定，国立学校的经费由国家预算承担，公立学校的经费由地方政府预算

① 李协京.日本教育财政制度和教育立法的若干考察——教育均衡化发展的制度环境[J].外国教育研究，2004(3):61-64.

② 高如峰.义务教育公共投资体制的国际比较[EB/OL].(2018-11-23)[2023-12-25].https://max.book118.com/html/2018/0622/8106130020001112.shtm.

承担，私立学校的经费则主要来源于学费、社会集资等，同时辅以国家和地方的补助。同样，巴西在宪法中明确规定了联邦、省、市三级政府在教育投入方面的责任，如联邦政府应使用不少于国家预算13%的资金发展教育，州政府应使用不少于州所得税收入25%的资金投入文化和教育项目，市政府则需使用所得税收入的25%用于维持和发展教育[①]。这些立法措施为各级政府在教育投入方面提供了明确的指导和约束。

第三，建立合理的教育财政转移支付制度。规范的义务教育财政转移支付制度是解决城乡义务教育发展不平衡问题的主要措施，目前许多国家都建立了政府间义务教育财政转移支付制度，以推进城乡教育的公平和均衡发展。尽管各国国情不同，转移支付的模式也不尽相同，但经过不断探索和实践，各自建立了适应本国国情的义务教育财政转移支付制度。以发达国家为例，政府间义务教育财政转移制度总体上可以分为中央集权、地方分权、集权与分权相结合三种类型[②]。法国是集权型代表，其中央财政承担了70%以上的义务教育经费，由国家直接转移到教师个人账户上，地方政府仅承担义务教育的校舍建设与学校行政经费，同时通过政府间一般性转移支付和对处境不利群体、地域的特别扶持制度，降低城乡义务教育发展的不平衡性。德国、英国和美国是地方分权型的代表。德国义务教育经费主要由州政府承担，它将教师工资直接划拨到教师个人账户，约占义务教育经费的75%，另有少量经费由州转移给市镇政府。英国义务教育的经费的大约80%由地方承担，中央政府的转移资金主要拨付地方教育当局和“中央直接拨款学校”。美国州政府通过一般性义务教育转移支付支持义务教育的经常性费用，这有利于促进州内各学区间义务教育得到均衡发展；联邦政府则主要以专项补助的形式满足特殊教育需求，特别针对贫困儿童。日本则是结合型代表，中央政府对农村义务教育的财政援助主要有国库支出金和地方交付税两种形式，地方交付税是一般性的转移支付，在地方交付税分配额的计算中，中央政府规定了对义务教育支出项目的标准；国库支出金中的95%被用于义务教育，属于义务教育专项转移支付，并且专门规定了用途，分别负担义务教育的人员工资、津贴、教材费、基建费等[③]。

第四，为了提升资金的使用效率并确保教育经费真正用于学校和学生，许多国家逐渐建立了一套包含政府、学校和社区在内的全面、多层次的经费绩效责任制度和监督机制。这样，社会各界都可以对各个支出主体进行有效的监督和绩效评估。以巴西为例，他们在1998年1月1日成立了基础教育发展基金会（Fund for Maintenance and Development of the Fundmental Education and Valorization of Teaching，FUNDEF），其目标在于推动基础教育的普及、维持和提高其质量，以及提高在职教育工作者的专业水平[④]。这个基金会按照既定的比例和公式自动拨款，不受政府和其他外部因素的干扰，从而解决了教育

① 北京高等教育编辑部.巴西依靠立法保证教育经费[J].北京高等教育，1995(1)：25.

② 曲恒昌.借鉴他国经验切实制止目前我国农村义务教育的滑坡[J].比较教育研究，2003(5)：17-22.

③ 王娟涓，徐辉.国外城乡义务教育均衡发展的经验及启示[J].外国中小学教育，2011(1)：7-12.

④ 尹玉玲.公共教育资金的公正分配与高效管理机制——巴西基础教育发展基金会案例研究[J].比较教育研究，2009，31(2)：49-53.

经费投入不均和资金挪用的问题，并为教育经费的使用提供了社会监督。值得注意的是，对于那些国家财力有限，不能保证农村义务教育资金充足的发展中国家来说，积极争取外资是一种有效的缓解资金紧张的策略。例如，印度和巴西等发展中国家在增加政府经费投入的同时，都在努力拓宽经费来源，争取世界银行、联合国教科文组织、联合国儿童基金会、瑞典国家发展机构等国际组织的赞助。印度的拉贾斯坦邦就通过制定《边远地区小学教育计划》成功获得了瑞典国际开发署的赞助。据统计，印度每年能获得数十亿甚至上百亿卢比的经费，2001年至2002年，国际援助资金占中央政府对初等教育财政预算的31.84%①。

4.对农村及弱势群体实施有效的补偿政策

世界各国在加强对农村义务教育经费的投入的同时，也在积极落实对农村及弱势群体的补偿策略。这些补偿措施主要体现在以下两个方面。首先，为了提升偏远地区和贫困学生的入学机会，确保他们的教育公平性和学业质量，各国采取了多样化的扶持措施。例如，埃及在偏远地区设立了乡村学校和单班学校，并为在这些学校就读的学生提供全额免费教育。澳大利亚实施了广泛而深入的农村寄宿学生补贴政策，据统计，这一政策使得澳大利亚偏远地区60%~90%的家庭受益，极大地减轻了他们在子女基础教育方面的经济压力②。印度则通过一系列计划措施来确保农村学生的入学率、保持率和出勤率，其初级教育普及项目的目标是在2010年前为所有6~14岁的儿童提供初等教育③。其次，为了平衡城乡之间的教育条件，各国在基础设施和师资水平方面进行了大量努力。例如，日本通过实施教师和校长轮换制度，实现了教育人力资源的均衡配置，并通过制定详细的义务教育学校设置标准，确保了学生在任何公立学校都能享受到同等水平的学习条件。澳大利亚实施了乡村地区计划，通过资金支持和提高乡村教师的专业水平，缩小了城乡教育差距。韩国则推出了教育“平准化”政策，增加了对“不利学校”的教育拨款，改善了其办学条件，并实施了教师四年流动一次的制度，以确保学校师资水平的均衡。印度则通过实施教师培训计划，改善了边远、贫瘠及社会经济相对落后地区的初等教育，并提高了教学水平，吸引了更多教师在农村任教。此外，各国还十分重视农村流动学生的教育权利。例如，美国自1996年起就实施了农村流动儿童计划，该计划不仅直接为流动学生提供全方位服务，还积极与家长保持联系，促进家长参与流动儿童的教育过程，从而加强了家长与孩子之间的互动交流，还开展了针对流动学生的暑期教育，帮助那些因流动生活方式而中断学业或错过教育机会的流动儿童进行补充式教育④。这些措施的实施，有效地提升了农村教育的质量，确保了每一名学生都能享有公平、优质的教育机会。

5.统一城乡教师待遇，给予农村教师额外补贴

为了确保城乡师资水平的均衡，首先需要统一城乡教师的待遇标准。为此，各国纷

① 王娟涓，徐辉.国外城乡义务教育均衡发展的经验及启示[J].外国中小学教育，2011(1):7-12.

② 王娟涓，徐辉.国外城乡义务教育均衡发展的经验及启示[J].外国中小学教育，2011(1):7-12.

③ 王娟涓，徐辉.国外城乡义务教育均衡发展的经验及启示[J].外国中小学教育，2011(1):7-12.

④ 王娟涓，徐辉.国外城乡义务教育均衡发展的经验及启示[J].外国中小学教育，2011(1):7-12.

纷通过立法手段,将义务教育阶段教师的工资纳入国家或地方公务员体系,并由中央或较高级别的地方财政负责承担,以消除城乡间教师待遇的不平等。法国、韩国、泰国、埃及等国都将义务教育阶段教师的工资全额纳入中央财政预算,并完全由中央财政负担。在日本,教师的工资则由中央财政和地方财政各承担一半。德国和印度则是由州或联邦财政全额承担教师工资的。尽管在美国,教师的工资是由地方学区支付的,但因为地方学区经费的半数来源于州政府的财政补助,所以实际上是由州和地方学区共同承担的。

此外,为了激励教师前往农村任教,各国还给农村教师提供了额外的补贴和各种优厚待遇。这些政策和措施在促进城乡师资力量的均衡方面发挥了重要作用。例如,美国2007年颁布的《农村教师保留法案》明确规定,只有在农村地区至少任教3年的中小学优秀教师才能获得工资红利奖金。日本在《偏远地区教育振兴法》中要求都道府县为偏远地区学校的教职工提供特殊津贴,并为服务于这些地区的教师提供充分的进修机会和相关费用,以及其他形式的津贴,如寒冷地区津贴和单身赴任津贴等。巴西政府则规定,基础教育发展与教师专业发展基金的60%必须用于教师的培训和工资提升,并设立了"直接到位补贴经费"来保障贫困地区教师的工资发放。菲律宾则通过实施艰苦工作津贴来鼓励农村教师,这些津贴不仅包括基本工资,还有各种福利补贴。同时,在普通拨款法令中明确规定,对于因距离学校较远而面临通勤困难的教师,如家庭与学校距离超过10公里且没有公共交通工具,应发放特别交通补助①。

6.*以课程改革为突破口提高农村义务教育质量*

在全球范围内,无论是经济先进的国家还是正在发展中的国家,都围绕农村这一特定环境,进行农村中小学的课程改革,旨在提升农村义务教育的质量,并努力实现城乡之间义务教育质量的均衡。为了增强课程的灵活性和适应性,世界各国普遍采取了分权化的课程政策,实施了国家、地方和学校三级课程管理,并确保了义务教育课程的均衡设置和内容的及时更新。在构建和调整课程结构时,各国均从本国或本地区的农村社会、经济发展的实际状况和需求出发,同时考虑当地人口的文化素质基础和当前及未来对农村人口素质的要求,灵活调整和设置适应农村发展需求的课程②。此外,国外普遍重视农村学生对实用技能的学习。发达国家在普通中小学中引入了农业技术课程,以向少年儿童普及农业知识,这种教育形式被称为"培育未来农业从业者"的教育。发展中国家则在农村普通教育中融入了职业教育的元素。例如,智利在初等教育中实施了菜园计划,并根据学校所在地区的特色,选择了多样化的科目,如农业科学基础、林业科学基础、渔业和水产养殖基础等,旨在提升学生的实践能力和对农业的认知。

二、国内城乡义务教育发展的经验

促进城乡义务教育的高质量与均衡性发展,是达成教育公平的核心要素,也是推动教育强国战略实施的有力支撑,更是全面建成小康社会、实现中华民族伟大复兴中国梦

① 王娟涓,徐辉.国外城乡义务教育均衡发展的经验及启示[J].外国中小学教育,2011(1):7-12.

② 徐辉.国外农村教育发展与改革的历史经验及启示[J].西南师范大学学报(人文社会科学版),2005(6):96-101.

的基石。自改革开放以来，党和国家在推动义务教育均衡发展方面积累了丰富的成功经验，这些经验对于持续推进城乡义务教育一体化发展具有重要的参考和启示意义[①]。

1.推进标准化建设，确保义务教育底线均衡

尽管我国经济社会的发展尚不均衡，城乡二元结构的壁垒仍未完全打破，但是为了实现城乡义务教育的均衡发展，我国正在积极推进标准化建设。在硬件设施、师资建设、教育经费投入保障机制、运行管理机制、评估和监督方式，以及对未达标学校的整改和问责等多个方面进行了立法保障，旨在不断缩小城乡差距，推进教育公平，确保每个孩子都能享有平等的教育机会，不让任何一所学校落后[②]。

改革开放以来，我国党和政府始终致力于推动义务教育标准化建设。一方面，通过制定城乡统一的学校建设标准，如教育部等部门在2002年和2008年分别出台的《城市普通中小学校校舍建设标准》和《农村普通中小学校建设标准》，并在2015年对上述两个文件进行修订，制定了《普通中小学校建设标准》，确保了城乡义务教育学校建设标准的统一。另一方面，实施城乡统一的教师编制标准，通过提高农村中小学编制标准，向农村边远地区倾斜，促进了城乡中小学教育资源的均衡配置。

此外，我国还实现了城乡统一的生均公用经费基准定额标准，提升了农村义务教育公用经费保障水平，为城乡义务教育均衡发展提供了经济保障；同时，完善了城乡统一的学校基本装备配置标准，通过出台相关政策和意见，如《关于进一步加强中小学教育技术装备工作的意见》（教基〔1999〕11号）和《教育部关于新形势下进一步做好普通中小学装备工作的意见》（教基一〔2016〕3号），健全了与国家标准相匹配的中小学装备配置标准体系，确保了学校装备的现代化和标准化。

这些举措有力地保障了城乡义务教育的均衡发展，为全面建成小康社会、实现中华民族伟大复兴的中国梦奠定了坚实基础[③]。

2.深化办学模式改革，促进义务教育高位均衡

为了推动中心城区和优质学校的优质教育资源向农村地区和城乡接合部扩散，实现教育理念、管理、师资、设备等优质教育资源的共享与共建，并深化办学体制改革，实施学区化集团化办学成为促进城乡义务教育均衡发展的有效手段。学区化办学基于地理位置（招生区域）的相对就近性，将相同或不同学段的学校联结成办学联合体，创新学区组织与管理模式，突破学校间的隔阂，促进学校间的纵向衔接与优势互补，打造有利于提升学区教育品质、彰显学校办学特色的生态环境。

集团化办学则是指在同一区域或跨区县范围内，由优质品牌学校牵头，组建办学联合体，带动并辐射相对薄弱的学校，如农村学校、新建学校，共享先进的办学理念、成功的管理模式、有效的课程教学方法、优秀的教师团队等，从而快速增强薄弱学校的自我发展与提升能力，形成稳健发展的制度机制。1999年，杭州市率先开始了义务教育公办名校

① 刘天，程建坤．改革开放40年我国义务教育均衡发展的政策变迁、动因和经验[J].基础教育，2018，15(6)：22-31.

② 霍雨佳．依法推进学校标准化建设刻不容缓[J].中国教育学刊，2015(1)：103.

③ 刘天，程建坤．改革开放40年我国义务教育均衡发展的政策变迁、动因和经验[J].基础教育，2018，15(6)：22-31.

集团化办学的尝试。2014年，上海市开创了学区化集团化办学的先河。随后，各地区为了进一步推动基础教育的高位均衡发展，探索教育管理向公共治理的转变，实现"办好每一所家门口学校"的目标，纷纷开始探索学区化集团化办学。

2015年11月，《上海市教育委员会关于促进优质均衡发展、推进学区化集团化办学的实施意见》(沪教委基〔2015〕80号)指出，学区化集团化办学实现了优质资源的跨校流动，扩大了优质教育资源的辐射范围，让更多的学生有机会接受更高质量的教育。2016年7月，《国务院关于统筹推进县域内城乡义务教育一体化改革发展的若干意见》(国发〔2016〕40号)提出要通过实施学区管理、建立学校联盟、探索集团化办学等措施，来扩大优质教育资源的覆盖面。2017年，中共中央办公厅、国务院办公厅印发的《关于深化教育体制机制改革的意见》也提出，需要改进管理模式，试行学区化管理，探索集团化办学，采取委托管理、强校带弱校、学校联盟、九年一贯制等多样化的办学形式。

推行学区化集团化办学是全面提升义务教育均衡优质发展水平，满足人民群众对优质教育的期待的重要措施。通过这种办学模式，我们可以更好地利用和分配教育资源，实现教育公平，推动城乡义务教育的均衡发展。

3.开展课堂革命，实现义务教育优质均衡

将义务教育均衡发展的目标细化到每个学生个体的均衡成长，这才是真正的、最有价值的均衡。因为最终，义务教育均衡发展的成效体现在人才培养质量的提升上，其核心目标是"让每个孩子都能展现自己的光彩"，即实现优质且均衡的教育。然而，长期以来，我国的课堂教学过于侧重"以教代学"，教学内容陈旧，教学方法僵化，这导致学生失去了主动学习的机会，难以推动学习较弱的学生进步，也不能使优秀的学生更加卓越，更无法实现学生的全面发展。因此，深化课堂改革，创新教学内容、方法和制度，提高教学质量，以实现城乡义务教育的优质均衡变得至关重要。

为此，国家鼓励学校积极开展教育教学改革实验，力求形成特色，提升教育水平，为每位学生提供量身定制的教育方案。结合课程改革，我们需要基于三维目标和核心素养，推广更优化的"自主、合作、探究"的教学模式和学习方法。2005年，《教育部关于进一步推进义务教育均衡发展的若干意见》(教基〔2005〕9号)明确指出，要全面推进素质教育，构建规范化、科学化、制度化的义务教育教学质量监测与评估体系和教学指导体系；同时，大力推动现代教育技术在教学中的应用，普及多媒体辅助教学，特别是教学光盘的应用，以提高农村学校教师的专业素质和教学质量。

我们要关注学生的多样性和个体差异，充分发掘每个学生的潜能，构建以学生为中心的现代教学关系。这要求我们不仅要"办好每一所学校"，更要"教好每一个孩子"，从而实现城乡义务教育的优质均衡发展。到了2012年，《国务院关于深入推进义务教育均衡发展的意见》(国发〔2012〕48号)进一步强调，要改革教学方式，提升教学效率；同时建立教学质量和学生学业质量的评价体系，科学评估学校的教学质量和办学水平，引导学校遵循教育规律和人才成长规律开展教育活动①。

① 刘天，程建坤.改革开放40年我国义务教育均衡发展的政策变迁、动因和经验[J].基础教育，2018，15(6)：22-31.

三、国内外城乡义务教育发展的启示

当前,我国城乡义务教育的发展呈现出不均衡的状态,这主要体现在城乡间在义务教育经费投入、师资力量及教育资源分配等方面存在的明显差距。然而,国外的主要国家或地区,以及我国内部在推进城乡义务教育均衡发展方面所积累的经验,为我们提供了宝贵的启示和参考。这些经验和做法不仅有助于我们更深入地理解义务教育均衡发展的重要性,还为我们制定和实施相应的政策措施提供了有益的借鉴①。

1.加强城乡义务教育均衡发展的法制化

近年来,虽然推出了众多旨在推动城乡义务教育均衡发展的政策文件,但其中绝大多数以"决定""意见""通知"等形式发布,真正具备法律约束力的文件却相对较少。目前,现有的法律主要在国家层面为城乡义务教育均衡发展提供了原则性指导,然而,尚缺乏配套的行政法规、地方性法规、行政规章、地方性规章及其他与教育相关的规范性文件,这使得整个法律体系显得零散而不统一。为了实现城乡义务教育的均衡发展,不仅需要政策的引导,更需要一个健全的法律体系作为支撑,确保教育工作能够依法进行。

不论是发达国家如美国,还是发展中国家如印度,都充分认识到义务教育的公共产品属性,并通过法律法规明确了接受义务教育是每个公民的基本权利和义务,还通过立法保障了义务教育的免费性。然而,在我国,直到2006年新修订的《中华人民共和国义务教育法》才将义务教育均衡作为法律要求。这在一定程度上影响了地方政府在推进义务教育均衡方面的财政投入和努力。因此,针对我国城乡义务教育非均衡的现状,立法机构有必要制定相关的政策法规,为城乡义务教育均衡发展提供制度保障②。

2.完善农村义务教育公共财政体制

鉴于义务教育在农村地区作为最重要的公共产品的本质属性,我国应加速推进国家财政体制向公共财政体制的转型。在这一过程中,加强政府间财政关系的立法工作显得尤为重要,应确保政府在教育投资中的核心地位和引导作用得到法律保障。各级政府应明确并切实承担起对教育应尽的责任③。

我们应以国家财政体制的改革为契机,加快中央和省级财政对农村义务教育的投资责任落实。当前,许多地区县级政府在义务教育方面的事权责任与财权责任存在不对称的情况,这亟须得到改变。因此,我们应构建一个分工合理、职责明确、运行规范的农村义务教育经费保障机制,确保中央和地方各级政府能够共同、有效地支持农村义务教育的发展。

3.大力采取补偿政策保护农村及弱势群体

确保教育公平,强化扶持,保障农村及弱势群体完成义务教育,我国应持续加强"两

① 王春雷,李清薇.国内外义务教育均衡发展的基本举措及启示[J].课程教材教学研究(教育研究),2016,(Z4):29-31.

② 陈祥东.国外促进义务教育城乡均衡的经验及对我国启示[J].求索,2013(4):218-220.

③ 王娟涓,徐辉.国外城乡义务教育均衡发展的经验及启示[J].外国中小学教育,2011(1):7-12.

免一补”政策，并逐步扩展至覆盖城乡贫困学生的伙食费和住宿费，构建全面的财政保障机制。同时，我们必须确保农民工子女享有平等的入学机会，以推进教育公平。此外，我们应建立健全教育保障体系，包括设立奖学金、助学金和教育贷款等制度，并创建多种教育基金，为教育救助提供便利通道①。

为了实现城乡教育条件均衡发展，我国应制定统一的办学标准，并以此作为财政投资的基础。同时，我们应打破校际间的人力资源壁垒，推动区域内义务教育教师的交流，优化教师资源配置，逐步缩小城乡学校师资力量的差距，确保农村学生也能享受到高质量、均衡的义务教育②。

4.保障农村教师工资待遇，并给予特殊政策

鉴于城乡教师在职业素养和文化素养上存在显著差距，加强城乡学校间教师的沟通与交流显得尤为关键。推动城乡学校形成互助共同体，实现无边界的教育资源共享与互助，对于缩小城乡教育差距至关重要。为了加快城乡教育均衡化发展的步伐，我们需要制定一系列政策，特别是那些有利于农村教师和偏远地区教师的政策。这包括完善保障机制、考核管理、职称评定及津贴标准等，确保农村教师的福利待遇得到充分保障。

2017年，教育部部长袁贵仁指出，国家已经采取了一系列措施来加强和扩大农村教师队伍建设。其中包括统一城乡教师的编制标准，拓宽农村教师的招聘渠道，提高乡村教师的实际待遇，以及在教师职称评比制度中给予农村教师更多的照顾。此外，还鼓励城市中的优秀教师到农村学校进行交流与教学。

教师待遇问题直接关系到他们的生活质量，进而影响到教学质量。如果教师的待遇问题得不到妥善解决，可能会导致教师队伍的不稳定，甚至造成优秀教师的大量流失。为了改善这一状况，我国可以借鉴国外的成功经验，建立由中央或省级政府负责的教育工资拨付制度，确保城乡教师的收入水平统一；同时，还应建立农村教师补贴制度，并在政策上给予农村教师更多的倾斜，如在职称评定、职务升迁等方面给予更多的照顾和支持③。

5.建立面向农村的基础教育课程体系

城乡义务教育的均衡发展并非意味着一成不变或千篇一律，而是应该展现出各自的特色和个性。正如联合国教科文组织国际教育发展委员会所强调的，平等的机会并非仅仅指形式上的平等，真正的机会平等意味着每个人都能接受到符合其个人特点的教育，并且这种教育的节奏和方法都应该是量身定制的。因此，我国农村基础教育课程体系的构建，应当将学科知识体系、农村社会的实际需求及学生的个性化发展三者有机地结合起来，从而构建出一套真正面向农村、符合农村实际需求的基础教育课程体系④。

① 王春雷，李清薇.国内外义务教育均衡发展的基本举措及启示[J].课程教材教学研究(教育研究)，2016(Z4):29-31.

② 王娟涓，徐辉.国外城乡义务教育均衡发展的经验及启示[J].外国中小学教育，2011(1):7-12.

③ 王春雷，李清薇.国内外义务教育均衡发展的基本举措及启示[J].课程教材教学研究(教育研究)，2016(Z4):29-31.

④ 王春雷，李清薇.国内外义务教育均衡发展的基本举措及启示[J].课程教材教学研究(教育研究)，2016(Z4):29-31.

第二节　我国城乡义务教育一体化发展的政策支持

党的十九大报告指出“推动城乡义务教育一体化发展，高度重视农村义务教育”是决胜全面建成小康社会、夺取新时代中国特色社会主义伟大胜利的战略性任务。我国城乡义务教育一体化发展与国家城乡关系发展定位有着密切的关系。

尽管我国城乡义务教育一体化发展已经具备了一定的现实基础，但是每个地区在推进这一进程时，都会由于自身的经济社会发展状况、教育资源分布和政策环境等因素，呈现出不同的特点和需求。重庆作为我国西南地区的重要城市，其城乡义务教育一体化发展的现实基础既与我国整体的发展趋势相一致，又具有自身的独特性。

重庆市作为西部地区唯一的直辖市，其城乡结构、经济发展水平及教育资源分布等方面与我国其他地区相比，具有一定的代表性。因此，重庆在推进城乡义务教育一体化发展时，既要遵循我国整体的政策导向和发展趋势，又要结合自身的实际情况，制定符合地方特点的发展策略。

在深入研究国家义务教育均衡发展策略的基础上，我们将进一步列出并重点分析重庆在推进城乡义务教育均衡发展方面所特有的政策支持，以便为相关决策和实践提供具体指导。

一、城乡义务教育均衡发展的政策演进

自改革开放以来，党中央和国务院始终把教育事业放在重要位置，致力于推动城乡义务教育的均衡发展。纵观全局，义务教育均衡发展的历程大致可以划分为三个阶段：首先是普及教育城乡有别阶段，这一阶段中城乡之间存在差异；其次是撤点并校促均衡发展阶段，通过优化资源配置来促进教育的均衡发展；最后是城乡义务教育一体化发展阶段，旨在实现城乡教育的全面融合和协调发展①。

1.我国普及教育城乡有别阶段：1978—2000年

自党的十一届三中全会起，党中央和国务院开始重点关注并大力推动小学教育的普及工作。1979年11月，中共中央批转了《中共湖南省桃江县委关于发展农村教育事业的情况报告》，该报告强调了农村教育在实现农业现代化中的重要地位和作用，并提出了“两条腿走路”和“三种教育”并进的方针，即普通教育、业余教育和学前教育都应得到全面发展。同年，教育部也发布了《关于继续切实抓紧普及农村小学五年教育的通知》。

1980年12月，中共中央和国务院联合发布了《关于普及小学教育若干问题的决定》，其中明确提出，到20世纪80年代，全国应基本完成普及小学教育的历史任务，有条件的

① 刘天，程建坤.改革开放40年我国义务教育均衡发展的政策变迁、动因和经验[J].基础教育，2018，15(6)：22-31.

地区还可以进一步普及初中教育。随后，在1986年4月，《中华人民共和国义务教育法》正式提出普及九年义务教育的目标。在接下来的二十多年里，普及义务教育成为国家教育工作的重点。

然而，因为当时我国国土面积广大，经济发展水平相对较低，社会财富相对匮乏，国家暂时无法做到城乡基础教育的均衡发展，所以普及教育在城乡之间存在一定的差异。

首先，城乡学校在得到的支持力度上存在差异。一方面，国家集中力量办好了一批城市学校。自1978年全国教育工作会议决定集中力量办好一批重点学校后，教育部相继颁布了《关于办好一批重点中小学试行方案》和《关于分期分批办好重点中学的决定》，确定了首批办好的重点中学，见表3-1。然而，首批全国重点中学的城乡分布并不均衡，城市学校占比高达60.14%，而乡镇学校仅占39.86%。另一方面，教育经费也更多地倾向于城市。从1993年到2000年，城乡义务教育生均经费的差距较大，城乡义务教育经费比值基本在1.5以上，且预算内教育事业费中公用经费的城乡差距也十分显著①。

综上所述，尽管党中央和国务院高度重视发展农村教育，但在当时的历史条件下，城乡基础教育在支持力度和资源分配上仍存在明显的差异②。

表3-1 各省（自治区、直辖市）全国首批重点中学城乡分布情况

（单位：所）

地区	市	县	乡（镇）	地区	市	县	乡（镇）
北京市	22	0	3	上海市	3	21	2
天津市	22	5	0	浙江省	5	11	2
河北省	12	5	0	江苏省	0	16	10
山西省	16	19	0	安徽省	2	14	6
辽宁省	28	11	1	福建省	0	12	4
吉林省	15	4	2	江西省	0	14	5
黑龙江省	20	12	2	山东省	1	11	7
湖北省	15	3	2	河南省	4	14	2
湖南省	20	35	0	四川省	9	23	10
广东省	13	1	2	贵州省	9	13	3
云南省	8	14	2	陕西省	0	10	5
青海省	5	8	6	甘肃省	2	10	12
广西壮族自治区	7	5	1	宁夏回族自治区	0	4	4

① 吴春霞.中国城乡义务教育经费差距演变与影响因素研究[J].教育科学，2007(6):1-5.

② 刘天，程建坤.改革开放40年我国义务教育均衡发展的政策变迁、动因和经验[J].基础教育，2018，15(6):22-31.

续表

地区	市	县	乡(镇)	地区	市	县	乡(镇)
西藏自治区	2	1	4	内蒙古自治区	0	26	8
新疆维吾尔自治区	14	14	0	合计	60	418	217

说明:1982年,海南省归属广东省管辖,广东省的重点中学数含海南省重点中学数;重庆市归属四川省管辖,四川省重点中学数含重庆市重点中学数。

在普及教育方面,城乡之间同样存在明显的差异。首先,普及教育的年限在城乡之间并不统一。1985年5月,《中共中央关于教育体制改革的决定》提出了分步实施九年制义务教育的策略。根据该策略,约占全国人口四分之一的城市、沿海经济发达地区及内地部分发达地区,已经在1990年左右完成了初级中学的普及工作。而占全国人口一半的中等发展程度的镇和农村,则首先着力于普及小学教育,并积极为普及初中教育创造条件。

其次,普及教育的标准在城乡之间也存在差异。1983年8月,《教育部关于普及初等教育基本要求的暂行规定》对城乡普及初等教育的标准提出了不同的要求。对于城市、沿海经济发达地区以及内地部分发达地区,学龄儿童的入学率需要达到95%以上。而对于经济和教育基础相对薄弱的农村地区,这一标准可以适当放宽。

此外,为了推动城乡基础教育的发展,国家还出台了一系列相关文件,如《中国教育改革和发展纲要》(中发〔1993〕3号)、《国家教育委员会关于下发〈普及九年义务教育评估验收办法〉等三个文件的通知》(教督〔1993〕2号)[①]等。这些文件对城乡基础教育的普及进度、程度和目标都提出了不同的要求。

这种城乡有别的义务教育发展政策,使得我国城乡义务教育得到了快速发展,基本实现了所有适龄儿童"有学上"的目标。普通中小学教育经费显著增长,到2000年达到了1695.70亿元,其中农村地区占919.98亿元,同时,升学率也有了显著提高。初中毕业生升学率从1978年的40.9%上升到2000年的51.1%,增长了9.2%;小学毕业生升学率从1978年的87.7%增长到2000年的94.9%,增长了7.2%。小学学龄儿童入学率也由1978年的95.5%上升到2000年的99.1%。这些数据显示出我国城乡义务教育在普及程度和教育质量上都有了显著的提升[②]。

2.我国撤点并校促均衡发展阶段:2001—2010年

随着经济的持续发展和农村义务教育经费保障机制的不断完善,国家逐渐将焦点转向了城乡义务教育的均衡发展。2001年7月,《全国教育事业第十个五年计划》(教发〔2001〕33号)正式发布,首次提出了"均衡发展"作为教育事业的核心目标。为了实现这一目标,国家采取了"撤点并校"的策略。"撤点并校"是我国农村义务教育学校布局调整

① 国家教育委员会于1998年更名为中华人民共和国教育部。

② 刘天,程建坤.改革开放40年我国义务教育均衡发展的政策变迁、动因和经验[J].基础教育,2018,15(6):22-31.

政策的简称，主要通过撤并小规模学校，以优化教育资源的配置和分布[1]。这一政策主要包括撤销教学点并合并到中心校，以及撤销村级小学并整合到城镇学校的两种形式。通过这样的布局调整，农村义务教育学校得以优化资源配置，让农村学生与城市学生共享优质教育资源，进一步推动义务教育的均衡发展[2]。

2001年，《国务院关于基础教育改革与发展的决定》（国发〔2001〕21号）（以下简称《决定》）正式标志着"撤点并校"行动的启动。《决定》强调，应遵循小学就近入学、初中相对集中的原则，合理规划和调整学校的布局，以优化教育资源的配置。2002年2月，《教育部关于加强基础教育办学管理若干问题的通知》（教基〔2002〕1号）要求，城市地区应结合城区改造和学校布局调整，加快薄弱学校的改造进程，扩大优质义务教育学校的规模，以满足人民群众对高质量教育的需求，并"推进义务教育阶段学校的均衡发展"。为了保障农村义务教育学校布局调整的经费需求，并落实撤点并校政策，财政部在2001年至2003年，相继发布了《中小学布局调整专项资金及项目管理暂行办法》和《中小学布局调整专项资金管理办法》（以下简称《办法》）。《办法》明确指出，设立"布局调整专项资金"的目的是"促进和引导全国基础教育事业的改革和发展，推动、支持和鼓励中学布局调整，加快中小学规范化、标准化建设，改善地方基础教育办学条件，提高办学质量和效益"。2003年，《国务院关于进一步加强农村教育工作的决定》（国发〔2003〕19号）进一步强调了继续推进中小学布局结构调整的重要性，并要求努力改善办学条件，加大城市对农村教育的支持和服务力度，以促进城乡教育的协调发展。尽管"撤点并校"工作的深入推进使得乡镇中心小学下属的小学和农村的办学点逐渐集中到城镇，但由于我国经济社会发展不平衡，城乡二元结构矛盾依然突出，城乡之间、地区之间、学校之间的教育差距仍然存在。为了应对这一问题，在2005年5月发布的《教育部关于进一步推进义务教育均衡发展的若干意见》（教基〔2005〕9号）明确要求，继续加大学校布局调整力度，制定或完善本地区义务教育阶段学校的办学条件，确保推进义务教育均衡发展所需的资金，调整经费支出结构，向农村地区、贫困地区和少数民族地区倾斜，坚持义务教育阶段公办学校的免试就近入学原则，并加强农村学校和城镇薄弱学校的师资队伍建设，以进一步推动义务教育的均衡发展。

为了加强政府对农村义务教育的保障责任，并推动城乡义务教育的均衡发展，2005年发布的《国务院关于深化农村义务教育经费保障机制改革的通知》（国发〔2005〕43号）明确指出，要全面改革农村义务教育经费保障机制，免除农村义务教育阶段学生的学杂费，并为贫困家庭学生免费提供教科书和生活费补助。2006年的中央一号文件强调了推进社会主义新农村建设的重要性，并提出构建新型工农城乡关系。其中第五条专门提及要"加快发展农村义务教育，促进城乡义务教育均衡发展"，具体措施包括减免西部地区农村义务教育学生的学杂费，为贫困家庭学生免费提供课本和补助寄宿生生活费，加

---

① 赵丹.农村教学点在义务教育均衡发展中的作用、问题与对策[J].华中师范大学学报（人文社会科学版），2012，51(5)：153-160.

② 梁鹤，祁占勇.农村地区撤点并校政策的价值诉求及其现实选择[J].现代教育管理，2014(11)：88-91.

强教师队伍建设，并实施农村中小学现代远程教育工程。在这一文件精神的指导下，国家修订了《中华人民共和国义务教育法》，明确了义务教育经费的“三个增长”目标，特别强调了促进农村义务教育发展和建立农村义务教育经费分担机制的重要性，并规定在两年内实现农村地区义务教育阶段杂费的全免除。这一举措取得了显著成效，2006年全国有96%的县通过了“两基”验收，全国人口的98%享受到了“两基”教育[①]。

2007年的中央一号文件继续强调“改善农村办学条件，促进城乡义务教育均衡发展”，并将免除学杂费的范围扩展至全国农村所有义务教育阶段的学生。为了实现这一目标，《国家教育事业发展“十一五”规划纲要》强调了完善管理体制、确保农村义务教育经费投入的重要性。在这些政策的推动下，国家实施了“两免一补”政策、农村寄宿制学校建设工程、贫困地区义务教育工程、中小学危房改造工程、农村中小学现代远程教育工程、特岗教师计划等多项措施，旨在缩小城乡义务教育发展差距。到2007年底，通过“两基”验收的县比2006年增长了2.5%，“两基”覆盖人群达到了99%。

2008年，《国务院关于做好免除城市义务教育阶段学生学杂费工作的通知》（国发〔2008〕25号）决定从2008年秋季学期开始，全面免除城市义务教育阶段公办学校学生的学杂费。这一举措为实现城乡义务教育均衡发展奠定了坚实的物质基础。自2001年以来，农村中小学布局调整工作取得了显著成效，不仅改善了农村中小学的办学条件，提高了办学效益和教育质量，还有力地推动了城乡义务教育的均衡发展。然而，在这一过程中也存在一些简单化和“一刀切”的情况，引发了一系列问题。因此，国家对农村中小学布局调整工作进行了反思与调整。

2010年1月，《教育部关于贯彻落实科学发展观 进一步推进义务教育均衡发展的意见》（教基一〔2010〕1号）强调在调整中小学布局时要科学规划，避免盲目调整和简单化操作。2012年，《国务院办公厅关于规范农村义务教育学校布局调整的意见》（国办发〔2012〕48号）进一步要求规范农村义务教育学校布局调整工作，办好村小学和教学点，提高村小学和教学点的教学质量。自此，义务教育均衡发展开始向内涵性均衡迈进。

综上所述，该阶段的城乡义务教育呈现出由非均衡发展向均衡发展过渡的特点[②]。国家通过调整农村义务教育学校布局、实施免费九年义务教育等政策，努力缩小城乡、区域、学校之间的差距，加快薄弱学校的改造步伐，以促进教育的均衡发展。然而，这些政策尚未触及城乡二元体制和区域发展不平衡等深层次矛盾。因此，未来的工作仍需深入研究和解决这些根本性问题[③]。

3.我国城乡义务教育一体化发展阶段：2011年至今

随着义务教育均衡发展政策的深入实施，特别是城乡免费义务教育的全面普及，适龄儿童少年“有学上”的目标得以根本实现。至2011年底，全国所有县（市、区）和其他县

① 刘天，程建坤.改革开放40年我国义务教育均衡发展的政策变迁、动因和经验[J].基础教育，2018，15(6)：22-31.

② 阮成武.我国义务教育均衡发展政策的演进逻辑与未来走向[J].教育研究，2013，34(7)：37-45.

③ 刘天，程建坤.改革开放40年我国义务教育均衡发展的政策变迁、动因和经验[J].基础教育，2018，15(6)：22-31.

级行政区划单位、所有省级行政区均顺利通过了普及九年义务教育的国家验收①。然而，我们仍需面对区域间、城乡间、学校间办学水平和教育质量的明显差距。为此，必须进一步推进义务教育均衡发展，着力提升农村学校和薄弱学校的办学水平，实现城乡义务教育一体化发展，并全面提高义务教育质量，确保所有适龄儿童少年都能“上好学”。因此，城乡义务教育一体化发展在本阶段的核心特点为优质均衡，教育公平成为重要关注点。

《国家中长期教育改革和发展规划纲要（2010—2020年）》中明确提出了巩固提高九年义务教育水平，并深入推进义务教育均衡发展的目标。为贯彻落实这一规划，国务院办公厅出台了《关于开展国家教育体制改革试点的通知》（国办发〔2010〕48号），教育部则发布了《国家教育事业发展第十二个五年规划》。这些文件均强调推进义务教育学校标准化建设，探索城乡教育一体化发展的有效途径和机制，逐步统一城乡教育规划、建设标准、经费投入、师资配备和管理体制，以探索城乡教育联动发展的新模式，逐步实现城乡一体化。为统筹推进县域内城乡义务教育一体化改革发展，2016年7月颁发的《国务院关于统筹推进县域内城乡义务教育一体化改革发展的若干意见》（国发〔2016〕40号）指出，要加快推进县域内城乡义务教育学校在建设标准、教师编制标准、生均公用经费基准定额、基本装备配置标准等方面的统一，并实现“两免一补”政策城乡全覆盖。到2020年，城乡二元结构壁垒应基本消除，义务教育与城镇化发展基本协调；城乡学校布局应更加合理，大班额问题基本消除；乡村完全小学、初中或九年一贯制学校、寄宿制学校的标准化建设应取得显著进展，乡村小规模学校（含教学点）也应达到相应要求；城乡师资配置应基本均衡，乡村教师待遇稳步提高，岗位吸引力大幅增强，乡村教育质量明显提升，并全面完成教育脱贫任务。2017年，党的十九大宣布中国特色社会主义进入了新时代，我国社会主要矛盾已经转化为人民日益增长的美好生活需要和不平衡不充分的发展之间的矛盾。这一新时代社会主要矛盾的变化标志着民众的需求从生存型向发展型转变。新的需求与现有发展现状之间的矛盾要求城乡义务教育从外延式的资源补偿平衡转向内涵式的资源优化，并进入质量提升阶段。这意味着，城乡义务教育不仅要确保所有孩子都有学上，更要确保他们上好学，实现真正的教育公平和优质发展②。

为推进城乡义务教育一体化发展，国家不断完善经费保障机制，力求实现城乡教育资源的均衡配置，从而促进义务教育事业的健康、持续发展。2015年发布的《国务院关于进一步完善城乡义务教育经费保障机制的通知》（国发〔2015〕67号）明确要求建立城乡统一、侧重于农村的义务教育经费保障机制。这一机制涵盖了整合农村义务教育经费保障机制和城市义务教育奖补政策，形成了中央和地方按比例分担的经费保障机制。2016年，财政部和教育部联合制定了《城乡义务教育补助经费管理办法》。2018年1月20日发布的《中共中央 国务院关于全面深化新时代教师队伍建设改革的意见》，其中明确指出要优化义务教育教师资源的配置，推动城乡教师资源的共建共享。为此，国家采

① 翟博，刘华蓉，李曜明，等.人类教育史上的奇迹——来自中国普及九年义务教育和扫除青壮年文盲的报告[N].中国教育报，2012-09-09(1).

② 刘天，程建坤.改革开放40年我国义务教育均衡发展的政策变迁、动因和经验[J].基础教育，2018，15(6)：22-31.

取了一系列措施，如加强乡村教师培训、促进城乡教师交流、提升教师专业发展等，并实施了乡村教师荣誉制度、银龄讲学计划。同时，通过“师德养成教育全面推进”“教师培养层次提升”“乡村教师素质提高”“‘互联网+教师教育’创新”等行动，配合加大教育财政经费投入，提升教师教育的保障水平，有效地提高了乡村教师的专业能力，确保了乡村教师能够“下得去、留得住、教得好”，为提升乡村义务教育质量提供了坚实的保障。此外，国务院和教育部还相继出台了《国务院办公厅关于进一步加强控辍保学提高义务教育巩固水平的通知》（国办发〔2017〕72号）、《县域义务教育优质均衡发展督导评估办法》、《义务教育学校管理标准》和《深度贫困地区教育脱贫攻坚实施方案（2018—2020年）》等政策文件，以保障城乡义务教育一体化发展改革的顺利推进。2019年，中央一号文件以“抓重点、补短板、强基础”为关键词，全面推进乡村振兴战略，其中乡村教育作为教育领域的短板，也面临着全面提升的任务。文件要求“推动城乡义务教育一体化发展，深入实施农村义务教育学生营养改善计划”。城乡义务教育一体化水平的提升与义务教育质量的提升紧密相连，而教师是教育质量提升的关键。基于上述城乡义务教育一体化政策的演进逻辑，经过确保教育机会公平和教育资源标准化的建设工作，城乡义务教育一体化发展的体制机制已经基本确立。2019年教育部的工作要点已经将2018年的“推动城乡义务教育一体化发展”的表述转变为“提高义务教育城乡一体化发展水平”，这一表述的变化预示着政策发展重心和路径的转变。2019年2月，为贯彻和落实党的十九大和全国教育大会精神，中共中央、国务院发布了以教育现代化为主题的《中国教育现代化2035》，其中进一步强调了推进城乡义务教育一体化对于实现教育现代化的重要性。随后，国家发布了《中共中央 国务院关于深化教育教学改革全面提高义务教育质量的意见》，明确指出要加强薄弱学校的建设，推进城乡义务教育一体化，办好每一所学校，让学生成为学习和生活的主人。同年7月8日，又出台了《教育部 国家发展改革委 财政部关于切实做好义务教育薄弱环节改善与能力提升工作的意见》（教督〔2019〕4号），对进一步推进城乡义务教育一体化进行了全面的部署和安排。这两份文件为新时代城乡义务教育一体化发展提供了顶层设计，是新时代城乡义务教育一体化改革发展的根本遵循和行动指南，标志着城乡义务教育一体化资源配置进入了高质量发展阶段。高质量资源配置应以满足人的流动需求为基础，充分考虑人的发展在义务教育资源配置中的重要作用。因此，当前急需探讨基于要素流动的城乡义务教育资源配置政策的优化问题。

显然，新的历史发展阶段和新的发展需求对城乡义务教育一体化资源配置提出了更高的要求。高质量的资源配置已成为城乡义务教育一体化高质量发展的重要保障。高质量的城乡义务教育一体化意味着无论人口如何流动，每个人都应能够享受到优质的义务教育；高质量的城乡义务教育一体化是可持续的一体化，不应存在教育资源的浪费；高质量的城乡义务教育一体化应能满足人的自由流动需求以及城乡社会的全面发展。为实现这一切，城乡义务教育一体化资源配置必须更加高效优质[①]。

① 刘天，程建坤．改革开放40年我国义务教育均衡发展的政策变迁、动因和经验[J]．基础教育，2018，15(6)：22-31．

4.重庆城乡义务教育均衡发展政策

教师交流轮岗制度:为优化师资配置,促进城乡师资均衡分布,重庆市自2015年起实施教师交流轮岗制度。该制度鼓励城市优秀教师到农村地区和薄弱学校任教,并提供相应的政策支持和待遇保障。

农村教师补助政策:为提高农村教师的待遇,稳定农村教师队伍,重庆市自2016年起实施农村教师补助政策。该政策通过提高农村教师的津补贴标准来改善农村教师的工作和生活条件,增强农村教师岗位的吸引力。

义务教育学校标准化建设:为推进城乡义务教育均衡发展,重庆市自2017年起实施义务教育学校标准化建设。该政策要求统一城乡义务教育学校的建设标准、装备配置标准等,确保城乡学校在硬件设施上的公平性。

阳光招生政策:为保障城乡学生平等接受义务教育的权利,重庆市自2018年起实施阳光招生政策。该政策要求各学校按照学区划分进行招生,实行免试就近入学,严禁择校热和过度竞争现象的发生。

教育经费保障机制:为确保城乡义务教育均衡发展所需的经费投入,重庆市自2019年起建立教育经费保障机制。该机制通过设立专项资金、加大财政投入等措施,确保农村地区和薄弱学校的经费需求得到满足。

综上所述,重庆市区域城乡义务教育均衡发展的具体政策支持包括教师交流轮岗制度、农村教师补助政策、义务教育学校标准化建设、阳光招生政策和教育经费保障机制等。这些政策的出台和实施为重庆市区域城乡义务教育均衡发展提供了有力的保障和支持。

二、城乡义务教育一体化发展的政策特征

1.以充足的教育经费保障教育资源均衡配置

经费投入是城乡义务教育一体化发展的基石,其稳定且持续的增长对于推动这一进程至关重要。随着国家经济实力的不断壮大,对义务教育发展的经费投入也得到了坚实的保障。自2012年以来,国家连续六年确保了教育经费投入占国内生产总值(GDP)的4%,这一比例不仅体现了国家对教育的重视,还反映了教育在国家发展战略中的重要地位。2018年,全国国内生产总值为900 309.5亿元,其中,国家财政性教育经费占国内生产总值的比例达到了4.11%,这一数字相较于往年有所增长,显示出国家对教育投入的持续增加。在这一背景下,全国普通小学和初中的公用生均一般公共预算教育经费也实现了稳步增长。具体来说,2018年全国普通小学公用生均一般公共预算教育经费为11 328.05元,相较于2017年的10 911.17元增长了3.82%。其中,农村地区的经费为10 548.62元,相较于2017年的10 194.82元增长了3.47%。对于普通初中,这一数字为16 494.37元,相较于2017年的15 739.92元增长了4.79%。其中,农村地区的经费为14 634.76元,相较于2017年的14 065.68元增长了4.05%[①]。这些数据充分表明,无论是

① 中华人民共和国教育部.教育部 国家统计局 财政部关于2018年全国教育经费执行情况统计公告(教财〔2019〕3号)[EB/OL].(2019-10-16)[2023-12-25].http://www.moe.gov.cn/srcsite/A05/s3040/201910/t20191016_403859.html.

城市还是农村，无论是小学还是初中，教育经费的投入都在稳步增长，为城乡义务教育一体化发展提供了坚实的物质保障。除了重视投入，国家还高度关注教育经费的使用效益。2018年发布的《国务院办公厅关于进一步调整优化结构提高教育经费使用效益的意见》(国办发〔2018〕82号)旨在建立城乡统一、重在农村的义务教育经费保障机制。通过这一机制，城乡免费义务教育得到了全面实现，义务教育的覆盖面得到了进一步扩大。同时，这一机制也确保了城乡义务教育在经费投入和教育机会提供上的基本均衡，为城乡义务教育一体化发展奠定了坚实的基础。为了进一步明晰中央与地方政府在义务教育发展中的财政事权和支出责任划分，2019年5月24日，国务院出台了《教育领域中央与地方财政事权和支出责任划分改革方案》。该方案对义务教育经常性开支的中央和地方财政事权和支出责任进行了明确规定，包括学校日常运转、校舍安全、学生学习生活等经常性事项。这一方案的实施，不仅有利于构建城乡义务教育一体化良好的经费投入和使用体制，还明晰了资源配置的责任主体，体现了城乡义务教育一体化资源均衡配置的日益规范和有效。

综上所述，随着国家对教育投入的持续增加和对教育经费使用效益的高度重视，城乡义务教育一体化发展的物质基础日益坚实。未来，随着相关政策的深入实施和教育改革的不断推进，我们有理由相信城乡义务教育一体化将取得更加显著的成效[①]。

2. 关注要素流动下教育资源的有效配置

人口迁移所引发的流动人口子女教育问题是我国当前面临的重要议题，尤其是进城务工人员的子女教育及留守儿童的义务教育问题。为了保障这些孩子能公平地享有义务教育资源，国家层面已经制定并实施了多项政策。

首先，对于进城务工的随迁子女，国家采取了“两为主”政策，即以流入地为主、以公办学校为主的策略，确保他们能够在流入地学校接受基本的义务教育。据2019年统计，我国义务教育阶段的学生中有41 427.0万人是进城务工人员的随迁子女，相较于2018年增加了2.9万人，占当年在校生总人数的9.3%。其中，就读于公办学校的比例达到了79.4%，与2018年基本持平[②]。

其次，为了建立健全农村留守义务教育学生的关怀服务体系，国家加大了留守儿童的心理健康教育，并优先满足他们进入寄宿制学校的需求。此外，为了帮助经济困难的学生，国家还加强了补助力度，确保城市低保和农村家庭经济困难的学生能够获得寄宿学生生活费补助。这样，孩子们就不会因为经济原因而无法接受教育，满足了他们基本的教育需求。为了进一步加强这一工作，国家在2014年还出台了《国家贫困地区儿童发展规划(2014—2020年)》，坚持儿童优先原则，并将城乡义务教育一体化发展视为切断贫困地区儿童贫困代际传递的关键路径。

① 马兴.城乡义务教育一体化发展研究——要素流动与资源配置互动的视角[D].芜湖：安徽师范大学，2021：28-29.

② 中华人民共和国教育部.2019年全国教育事业发展情况[EB/OL].(2020-08-31)[2023-12-25]. http://www.moe.gov.cn/jyb_sjzl/s5990/202008/t20200831_483697.html.

综上所述，国家已经采取了一系列措施来应对流动人口子女的教育问题，旨在确保每一个孩子都能公平地享有义务教育的机会①。

3.均衡配置优质教师资源，引导要素合理流动

城乡义务教育一体化的核心驱动力是对优质教育的普遍追求。在这一进程中，教师资源的均衡配置是关键所在。为了引导人口的有序流动，国家着力推动优秀教师资源的均衡分布。首先，国家实施了城乡统一的中小学教师编制标准，旨在消除长期以来城乡教师编制上的二元差异。2014年，国家发布了关于中小学教师编制统一标准的通知，这一举措标志着我国城乡教师编制开始走向一体化，成为促进城乡义务教育质量均衡发展的重要步骤。目前，这一标准已在25个省的小学和24个省的初中得以实施②。其次，为了进一步优化教师资源的配置，国家推行了县域内优秀教师资源的共建共享机制。这包括校长的交流轮岗，并明确了交流教师应享有的生活补助，以确保他们在交流过程中的权益。同时，为了提升乡村教师的福利待遇和职业吸引力，国家出台了一系列政策。其中包括《乡村教师支持计划（2015—2020年）》和《关于深化中小学教师职称制度改革的指导意见》等文件。这些政策对中小学教师职称制度、考核机制进行了全面改革，旨在激发乡村教师的积极性和创造力，改善他们的工作环境，从而增强乡村教师职业的吸引力③。

然而，由于历史原因，城市优质教育资源的集中导致人口向城市的流动，这给城市公共服务带来了财政压力，并造成了学位紧张的问题。相对而言，乡村学校则面临学校空置、教师富余的困境。这种人口流动与资源配置的模式并非良性互动，也不符合城乡义务教育一体化的目标。为了引导人口合理回流乡村，国家加强了乡村学校的标准化建设。这主要体现在以下几个方面。一是坚持学校办学条件的基本均衡，制定了城乡统一的学校建设标准，并专门针对乡村薄弱地区出台了相应的改善措施，以缩小城乡办学基本条件的差距。据统计，2018年全国小学生均仪器设备值为1558元，农村小学相当于城市小学的75.8%，比上年提高了4.4个百分点；全国初中生均仪器设备值为2453元，农村初中相当于城市初中的76.0%，比2017年提高了0.8个百分点④。二是坚持满足儿童就近入学的需求，规范学校布局，确保儿童能够优先在附近的学校接受教育。三是坚持城乡儿童生均公用经费的统一，并为此出台了一系列政策文件，包括专项资金支持计划等。此外，乡村义务教育也被作为资源配置的重点倾斜对象，得到了大量的资金投入⑤。近五年，中央和地方共投入5400多亿元用于改善农村学校的办学条件，全国新建改扩建校舍

① 马兴.城乡义务教育一体化发展研究——要素流动与资源配置互动的视角[D].芜湖：安徽师范大学，2021：46-49.

② 刘来兵，冯露.浅析推动城乡义务教育一体化发展[J].河北师范大学学报（教育科学版），2019，21(3)：5-8.

③ 马兴.城乡义务教育一体化发展研究——要素流动与资源配置互动的视角[D].芜湖：安徽师范大学，2021：67-68.

④ 中华人民共和国教育部.2018年全国教育事业发展情况[EB/OL].(2019-09-29)[2023-12-25].http://www.moe.gov.cn/jyb_sjzl/s5990/201909/t20190929_401639.html.

⑤ 刘来兵，冯露.浅析推动城乡义务教育一体化发展[J].河北师范大学学报（教育科学版），2019，21(3)：5-8.

达到了2.2亿平方米。目前，全国99.8%的义务教育学校已经达到了20条底线要求，体育场馆、音体美器材、实验仪器等达标率超过85%，互联网接入率超过90%[①]。这些措施极大地改善了乡村义务教育的条件，使得乡村学校的吸引力逐渐增强。例如，我国最北方的漠河市北极镇中心学校通过温馨校园建设、课堂教学改革等措施，成功打造了具有特色的教育环境，有效地留住了乡村生源。总的来说，为了推动城乡义务教育一体化发展，国家不仅注重教师资源的均衡配置，还加强了乡村学校的标准化建设，并大力改善乡村教师的福利待遇。这些措施的实施，不仅促进了城乡之间教育资源的均衡分布，还提高了乡村学校的吸引力，为实现城乡义务教育一体化的目标奠定了坚实的基础[②]。

4.依靠现代信息技术推进城乡教育资源均衡配置

城乡义务教育一体化不仅是人们追求的教育理想，更是实际推进的教育实践。这一进程源于人们对优质教育的渴求，旨在满足广大民众对美好教育的期待。它并非仅仅停留在愿景层面，而是需要切实可行的措施和技术支持来推动实现。2012年，国家发布了《教育信息化十年发展规划(2011—2020年)》，强调构建覆盖城乡各级各类学校的教育信息化体系，为城乡义务教育一体化奠定了坚实的技术基础。

首先，国家积极加强硬件资源配置，推进“班班通”工程，旨在实现城乡优质教育资源的共享。近五年来，中央和地方共投入大量资金用于改善农村学校的办学条件，使得农村学校的互联网接入率超过90%[③]。同时，国家还注重提升中小学教师的信息教学能力，通过开设网络空中课堂等方式，弥补乡村教师数量的不足，有效解决乡村教师结构性缺编问题。例如，2018年第7期的《半月谈》杂志中的一篇文章《直播课堂，让乡村孩子看见光》就介绍了甘肃省定西市安定区李家堡镇中心小学的美术老师郑红，她利用网络直播课为山里的孩子上美术课，有效地缓解了当地部分学校师资不足的问题[④]。其次，国家开通了丰富的网络教育资源，尤其是在2020年面对疫情带来的“停课不停学”挑战时，国家充分利用网络和电视资源，通过中国教育电视台和国家中小学网络云平台开设空中课堂，为全国城乡儿童居家学习提供了有力保障。这些举措表明，利用网络技术为乡村和边远贫困地区的儿童提供优质学习资源是完全可行且有基础的。这不仅保证了城乡儿童获取教育资源的渠道畅通无阻，还有助于减少乡村家庭为了追求优质教育资源而盲目向城市流动的现象。

综上所述，城乡义务教育一体化不仅需要政策引导和资金投入，更需要技术支持和创新实践。通过加强硬件资源配置、提升教师信息教学能力、开通网络教育资源等措施，我们

① 教育部.对十三届全国人大二次会议第4941号建议的答复(教建议字〔2019〕526号)[EB/OL].(2019-12-05)[2023-12-25]. http://www.moe.gov.cn/jyb_xxgk/xxgk_jyta/jyta_jijiaosi/201912/t20191205_410971.html.

② 马兴.城乡义务教育一体化发展研究——要素流动与资源配置互动的视角[D].芜湖:安徽师范大学,2021:67-68.

③ 教育部.对十三届全国人大二次会议第4941号建议的答复[EB/OL].(2019-12-05)[2023-12-25].http://www.moe.gov.cn/jyb_xxgk/xxgk_ jyta/jyta_jijiaosi/201912/t20191205_410971. html.

④ 刘能静,马莎.直播课堂,让乡村孩子看见光[J].半月谈,2018(7):52-53.

可以逐步推动城乡义务教育一体化的实现，让每一个孩子都能享受到公平而优质的教育[①]。

5.政策循序渐进，城乡义务教育从统一性模式向多元化模式发展

城乡义务教育治理是一项复杂而细致的系统工程，不能简单地采取一刀切的方式来推进。在推进这一系统工程时，我们需要充分考虑以下几个关键因素。首先，任何改革都需要妥善处理改革、发展、稳定三者之间的关系，任何未经充分验证的政策若盲目大范围实施，都可能带来潜在的风险和危机。其次，我国地域辽阔，不同地方在经济发展水平、文化底蕴、教育传统等方面存在显著差异，因此，未经多区域试验的政策很难制定出一个全面适用的方案。再者，随着我国改革开放的不断深入，教育诉求也日益多元化，这些多元的利益诉求在政策制定过程中很难被全面考虑，因此，任何大规模的改革都可能引发不同利益集团之间的激烈冲突。最后，从全球视角来看，我国的现代化进程与西方国家存在显著差异，这意味着我们不能完全照搬其他国家的经验，而需要通过自身的实践探索来寻找适合我国教育发展的道路[②]。

鉴于以上情况，我国在推进城乡教育治理政策实践时，并没有采取激进的重构方式，而是选择了渐进式的政策改良策略，推动城乡义务教育治理从单一模式向多元化模式转变。早在20世纪80年代，我国就开始尝试建立农村教育综合改革实验区，探索农村"三教统筹"的发展路径。例如，1987年在河北等地建立的"农村教育综合改革实验区"，1989年在全国范围内建立的"百县农村教育综合改革实验区"，以及1990年国家教委（现教育部）发布的《全国农村教育综合改革实验区工作指导纲要（试行）（1990—2000年）》，这些都是将农村教育改革与农村经济发展紧密结合的初步尝试。进入21世纪后，特别是2002年党的十六大提出"统筹城乡发展"的战略方针后，与之配套的统筹城乡教育发展试验区也相继启动。2007年6月，国家正式批准重庆市和成都市设立全国统筹城乡综合配套改革试验区，并在第二年与重庆市人民政府签署了《建设国家统筹城乡教育综合改革试验区战略合作协议》。2009年4月，教育部、四川省人民政府与成都市人民政府又共同签署了《共建统筹城乡教育综合改革试验区合作协议》。这一系列举措标志着全国统筹城乡教育综合改革率先在成都和重庆两市进行试点，通过这两个具有代表性的地区的改革实践，来探索统筹城乡教育发展的理论框架和解决现实难题的路径。值得注意的是，除了上述两个试验区之外，其他地区也在积极探索符合自身特点的统筹城乡教育治理模式。例如，江浙地区以普惠为导向的"倾斜型"教育统筹模式，京沪都市以"大城市带小农村"为特征的教育统筹模式，以及以武汉城市圈和"长株潭"（长沙、株洲、湘潭）城市群为代表的城市群教育统筹模式等[③]。这些多样化的实践探索为我国城乡义务教育治理多元化模式的发展提供了宝贵的经验借鉴和参考。

① 马兴.城乡义务教育一体化发展研究——要素流动与资源配置互动的视角[D].芜湖：安徽师范大学，2021：124-125.

② 杨挺，李伟.城乡义务教育治理40年[J].教育研究，2018，39(12)：71-80.

③ 李涛，宋玉波.中国统筹城乡教育综合改革的全景透析：从历史到现状[J].江淮论坛，2011(1)：145-153，103，193.

第三节　当前城乡义务教育一体化发展的现实需要

在重庆市的教育领域，城乡义务教育一体化不仅是教育改革的重要方向，还是推动教育公平、提升教育质量的关键举措。这一发展策略的现实需要，源于多个方面的深刻考量。

首先，城乡社会经济结构的变迁对义务教育提出了新的挑战。随着重庆市城乡一体化进程的加速，城市与农村之间的社会经济联系日益紧密，人口流动、资源配置、产业结构调整等现象日益频繁。在这种背景下，传统的城乡分割教育模式已无法适应新的社会需求，必须通过一体化发展，优化教育资源配置，提升教育服务的均衡性和普及性。其次，教育公平与社会公正的要求推动着城乡义务教育一体化的进程。教育作为社会公正的重要体现，其公平性和普及性对于缩小城乡差距、促进社会和谐具有重要意义。城乡义务教育一体化不仅有助于消除地域性教育壁垒，更能确保每个孩子无论处于城乡背景，都能享受到公平、优质的教育机会。此外，提升整体教育质量、培养高素质人才也是推动城乡义务教育一体化发展的重要动力。通过整合城乡教育资源，加强教育教学的交流与合作，可以有效提升教育质量和教学效果，培养出更多适应重庆市经济社会发展需要的高素质人才。

重庆当前城乡义务教育一体化发展的现实需要源于城乡社会经济结构的变迁，教育公平与社会公正的要求，以及提升整体教育质量、培养高素质人才的迫切需要。这一发展策略的实施，对于推动重庆市教育事业的全面发展、促进社会和谐与进步具有深远的意义。因为关于重庆城乡义务教育一体化发展的相关文献资料较少，所以本节内容将从我国当前城乡义务教育一体化发展的现实需要角度阐述。

一、新时代推进城乡义务教育一体化发展

1. 城乡义务教育一体化是党和政府在新时代推进教育公平的重点目标

当前我国社会的主要矛盾已经转变为人民日益增长的美好生活需要和不平衡不充分的发展之间的矛盾。随着义务教育普及目标的实现，人民群众对义务教育的期待已经从“有学上”转变为“上好学”，关于提升义务教育办学条件和质量的呼声愈发强烈。

党和政府基于对当前经济社会发展形势的精准把握，明确提出了新时代教育建设的核心原则，即“努力让人民享有更好更公平的教育”[①]。要实现这一目标，关键在于打破城乡二元体制在户籍制度和资源配置等方面的壁垒，逐步缩小城乡教育差距，大力推进城乡教育一体化。自党的十八大以来，以习近平同志为核心的党中央多次审议教育公平问

① 宋学勤.中国共产党教育公平思想的百年演进[J].北京师范大学学报(社会科学版),2021(3):5-13.

题，特别是城乡义务教育均衡发展问题，并作出重要指示。党的十九大进一步将其列为重点任务。在义务教育基本均衡的基础上，"十四五"规划将"优质均衡"确定为下一阶段推进城乡义务教育一体化的目标。在新时代发展教育事业，要始终"坚持以人民为中心的发展思想"，确保教育的公益性质，并切实提升人民群众的教育获得感[①]。从城乡教育体系的分割到一体化的发展，从"有学上"到"上好学"，再到从"基本均衡"到"优质均衡"，这一系列战略部署不仅体现了我们党"以人民为中心"的根本宗旨，更是对当前新时代社会基本矛盾的积极回应[②]。

2. 城乡义务教育一体化是建设高质量教育体系的内在要求

城乡学生在教育质量上的差异是城乡教育发展的核心差距。对于个体来说，这会影响农村学生在义务教育后对教育机会及长期的社会经济成果的获取；对于社会而言，这关系到整体劳动力素质、实现共同富裕目标等重大议题[③]。在新时代背景下，推进城乡义务教育一体化的首要任务是以县城为核心，全面推动乡村教育的振兴。缩小城乡学生在教育质量上的差距，加快农村教育质量的提升，实现从"基本均衡"到"优质均衡"的教育发展转变，是构建高质量教育体系的内在要求。"十三五"期间，我国劳动年龄人口的平均受教育年限为10.7年。"十四五"规划则设定了将劳动年龄人口平均受教育年限提高到11.3年的目标。与发达国家相比，如美国和日本，其劳动年龄人口的平均受教育年限在2005年时分别达到了13.63年和12.9年[④]。这显示出我国在提高劳动力人力资本存量方面仍有较大的提升空间。全面普及高中阶段教育，对于提升我国劳动力的人力资本存量、构建高质量教育体系具有基础性意义。而这一目标的实现，关键在于提升农村人口的教育水平。

2018年城镇劳动力人口的平均受教育年限为11.27年，高中及以上受教育程度的劳动力占比达到了52.69%；而农村劳动力的相应数据分别为9.02年和20.74%[⑤]。根据教育部的统计，2020年我国高中阶段的毛入学率为91.2%。若假设城市户籍学生基本普及了高中阶段教育，那么以2020年45.4%的户籍城镇化率来估算，农村户籍人口的高中阶段毛入学率仅为80.62%。创新是新时代我国发展的重要驱动力，高等教育则是推动基础科学研究的引擎。然而，若缺乏大量接受过高中教育的人才储备，高等教育的发展也将受到制约。如果农村有20%的学生在初中毕业后无法继续接受高中教育，那么我国的高等教育人才库将大大缩水。"十四五"规划提出了"建设高质量教育体系"和"全民受教育程

① 陈宝生.建设高质量教育体系 加快建成教育强国[EB/OL].(2021-01-04)[2021-04-10].http://www.moe.gov.cn/jyb_xwfb/moe_176/202101/t20210104_508643.html.

② 郑磊，李虔，张绘.中国城乡义务教育一体化的发展现状、动力机制及政策路径[J].教育学报，2023，19(3)：86-99.

③ 郑磊，翁秋怡，龚欣.学前教育与城乡初中学生的认知能力差距——基于CEPS数据的研究[J].社会学研究，2019，34(3)：122-145，244.

④ 王广州，牛建林.我国教育总量结构现状、问题及发展预测[M]//蔡昉.中国人口与劳动问题报告No.10提升人力资本的教育改革.北京：社会科学文献出版社，2009：105.

⑤ 中央财经大学人力资本与劳动经济研究中心.中国人力资本指数报告2020[EB/OL].(2021-01-10)[2021-04-10].http://humancapital.cufe.edu.cn/2020/Chinese_report 2020.pdf.

度不断提升”的目标，并强调“以县域为基本单元推进城乡融合发展”。因此，在新时代推进城乡义务教育一体化，需要在巩固县域内城乡义务教育一体化的基础上，进一步提升一体化水平，实现教育的优质均衡发展。这不仅是构建高质量教育体系的必要步骤，还是提高未来劳动人口的人力资本水平、为创新型国家建设奠定坚实人力资源基础的关键举措①。

3.城乡义务教育一体化是教育服务经济社会发展的社会责任

在城镇化发展的新阶段，以城市群和都市圈为主导形态，我们必须妥善协调城市群、都市圈内部的大中小城市与小城镇之间的关系，以及城乡关系。针对城乡教育结构，我们需要优化大中小城市和小城镇之间的教育协调发展关系，在稳固县域内城乡义务教育一体化的基础上，特别关注大中城市中心城区与城市郊区之间的教育一体化，尤其是针对人口和产业高度聚集的超大和特大城市的中心城区与新城之间的教育整合，以优化都市圈和城市群建设过程中的教育资源分配。在新时代，为了进一步深化城乡义务教育一体化，我们需要在县域之外的更广泛区域内实施这一策略，并将城市纳入“一体化”的体系中。我们应重点关注人口和产业聚集的都市圈和城市群，加速城镇教育的“扩容”，确保所有常住人口都能处于义务教育的覆盖下。这一新的任务体现了教育在服务于经济社会发展中的重要职责。

首先，将城市纳入城乡义务教育一体化的范围，是这一发展策略的内在要求。早在2016年，《国务院关于统筹推进县域内城乡义务教育一体化改革发展的若干意见》(国发〔2016〕40号)就指出：“在县域义务教育从基本均衡向优质均衡发展的基础上，探索市(地)域义务教育均衡发展的路径，并鼓励有条件的地区在更大范围内开展城乡义务教育一体化的试点。”县域内的一体化，实际上主要是“镇乡一体化”或“县城与乡村一体化”。为了促进教育生产要素在城乡之间的双向流动和资源的合理配置，我们必须将城市纳入这一体系，并充分发挥城市，特别是大城市的高质量教育体系的示范和辐射作用②。

其次，拓展城乡义务教育一体化的范围，加快城镇教育的“扩容”，将有效缓解“城镇拥挤”的问题。一方面，大城市遵循“多中心、组团式”的发展思路，导致城市中心区域的居民向外围疏散；另一方面，农业转移人口及城市间的流动人口日益向大城市聚集，他们主要居住在城市的外围。根据第七次全国人口普查数据，与2010年相比，北京、上海、广州、深圳四大城市的中心城区常住人口占全市常住人口的比重分别下降了9.5个百分点、3.4个百分点、5.8个百分点和7.14个百分点。大城市的新城、新区、城市副中心地带承载了大量的人口，但这些地区面临着公共服务供给不足的问题。因此，加快城镇地区的教育扩容，实际上是在推动城市内部人口和空间的一体化进程。

最后，推动城乡义务教育一体化的深入发展，确保常住人口都能享受到义务教育，为经济社会协调发展奠定坚实的城乡融合基础。这与新时代党和政府在教育领域强调的

① 郑磊，李庚，张绘.中国城乡义务教育一体化的发展现状、动力机制及政策路径[J].教育学报，2023，19(3)：86-99.

② 李剑萍.增强大城市高质量教育体系的带动作用[J].教育研究，2021，42(3)：23-25.

公平原则和创新社会治理的理念高度契合，强调教育发展的成果应由全体人民共享[①]。在城镇化进程中，新兴群体的教育问题与城市治理水平和公共教育服务供给能力紧密相连。例如，在就地/就近城镇化背景下，城镇留守儿童问题日益凸显；超大城市的人口疏解政策则导致了再迁儿童和回流儿童的出现[②]。然而，由于制度性障碍，劳动力这一关键要素在城乡间的自由流动并不顺畅，对消费、就业及社会阶层分割产生了深远影响。研究显示，中国国内流动人口的举家迁移率仅为20%，远低于国际水平[③]。城市提高落户门槛的政策增加了低技能转移人口（主要是农业转移人口）的居住成本，降低了他们获取教育资源的可能性，但对高技能转移人口则影响不大。这不仅是导致留守儿童现象的两个重要原因，还加剧了城市内部的社会分化[④]。城市对随迁子女设置的入学门槛增加了城市移民举家返乡的可能性，以及将随迁子女送回老家变成留守儿童的概率。这不仅加剧了留守儿童问题，还导致城市地区减少了1270万的劳动力供给[⑤]。因此，推动城乡义务教育一体化，确保常住人口全覆盖，对于教育体系而言，是推进“人口维度”一体化的重要举措。同时，实现教育公平，有助于经济社会发展，刺激消费、扩大就业，提高城乡居民的获得感、幸福感和安全感，促进农业转移人口的市民化，从而有力推动“人的城镇化”[⑥]。这一点已经引起了顶层设计的重视。例如，《中共中央 国务院关于支持浙江高质量发展建设共同富裕示范区的意见》明确提出，将“切实保障农民工随迁子女平等接受义务教育，逐步实现随迁子女入学待遇同城化”作为“率先实现城乡一体化发展”的关键目标[⑦]。

二、流动成为城乡义务教育一体化发展新的社会背景

1.快速城镇化推动了生源要素流动

城镇化是推动城乡义务教育一体化发展的基石。尽管我国的城镇化进程相较于发达国家有所滞后，但其步伐稳健且有力。2000年10月，党的十五届五中全会审议通过了国家“十五”计划，其中明确指出“我国推进城镇化的条件已逐渐成熟，应不失时机地实施城镇化战略”[⑧]。这一决策标志着我国城镇化建设的正式开启。随后，党的十六大报告和党的十七大报告对城镇化发展都给予了明确指导，进一步推动了我国城镇化的步伐。到2019年，我国的常住人口城镇化率已经超过60%，并预计到2025年，中国的城镇化率将

---

① 宋学勤.中国共产党教育公平思想的百年演进[J].北京师范大学学报(社会科学版),2021(3):5-13.

② 韩嘉玲,余家庆.离城不回乡与回流不返乡——新型城镇化背景下新生代农民工家庭的子女教育抉择[J].北京社会科学,2020(6):4-13.

③ 陆铭.教育、城市与大国发展——中国跨越中等收入陷阱的区域战略[J].学术月刊,2016,48(1):75-86.

④ 魏东霞,谌新民.落户门槛、技能偏向与儿童留守——基于2014年全国流动人口监测数据的实证研究[J].经济学(季刊),2018,17(2):549-578.

⑤ 吴贾,张俊森.随迁子女入学限制、儿童留守与城市劳动力供给[J].经济研究,2020,55(11):138-155.

⑥ 陆铭.新发展格局下的城市:若干系统性的理论问题[J].中国工业经济,2020(12):23-27.

⑦ 郑磊,李庚,张绘.中国城乡义务教育一体化的发展现状、动力机制及政策路径[J].教育学报,2023,19(3):86-99.

⑧ 中华人民共和国中央人民政府.中华人民共和国国民经济和社会发展第十个五年计划纲要[EB/OL].(2001-03-15)[2019-01-31].http://www.gov.cn/gongbao/content_60699.htm.

达到65.5%，保守估计新增农村转移人口将达到8000万人以上。城镇化发展的一个显著标志是城乡人口流动和交往日益频繁和复杂。《国家人口发展规划（2016—2030年）》预测，未来我国城乡人口流动将更加活跃，城市群层面的人口聚集密度将持续增大。人口是影响义务教育资源配置的关键因素，而促进人的发展和推动人口合理流动也是义务教育发展的重要目标。快速城镇化不仅为义务教育发展提供了坚实的经济基础，还带来了更为复杂的环境。

在城镇化的推动下，学校和学生的“城镇化率”也呈现出增长趋势。全国教育事业统计数据2019年显示，从2010年到2018年，我国进城务工随迁儿童在义务教育阶段的就学规模由1167.17万人上升至1424.04万人，城区中小学数量也逐年增加。据《中国农村教育发展报告2019》，仅2013年至2017年，城区学校数量就增加了0.1万所。通过调研走访安徽全椒县，我们发现，随着大量农村人口进城，2018年全椒县域范围内义务教育阶段农村学生仅占全县学生总数的24%。这导致了城市学位资源紧张，而乡村资源相对富裕的情况。以教师资源为例，根据全椒县“十三五”教育事业发展总结报告，在城镇化背景下，教师工作量出现了严重的不均衡。2018年，该县义务教育阶段占全县教师数65%的农村教师仅承担了24%的工作量，而占全县教师总数35%的县城教师却承担了76%的工作量。这种情况亟待进行资源的重新整合和优化，且根据《中国农村发展报告2020》的预测，到2025年我国城镇化率可能达到65.5%，意味着未来五年将有0.8亿的农村人口转移到城镇。城市义务教育资源的紧张状况将持续加剧，资源配置压力巨大，因此亟需调整资源配置策略。

2. 户籍制度改革加速了生源要素流动

城乡一体化发展的主要障碍之一是我国自20世纪50年代后期开始实施的户籍制度。这一制度将人口与特定的生活空间和生活资源紧密绑定，限制了人们的流动范围，从而造成了城乡之间的分隔。由于资源和政策往往因人而定，受到城乡空间限制的人们及其相关政策和资源也被分隔为城、乡两部分。因此，长期以来，我国城乡发展一直处于不同的政策体制之下，资源获取的公平性也存在明显差异。中共十八届三中全会明确指出，城乡二元结构是制约城乡发展一体化的主要因素，其中最为关键的是户籍制度所带来的身份限制。1958年颁布的《中华人民共和国户口登记条例》根据地域和家庭成员关系将户籍划分为农业户口和非农业户口，对农民进入城市及城乡间的人口流动施加了明确的限制。此外，当时的国内分配制度具有计划性，导致与户口制度相关的粮油供应、劳动就业、医疗保健、教育、福利等多项制度更倾向于城市户口，从而在城乡之间人为地建立了一道二元对立的高墙，严重影响了城乡教师之间的流动和编制的共享。

改革开放以来，随着经济体制和社会生产关系的变革，人们的生活方式和迁移习惯发生了巨大变化，流动性日益增强。因此，原先的户籍管理制度已无法满足当前国家人口管理和社会服务的需要，户籍制度改革也在不断探索中推进。2014年，随着城镇化的推进和人口流动的日益频繁，《国务院关于进一步推进户籍制度改革的意见》（国发〔2014〕25号）明确提出“取消农业户口与非农业户口的性质区分，以及由此衍生的其他户口类型,统一登记为居民户口”,同时,建立与统一城乡户口登记制度相适应的教育、卫生计生、就业、社保、住房、土地及人口统计制度,逐步实现城乡居民平等享有公共服务和社会福利待遇①。这一改革旨在消除过去附着在户口上的福利差异,实现基本公共服务的均等化,真正体现“以人为本”和人人平等的原则。

进入21世纪后,为了缩小城乡差距,国家出台了一系列住房和就业保障政策,鼓励农民进城。2001年,《中华人民共和国国民经济和社会发展第十个五年计划纲要》明确指出,要打破城乡分割体制,逐步建立市场经济体制下的新型城乡关系。这包括改革城镇户籍制度,形成城乡人口有序流动的机制,消除对农村劳动力进入城镇就业的不合理限制,引导农村富余劳动力在城乡、地区间有序流动。同时,要废除阻碍统一市场形成的各种规定,坚持城乡统筹的改革方向,推动城乡劳动力市场逐步一体化。到了2021年1月,中共中央办公厅和国务院办公厅联合印发了《建设高标准市场体系行动方案》,提出了试行以经常居住地登记户口制度的户籍政策,旨在有序引导人口落户,为非户籍人口提供更为公平的服务。这一政策将进一步促进城乡人口的交流与互动。如果说户籍制度的逐步放宽促进了城乡义务教育一体化发展,那么在此基础上的人口流动则为城乡义务教育一体化带来了新的挑战和机遇。目前,我国人口流动呈现出日益多元化的趋势。一方面,乡村人口持续流入城市,这包括贫困地区人口向发达地区的流动,给城乡接合部的农民子女教育带来了新问题,也涉及到城市居民与进城农民子女的融合问题。此外,还有乡村留守儿童的教育问题,以及乡村优秀教师流向城市学校后所面临的文化融入和教学适应性问题。另一方面,外来人口也开始流入乡村,包括进入乡村的各种援建人员,如支农、支教、扶贫专项工作人员等。这些人群所带来的文化对乡村本土文化的冲击与融合问题,也会对乡村教育的价值观和教育方式产生影响。同时,我们还看到了乡村外出人口的回流现象。这些回流人员给乡村经济发展和教育发展所带来的影响,以及他们子女的教育问题,都是城乡义务教育一体化需要考虑的重要因素。综上所述,人口流动问题不仅仅是简单的“城镇拥挤”或“乡村薄弱”的问题,更是城乡义务教育一体化过程中必须面对和解决的现实问题。

3.城乡公共交通便利了生源要素流动

人口流动离不开交通的支持,而目前城乡公共交通网络的日益完善为城乡居民的流动提供了便捷的环境。一方面,城乡之间的道路交通已经变得四通八达。从2013年至2015年,全国乡村道路建设迅速推进,道路建设长度逐年增加,从2013年的228.0万公里增加到2015年的239.3万公里②。2016年,国家发展改革委联合交通运输部、国务院扶贫办(现国家乡村振兴局)印发了《关于进一步发挥交通扶贫脱贫攻坚基础支撑作用的实施意见》,提出大力推进交通网络双百工程建设。这意味着过去农村那种“无风三尺土,有

① 黄明.权威访谈:一项助圆亿万人市民梦的重大改革[EB/OL].(2014-07-31)[2017-10-14].http://www.gov.cn/xinwen/2014-07/31/content_2727405.htm.

② 马兴.城乡义务教育一体化发展研究——要素流动与资源配置互动的视角[D].芜湖:安徽师范大学,2021:66-67.

雨一身泥”的情况已经得到了根本改善，现在公路纵横交错，农村公交已经实现了“乡乡通”。特别是一些山区，也改变了过去那种“这山看不见那山”的闭塞状态，使得城市人进入乡村、乡村接近城市成为可能。

《国家新型城镇化规划(2014—2020年)》更是明确提出了目标：“到2020年，普通铁路网将覆盖20万以上人口城市，快速铁路网基本覆盖50万以上人口城市；普通国道将基本覆盖县城，国家高速公路基本覆盖20万以上人口城市；民用航空网络不断扩展，航空服务覆盖全国90%左右的人口。”这一宏伟的交通网络建设规划，必将对城乡居民的生活方式产生深远影响，促进城乡人口之间的流动。这种流动必然会产生不同的教育资源需求，进而推动教育资源配置的改革。综上所述，城乡公共交通网络的不断完善为城乡居民的流动提供了有力支持，而这种流动又将促进教育资源配置的改革，以满足不同人群的教育需求。

三、教育现代化需要城乡义务教育一体化发展

1.义务教育发展以人民为中心愈发明显

教育被重新定位为党之大计、国之大计，这一转变不仅标志着教育战略地位的提升，更体现了教育发展观念的深刻变革。这种变革将对我国教育政策的定位产生深远影响。建国初期，教育主要服务于生产力发展和国家经济建设，处于从属地位。在资源有限的情况下，为了快速发展生产，有限的资源主要集中于部分学校，甚至借助乡村资源推动城市经济的快速发展，培养符合城市需求的人才。因此，当时的政策扶持重心偏向城市，城乡“二元结构论”成为普遍接受的观念[①]。作为人才培养的摇篮，教育也被划分为城市教育与乡村教育，城市教育成为优先发展的重点，导致城乡教育发展步伐不一致，存在明显的不均衡现象。将教育定位为党之大计、国之大计，不仅凸显了教育在社会进步和国家建设中的关键作用，更彰显了国家以人民为中心的治理理念和追求。国家只有确立教育在党之大计、国之大计中的核心地位，才能更好地体现教育的人民性，关注民生问题。城乡义务教育发展的非一体化状态影响了教育公平的水平和人的全面发展。随着社会的不断发展和人民对公平正义的日益追求，关注民生、促进社会公平正义已成为时代的要求。我们致力于实现“五有”目标，即确保全体人民有学上、有活干、有病医、有老养、有屋住。

在党的十七大报告中，胡锦涛强调要加快推进以改善民生为重点的社会建设，并提出了基本要求，深刻揭示了“改善民生”与“促进社会公平正义”之间的内在联系。作为关系国计民生的教育事业，不仅要满足人民的教育需求，还要承担起公平满足民生教育需求的责任。2017年党的十九大报告明确指出，中国特色社会主义进入了新时代，社会主要矛盾发生了新变化，解决这些矛盾需要实现人民对优质教育的需求。然而，城乡教育发展的不平衡和不充分严重影响了人民享受教育发展成果的公平性。义务教育是每个

① 汤爽爽，孙莹，冯建喜.城乡关系视角下乡村政策的演进：基于中国改革开放40年和法国光辉30年的解读[J].现代城市研究，2018(4):17-22,29.

适龄儿童应尽的义务，这一机会已通过法律形式赋予所有儿童。但要确保他们真正享有这一机会，还需要相应的配套资源作为保障。因此，为进一步推进城乡义务教育均衡发展，必须实现城乡义务教育资源在一定范围内的整合与一体化①。

2.义务教育发展的人本理念愈发突出

人的发展是推动我国城乡义务教育一体化的核心动力。许多前期研究指出，城乡义务教育一体化的起因在于城乡经济和社会的一体化进程。但实际上，教育的本质在于人的发展，它具有深厚的人文性，其发展必须顺应人性的需求。从一开始，教育就超越了区域和阶级的界限，年长的人向年幼的人传授基本生活技能，无论身处何地，每个人都享有发展的权利，都应接受合适的教育。在探讨城乡义务教育一体化的过程中，我们过去更多地从城乡社会的整体角度考虑如何推进教育的融合发展，却忽视了人是社会的主体，人的行动对社会结构产生了深远的影响。义务教育中人的流动是教育发展不平衡、不充分的直接体现，也反映了教育资源配置的不均衡和不充分。

简而言之，从社会学角度看，城乡义务教育一体化是对以人为本的城镇化的积极回应；从政治学角度看，它体现了党执政为民的理念；从教育学角度看，它是满足人们对美好教育需求的重要途径，始终围绕人的发展和需求展开。在新的发展阶段，基于人口流动的资源配置均衡的城乡义务教育一体化，正是这些思想的综合体现和现实需求。这种城乡义务教育一体化的理念，并非像经济一体化或社会管理一体化那样固定不变，而是一种“项目”或理念，是在实践中不断调整和发展的。它不仅仅是空间上的一体化，更包括观念和制度的一体化。在当前科技条件和人口流动的情况下，空间一体化已不再是难题，但观念和制度的一体化却更具挑战性，特别是在教育领域。人类社会的进步有其普遍规律和认同的标准，这些标准随着历史的发展而不断变化，但其核心始终指向人的发展。社会是实现人的全面自由发展的基础，社会进步的尺度与人自身的全面发展尺度是内在统一的。教育作为国之大计、党之大计，体现了党执政为民的核心思想，执政为民、办教为民，人口流动的需求成为党配置教育资源的基本依据②。

四、经济发展为城乡义务教育一体化发展奠定了经济基础

1.人口流动的经济基础得到保障

在国民经济发展的初期阶段，由于经济的地区性差异，经济较为落后的地区的人口往往会流向经济更为发达的地区，以寻找更好的就业和物质生活机会。然而，由于户籍制度以及与之相关的人口福利问题，这种人口流动往往局限于较小的家庭范围，家族式的整体迁移相对较少，尤其是青少年和儿童随同迁移的比例较小。因此，在这一阶段，流动人口所带来的教育问题并未凸显为主要的社会问题。

随着国民经济水平的提升，国民收入普遍增加，特别是农村居民的人均收入显著增长。这使得更多的乡村民众有了更好的经济条件，可以为了获取更好的教育资源而选择

① 马兴.城乡义务教育一体化发展研究——要素流动与资源配置互动的视角[D].芜湖:安徽师范大学,2021:46-49.
② 马兴.城乡义务教育一体化发展研究——要素流动与资源配置互动的视角[D].芜湖:安徽师范大学,2021:66-67.

迁移，如进城陪读或通过购买城市房产来改变学籍，进入城市学校学习。同时，国民经济的增长也推动了各行各业的蓬勃发展，特别是城市基础设施和公共服务领域，为乡村民众提供了大量的就业机会。这吸引了大量农村劳动力进入城市务工，进而催生了现今的家族式进城现象。随着这种家族式进城趋势的增强，进城务工人口子女的教育需求问题也日益凸显。全国教育事业发展统计公报显示，2019年我国义务教育在校生中，有1426.96万人是进城务工的随迁子女，相比2018年增加了2万多人。这一问题已经引起了社会的广泛关注，并成为当前教育领域的重要议题。

2.教育发展的经费投入得到保障

教育作为社会的基本公共服务，其质量的提升与社会经济基础的优越性紧密相连。正如习近平总书记所强调的："实现社会公平正义是由多种因素决定的，最主要的还是经济社会发展水平。"城乡义务教育一体化不仅仅是一个提供优质服务的项目，更是一个旨在弥补差距、助力弱势群体的公益事业。这一切都需要坚实的经济支撑。从国家统计局的数据中，我们可以看到改革开放以来，我国经济在全球经济总量中的比重逐年上升。尽管2020年面临疫情的严峻挑战，我国经济依然保持了稳定的增长，国内生产总值达到了101.6万亿元。这一显著的经济增长，得益于我国改革开放以来经济的稳步提升，为各行各业的发展，包括教育，提供了坚实的经济基础。1991—2019年，全国教育经费总投入从732亿元增长到50 178.12亿元，充分体现了国家对教育的重视和投入。特别是自2012年以来，国家财政性教育经费占国内生产总值的比重连续六年保持在4%以上，这为我国教育的发展奠定了坚实的经济基础①。有了这样的经济基础，我国教育的办学水平、办学规模和师资队伍水平都得到了极大的提升。城乡教育之间的差距正在逐步缩小，乡村教育的办学条件得到了显著改善。如今，乡村学校的建筑进一步完善，实现了"一无两有"和"六配套"的基本目标。为了进一步推动教育的均衡发展，2018年发布的《国务院办公厅关于进一步调整优化结构提高教育经费使用效益的意见》(国办发〔2018〕82号)强调了要在义务教育领域全面建立基于人口流动的生均拨款制度，确保每一个适龄儿童都能享受到义务教育的保障。这充分展示了我国政府对教育的重视和承诺，也反映了我国教育事业的蓬勃发展②。

3.乡村振兴战略的经济支持得到保障

城乡义务教育一体化的难点和挑战主要集中在乡村地区，基于历史原因导致的乡村发展滞后制约了城乡教育均衡发展。要推动城乡义务教育一体化，关键在于提升乡村义务教育的质量，而这又依赖于乡村社会的全面发展。在党的十九大报告中，习近平总书记明确提出了坚持农业农村优先发展，实施乡村振兴战略。2018年，国家印

① 国家统计局.服务业在改革开放中快速发展 擎起国民经济半壁江山——改革开放40年经济社会发展成就系列报告之十[EB/OL].(2018-09-10)[2019-01-31]. http://www.stats.gov.cn/ztjc/ztfx/ggkf40n/201809/t20180910_1621829.html.

② 马兴.城乡义务教育一体化发展研究——要素流动与资源配置互动的视角[D].芜湖：安徽师范大学，2021：64-65.

发的《乡村振兴战略规划(2018—2022年)》进一步明确了"优先发展农村教育事业""全面改善贫困地区义务教育薄弱学校基本办学条件""加强寄宿制学校建设,提升乡村教育质量"等目标,为乡村振兴战略和乡村义务教育的发展开启了新篇章。

乡村振兴战略作为全面建成社会主义现代化强国的关键战略之一,旨在通过以工促农、以城带乡的方式,推动城乡融合发展,缩小城乡差距,促进乡村全面振兴。这一战略的实施不仅有助于加强乡村基础设施建设、加快乡村经济社会发展,还能优化乡村社会环境,为城乡义务教育一体化提供坚实的支撑。随着乡村振兴战略的深入实施,乡村经济得到了显著发展,乡村义务教育发展的社会环境也得到了极大改善。这主要体现在以下几个方面。

首先,乡村教育的构成要素得到了稳定。通过大力发展乡村企业、改善乡村务工条件,不仅留住了乡村劳动力,还有效地缓解了城镇学校拥挤和城镇教育负担压力大的问题。这为乡村义务教育提供了稳定的生源基础。其次,乡村振兴战略的实施改善了乡村人文文化,活跃了乡村自然文化,为乡村带来了人气和活力。这有助于吸引和留住优秀师资,为乡村教育发展注入新的动力。最后,乡村振兴战略优化了乡村义务教育发展的媒介因素。通过改善经济、交通、文化、基本公共服务等基础设施,为乡村义务教育提供了更好的发展条件。从城乡义务教育融合发展的角度来看,乡村振兴战略促进了城乡经济社会的融合,为城乡义务教育一体化创造了有利的社会环境。因此,我们应抓住乡村振兴战略的机遇,积极推进城乡义务教育一体化进程①。

五、教育体系的现有成就是城乡义务教育一体化发展的教育基础

1.义务教育发展实现了量的基本均衡

教育的发展虽然受到政治和经济的深远影响,但它自身也遵循着一定的规律,能够自主发展。随着城乡经济社会一体化的推进和人们对社会公平的追求,教育领域的公共政策也经历了范式转化。政府决策层开始意识到必须改变传统的城乡教育发展格局,转而建立城乡一体化的教育发展模式。义务教育的基础性、先导性和全局性特点,要求城乡之间的教育需要实现无差距。从历史角度看,教育差距的存在是教育发展的常态。然而,当这种差距成为进一步扩大差距的直接原因时,就意味着它已经接近教育发展的临界点。随着对教育差距的关注和反思加深,消除这种差距成为国家决策的重点。因此,教育均衡发展被确立为教育发展的定位和目标,并写入教育发展的战略目标和基本理念。2002年,《教育部关于加强基础教育办学管理若干问题的通知》(教基〔2002〕1号)首次将均衡发展列为义务教育的战略性任务。2005年印发的《教育部关于进一步推进义务教育均衡发展的若干意见》(教基〔2005〕9号)是第一个全面阐述国家义务教育均衡发展的政府文件。该文件指出,在新的形势下,义务教育在区域、城乡、学校之间的原有差距仍在进一步扩大,要求各级政府和教育主管部门采取措施,制止这种不均衡发展。随后,

① 马兴.城乡义务教育一体化发展研究——要素流动与资源配置互动的视角[D].芜湖:安徽师范大学,2021:68-69.

国家和地方采取了多项措施，如遏制乱收费、实施就近入学政策等，以消解城乡教育差距，并确立了依据实际情况分步骤、分地区实现义务教育均衡发展的政策目标。

至2010年底，我国已有2856个县（市、区）基本普及了九年义务教育。到2011年底，所有省（自治区、直辖市）都正式通过了国家级九年义务教育普及检查验收。这意味着当前我国100%的人口所在地区都已经普及了九年义务教育。在普及的过程中，国家也期待在义务教育领域实现均衡发展。为此，国家取消了重点学校政策，实施了薄弱学校改善计划，这些措施在一定程度上弱化了校际之间的不均衡。然而，由于城乡地区的发展水平存在差异，特别是义务教育发展的质量问题，城乡之间的教育差距仍然巨大。

2. 义务教育发展进入高质量发展阶段

党的十九届五中全会审议通过的《中共中央关于制定国民经济和社会发展第十四个五年规划和二〇三五年远景目标的建议》明确提出了"建设高质量教育体系"的战略目标，并强调了"推动义务教育均衡发展和城乡一体化"的重要性。城乡义务教育一体化不仅是构建高质量教育体系的基础工程，还是推动教育公平和社会进步的关键环节。高质量教育体系的本质要求是实现城乡义务教育一体化的高质量发展，这意味着必须全面提升城乡义务教育的教学质量，全面贯彻党的教育方针，落实立德树人根本任务，坚持有教无类，全面实施素质教育，促进学生的全面发展。这样的教育体系应确保每一位学生都能获得充分的发展机会和能力，使人民对教育的满意度不断提高。

尽管我国城乡社会发展取得了显著成就，但仍然存在不平衡不充分的矛盾。城乡义务教育自身也面临着诸多质量瓶颈，如城乡义务教育发展质量不均引发的乡村民众向城市教育流动带来的城镇生源压力大、乡村义务教育学校萧条现象；城乡义务教育价值取向不一致带来的儿童发展进路有别现象；城乡教师素质差异带来的教育理念差异问题等。这些都严重制约了城乡义务教育质量的提升，尤其是乡村义务教育质量提升的任务仍然艰巨。一是乡村义务教育有教无类的基础尚待加强。截至2019年底，我国义务教育控辍保学率尚未达到100%，确保普及义务教育是提升义务教育质量的基础。二是城乡儿童就学进路选择存在差异。根据"中国教育追踪调查"（China Education Panel Survey，CEPS）对全国28个县级单位的调查数据，城乡儿童发展进路最大的差距体现在初中毕业升入高中的概率上。农村生源为主的农村中学初中毕业生升入重点高中的比例（26.90%）明显低于中心城区学校学生升入重点高中的比例（42.80%）[①]。由于当前我国乡村职业教育发展尚不充分，不能进入高中就意味着很多乡村儿童可能面临离开学校教育的风险，这对国民整体素质的提升产生了一定的影响。同时，这也导致了乡村民众对学业成绩的过度重视，忽视了素质教育，从而影响了人的全面发展。因此，高质量的义务教育不仅是城乡一体化的义务教育，还是公平的教育，是能促进人的全面发展和社会全面进步的教育。满足人的流动需求，为人的流动提供丰富而优质的义务教育资源，是当前城乡义务教育一体化的重要任务[②]。

① 余秀兰.关注质量与结果：我国教育公平的新追求[J].南京师大学报（社会科学版），2019(1)：29-38.

② 马兴.城乡义务教育一体化发展研究——要素流动与资源配置互动的视角[D].芜湖：安徽师范大学，2021：59-63.

综上所述,城乡义务教育一体化发展的社会背景等因素的变化更加凸显了城乡融合发展的重要性。要素流动与资源配置已经成为城乡义务教育一体化的基本要求。推进城乡义务教育一体化的根本目的在于,在坚持义务教育基本权利的基础上,通过资源的均衡配置、要素的自由流动和优质教育资源的共享,逐步缩小城乡义务教育发展差距,实现城乡义务教育的共同发展、共同进步。这是推进城乡义务教育一体化的核心目标。为了构建基于要素流动与资源配置互动的城乡义务教育一体化政策体系,我们需要加快城乡义务教育一体化资源的统筹,确保每一个适龄儿童都能公平地享有义务教育资源。我们必须立足国情,了解社会发展需要,把着力点放在要素流动与资源配置的互动上,形成要素流动与资源配置互动的良性机制。具体目标是实现优质义务教育资源的共建共享,城乡义务教育要素流动的合理化,为人的全面发展和社会全面进步发挥义务教育的基础性、奠基性作用。

第四章　区域城乡义务教育一体化发展的现状调查

第一节　区域城乡义务教育一体化发展现状的调查设计

随着我国城乡经济的快速发展和社会进步，义务教育在国家发展战略中扮演着举足轻重的角色。然而，在城乡发展不平衡的大背景下，城乡义务教育之间的差异仍然存在，给全面建设社会主义现代化国家带来了一定的挑战，因此，城乡义务教育一体化发展成为当前中国教育体制改革的重要议题之一。城乡义务教育一体化发展旨在缩小城乡之间的教育差距，促进教育资源的均衡分配，为每个孩子提供平等、优质的教育机会。

城乡义务教育一体化发展涉及国家全面建设社会主义现代化国家的大局，关系到农村居民的基本教育权益，也是破解城乡二元结构的重要方面。通过深入了解城乡义务教育的发展现状，我们能够更加全面地认识城乡差距，这有助于形成有针对性的政策，提高农村居民的受教育水平，促进城乡教育均衡发展。为了全面了解城乡义务教育一体化发展的现状，本调查设计将从调查思路和目标入手，明确调查对象，并设计调查问卷及案例访谈的相关内容。

一、调查思路和目标

1. 调查思路

我国正处于经济社会快速发展的关键时期，城乡发展差距逐渐凸显。在这一大背景下，教育作为国家发展的基石，其在城乡之间的不平衡分布问题亟待解决。城市与农村在教育资源配置、教学质量、师资水平等方面存在差异，这直接影响农村学生的受教育权益和城乡人才结构的合理性。

本调查计划通过各种途径，如收集资料与数据、展开问卷调查及进行案例采访等多种手段，将目前重庆市区域城乡义务教育一体化发展的真实状况呈现给公众。近年来，重庆市地方政府一直在积极推进均衡发展建设，取得了一定的成绩。但在调查过程和对结果的分析中，也发现了一些发展中存在的不足和面临的问题。这次调查聚焦重庆市区域城乡义务教育一体化发展的现况，通过调查分析、借鉴比较和科学探索，以尊重真实情况和借鉴先前研究成果为前提，旨在为深入研究有效的区域城乡义务教育一体化发展途径做充分准备，努力实现理论研究与实践探索的有机结合。

2. 调查目标

本调查的目的在于全面、客观地了解城乡义务教育一体化发展的现状，深入挖掘城市与农村教育存在差异的原因，为相关决策提供科学的数据支持，为促进城乡义务教育一体化发展提供参考，推动城乡教育均衡发展的步伐。

首先，深入研究重庆市区域城乡义务教育一体化发展的实际状况，全面了解并掌握一体化发展在实践探索和理论研究方面的情况。

其次，针对不同群体，即教师、学生及家长，精心设计专属于他们的调查问卷，从多个角度全面了解区域城乡义务教育一体化发展的现况。

再次，制定翔实的访谈提纲，深入挖掘区域城乡义务教育一体化发展的现状，以更为全面的方式获取信息。

最后，通过系统的调查、深入的分析和全面的研究，获取第一手资料，为进一步探索区域城乡义务教育一体化发展的路径提供坚实基础。

二、调查对象和内容

1. 调查的范围及对象

此次研究首先梳理了重庆市区域城乡义务教育一体化发展的体制、规划等方面内容，总结了主管机关发布的年鉴、分析报告等资料，以形成对重庆市城乡义务教育一体化发展的整体认知。然而，鉴于该领域发展速度较快，直观的数据统计和政策规划分析尚不够全面。为了更全面、具体地了解当前状况，本研究特别设计了重庆市区域城乡义务教育一体化发展现状的调查问卷和深度访谈提纲。从社会公众各方参与者的角度出发，期望更直接地获取有关重庆市区域城乡义务教育一体化发展现状的信息，以使研究更具客观性和实质性。

表4–1主要阐述了调查范围和对调查对象的明确定义。在实际进行问卷调查和个体访谈时，我们将严格按照该设置进行标准化预设置处理，以确保调查的严谨性和准确性。明确范围和设定对象有助于规避潜在的偏差，从而降低后续统计数据的失真和数据无效性的风险。通过遵循这一规范化的方法，我们期望能够获取更为可靠和有代表性的调查结果，以支持对重庆市区域城乡义务教育一体化发展现状的深入理解。

表4–1　调查范围和对象简况表

项目	说明
调查范围	重庆市主城区、近郊和远郊区县
调查对象	教师、家长、学生

2.调查的形式及内容

调查的主要内容包括城市与农村义务教育资源配置、教学质量、学生受教育程度等方面的情况。通过定量和定性相结合的方法，收集和分析相关数据，明晰重庆市区域城乡义务教育一体化发展的现状，并提出相应的政策建议。

在本研究中主要选用两种调查研究形式和方法：问卷调查、案例访谈。对重庆市区域城乡义务教育一体化发展现状的调查内容也着重表现在以下两个方面。

一方面是主要采用问卷调查，针对教师、家长、学生三大主体进行调查。第一，对于教师，教师是义务教育的执行者，需要获取教师群体对于重庆市区域城乡义务教育一体化发展推进工作的满意情况、相关意见及建议；第二，对于家长，家长是最关心义务教育执行情况的群体，要着重了解此群体对于学校办学条件、教育水平的了解程度及对孩子学习发展情况的满意程度；第三，对于学生，学生作为义务教育的受众和落脚点，对义务教育发展水平和落实质量具有最直接的发言权，需要关注此群体在接受义务教育过程中的相关体验与意见。

另一方面是进行对教师、家长和学生的采访，重点包含对目前重庆市区域城乡义务教育一体化发展现状、管理部门实施的具体措施和当前已取得的成效等的知悉，此外还针对发展中仍存在的现实问题、相关部门的改进政策与师生和家长的建议进行了采访。

表4–2主要规定了调查形式和调查内容，在实际进行问卷调查和个体访谈时，我们将严格按照表中要求进行操作，确保在调查过程中准确把握形式与内容范围，避免出现范围和对象的偏差，规避可能导致后续统计数据失真和数据无效性的问题。通过严格遵循这一设置，我们期望能够保障调查的可信度和有效性，使得最终获得的数据具备实际参考价值，有助于对重庆市区域城乡义务教育一体化发展现状进行准确评估。

表4-2 调查内容和形式简况表

项目	说明
调查形式	问卷调查、案例访谈
调查内容	调查问卷内容、访谈记录

三、调查内容设计

1.调查问卷设计

(1)问卷设计过程。

在本研究中,调查问卷的设计是一个至关重要的步骤。为确保问卷能够科学而全面地反映重庆市区域城乡义务教育一体化的现状,本书在设计问卷之前进行了大量阅读,涵盖了教育研究方法和城乡义务教育研究的相关书籍,并查阅了相关的硕博论文。在这些文献资料的基础上,结合乡村振兴战略的核心要义,包括产业振兴、人才振兴、文化振兴、生态振兴、组织振兴等五大方面,拟定了重庆市区域城乡义务教育一体化现状的调查问卷。这种综合性的设计可使问卷更贴近实际情况,从多个维度全面了解调查对象的看法和经验,提高研究的深度和广度。

(2)问卷主要内容。

重庆市区域城乡义务教育一体化现状调查问卷由三部分构成。

引导语:在问卷的起始部分,将提供一份简要的引导语,明确问卷的目的和用途。这既有助于调查对象更好地理解问题,又有助于消除他们可能存在的疑虑,从而确保获得真实可靠的数据。此外要向调查对象表达真诚的感谢,以展现对他们参与的重视和感激。

调查对象基本信息:此部分涉及被调查对象的基本信息,包括年龄、性别、职业、受教育程度、收入状况等。这些问题分布在问卷的第1至第6题,以便后续进行描述性统计与分析。通过收集这些基本信息,能够更好地理解不同群体对城乡义务教育一体化发展的看法和需求。

问卷主体:本部分构成了调查问卷的核心,采用全封闭结构,主要以选择题的形式呈现(包括单选和多选)。问题设计将全面涵盖城乡义务教育一体化发展的各个方面,以便获取参与者对于该领域的多元看法和观点。这一部分的设计旨在使数据收集更为系统和全面,为后续的分析提供更为丰富的素材。

(3)问卷维度设计。

通过梳理有关区域城乡义务教育一体化现状的研究文献,并分析相关研究,同时结合本研究涉及的乡村振兴战略核心要义,包括产业振兴、人才振兴、文化振兴、生态振兴、组织振兴,本研究将重庆市区域城乡义务教育一体化现状调查问卷问题设置为四个一级维度,分别是资源配置情况、师资建设情况、相关经费情况和组织管理情况。在此基础上,为满足研究的具体需求,我们进一步细化出了多个二级维度。问卷维度的设计详情请见表4-3至表4-5。

表4-3　重庆市区域城乡义务教育一体化现状调查问卷设计维度表(针对教师)

一级维度	二级维度	问题
资源配置情况	基础设施	您所在学校的基础设施是否完善?
		您认为以下哪些基础设施有待改善/增加?
	资源整合	您所在学校的哪些教育资源做到了对外开放?
		您所在学校使用对外开放的教育资源情况如何?
师资建设情况	工作态度	您所在学校教师的工作态度是?
	教学水平	您所在学校教师的教学水平是?
	教师提升	您参加教师培训的频率是?
		您认为公开的教研活动对您帮助大吗?
相关经费情况	收费情况	您所在学校的教育相关活动收费难易情况是?
	经费数量	您所在学校的教育经费数量情况是?
	经费来源	您所在学校的教育经费来源情况是?
	经费管理	您认为所在学校教育经费管理是否合理?
组织管理情况	授课安排	您对当前学校的授课安排与管理是否满意?
	工作待遇	您对当前的工作待遇是否满意?
	学生管理	您对所在学校的学生组织管理是否满意?

表4-4　重庆市区域城乡义务教育一体化现状调查问卷设计维度表(针对家长)

一级维度	二级维度	问题
资源配置情况	基础设施	您对学校的办学理念和办学目标满意吗?
		您对学校的校园办学条件满意吗?
	特色活动	您对学校开展的各类校内外实践活动满意吗?
		您对学校的办学特色满意吗?
师资建设情况	师德师风	您对学校教师的师德师风和品德素养满意吗?
	教学水平	您对教师的教育教学水平和成效满意吗?
	教学成效	您对孩子在学校中个性与特长的发挥满意吗?
		您对孩子的学习成绩和在校表现满意吗?
相关经费情况	收费情况	您孩子所在学校的教育相关活动收费多吗?
		您对孩子所在学校的教育收费情况满意吗?

续表

一级维度	二级维度	问题
相关经费情况	经费使用	您对孩子所在学校的教育经费使用情况了解吗?
	经费管理	您认为孩子所在学校的教育经费管理是否合理?
组织管理情况	学生管理	您对学校的管理水平和管理服务满意吗?
		您对孩子所在学校的学生组织管理是否满意?
	管理成效	您对学校实施素质教育、减轻学生负担的成效满意吗?

表4-5　重庆市区域城乡义务教育一体化现状调查问卷设计维度表(针对学生)

一级维度	二级维度	问题
资源配置情况	基础设施	学校有图书馆、艺体专用教室吗?
		您常常到这些功能教室去上课吗?
		学校操场在大课间集体活动时空间够用吗?
		学校班级小学超过45人(中学超过50人)的班级多吗?
	特色活动	您所在的学校具有悠久的办学历史和明确的办学理念吗?
		学校开设兴趣小组或社团吗?
师资建设情况	工作态度	您感到老师品德高尚、严于律己,在生活和学习中为我们作出了榜样吗?
		教师经常和家长沟通您的学习情况和全面发展情况吗?
	教学成效	对自己的学习成绩和在校表现满意吗?
	教师数量	您的学校师资力量雄厚,拥有很多本市名师吗?
相关经费情况	收费情况	您所在学校的教育相关活动收费多吗?
	经费使用	您对学校的教育经费使用情况了解吗?
组织管理情况	授课安排	学校的艺术、体育、劳动、信息课程未上或被其他课程代替的现象多吗?
		学校在周末或节假日要求您回校补课或推荐到培训机构补课吗?
		学校有教师在周末或者节假日私自招收学生,进行有偿补课的现象吗?

2.案例访谈设计

为了增强访谈的有效性和针对性,本书根据不同类型的访谈对象分别设计了访谈提纲。与调查问卷的内容大致相同,针对重庆市区域城乡义务教育一体化现状的调查访谈提纲主要从资源配置、师资建设、经费投入和组织管理这四个维度出发，详见附录4到附录6。为了提高访谈质量和效率，在访谈前将访谈问题提前告知被访者，以确保正式访谈时间能够控制在30分钟左右。访谈主要采取电话访谈的形式，每位被访者的人均访谈次数为2~3次，以获取更全面深入的信息。通过这样的访谈设置，我们期望能够深入了解不同层面、不同角度的意见和经验，为研究提供更加丰富和具体的数据支持。

四、调查结果

本次调查时间集中在2023年7—8月，面向教师、学生、家长分别发放231、834、922份问卷，各收回209、788、855份问卷，结果展示如下。

1. 教师现状调查结果

据统计，参与本次调查的教师群体中，有53%来自城市学校，有47%来自乡村学校，以下将对城市与乡村调查结果进行分开展示。

（1）城市学校教师调查结果。

表4-6　基本情况表（城市教师）

统计变量	分类	百分比
性别	男	37%
	女	63%
教龄（不足1年按1年计）	1~5年	19%
	6~10年	36%
	11~20年	24%
	21年及以上	21%
学历	大专及以下	4%
	本科	88%
	研究生及以上	8%
职称	初级	12%
	中级	51%
	高级	37%
任教学段	小学	53%
	初中	47%

表4-7 资源配置情况表(城市教师)

统计变量	分类	百分比
基础设施	非常完善	21%
	基本完善	62%
	不太完善	15%
	很不完善	2%
待改善基础设施	上课场地	7%
	教学器具	12%
	多媒体器具	36%
	其他	45%
对外开放教育资源	图书馆	20%
	实验室	12%
	公开课	61%
	其他	7%
使用对外开放的教育资源情况	经常使用	53%
	偶尔使用	21%
	基本不使用	20%
	完全不使用	6%

表4-8 师资建设情况表(城市教师)

统计变量	分类	百分比
教师的工作态度	非常负责	42%
	比较负责	50%
	不太负责	6%
	完全不负责	2%
教师的教学水平	非常高	31%
	比较高	44%
	比较低	21%
	非常低	4%
参加教师培训的频率	经常	67%

续表

统计变量	分类	百分比
参加教师培训的频率	偶尔	20%
	不参与	13%
公开的教研活动的帮助度	影响很大	61%
	一般	22%
	作用不大	17%

表 4–9 经费投入情况表（城市教师）

统计变量	分类	百分比
教育相关活动收费难易情况	非常容易	33%
	比较容易	37%
	比较难	20%
	非常难	10%
教育经费数量情况	非常充足	26%
	比较充足	51%
	比较缺乏	20%
	非常缺乏	3%
教育经费来源情况	政府拨款	93%
	社会捐助	5%
	学习者自费	2%
	其他	0%
学校经费管理	非常合理	35%
	比较合理	64%
	不太合理	1%
	不合理	0%

表 4–10 组织管理情况表（城市教师）

统计变量	分类	百分比
授课安排与管理	非常满意	12%
	比较满意	34%

续表

统计变量	分类	百分比
授课安排与管理	一般	31%
	不太满意	23%
当前的工作待遇	非常满意	21%
	比较满意	33%
	一般	32%
	不太满意	14%
学生组织管理	非常满意	24%
	比较满意	37%
	一般	33%
	不太满意	6%

(2)乡村学校教师调查结果。

表4-11　基本情况表(乡村教师)

统计变量	分类	百分比
性别	男	41%
	女	59%
教龄 (不足1年按1年计)	1~5年	10%
	6~10年	16%
	11~20年	34%
	21年及以上	40%
学历	大专及以下	24%
	本科	73%
	研究生及以上	3%
职称	初级	39%
	中级	44%
	高级	17%
任教学段	小学	59%
	初中	41%

表 4–12 资源配置情况表(乡村教师)

统计变量	分类	百分比
基础设施	非常完善	15%
	基本完善	32%
	不太完善	43%
	很不完善	10%
待改善基础设施	上课场地	33%
	教学器具	27%
	多媒体器具	32%
	其他	8%
对外开放教育资源	图书馆	69%
	实验室	3%
	公开课	8%
	其他	20%
使用对外开放的教育资源情况	经常使用	1%
	偶尔使用	24%
	基本不使用	32%
	完全不使用	43%

表 4–13 师资建设情况表(乡村教师)

统计变量	分类	百分比
教师的工作态度	非常负责	45%
	比较负责	33%
	不太负责	22%
	完全不负责	0%
教师的教学水平	非常高	14%
	比较高	30%
	比较低	43%
	非常低	13%

续表

统计变量	分类	百分比
参加教师培训的频率	经常	0%
	偶尔	31%
	不参与	69%
公开的教研活动的帮助度	影响很大	67%
	一般	30%
	作用不大	3%

表4-14　经费投入情况表(乡村教师)

统计变量	分类	百分比
教育相关活动收费难易情况	非常容易	10%
	比较容易	17%
	比较难	39%
	非常难	34%
教育经费数量情况	非常充足	1%
	比较充足	14%
	比较缺乏	56%
	非常缺乏	29%
教育经费来源情况	政府拨款	87%
	社会捐助	7%
	学习者自费	3%
	其他	3%
学校经费管理	非常合理	31%
	比较合理	67%
	不太合理	2%
	不合理	0%

表 4–15 组织管理情况表(乡村教师)

统计变量	分类	百分比
授课安排与管理	非常满意	21%
	比较满意	40%
	一般	22%
	不太满意	17%
当前的工作待遇	非常满意	25%
	比较满意	21%
	一般	44%
	不太满意	10%
学生组织管理	非常满意	23%
	比较满意	44%
	一般	31%
	不太满意	2%

2. 家长现状调查结果

据统计,参与本次调查的家长群体中,有56%来自城市学校,有44%来自乡村学校,以下将对城市与乡村调查结果进行分开展示。

(1)城市学校家长调查结果。

表 4–16 基本情况表(城市家长)

统计变量	分类	百分比
性别	男	41%
	女	59%
孩子就读学段	小学	54%
	中学	46%
户籍	本地户籍	87%
	外省市户籍	12%
	港澳台户籍	1%
	其他	0%

表4-17 资源配置情况表(城市家长)

统计变量	分类	百分比
办学理念和办学目标	非常满意	21%
	比较满意	34%
	一般	28%
	不太满意	17%
校园办学条件	非常满意	23%
	比较满意	35%
	一般	25%
	不太满意	17%
各类校内外实践活动	非常满意	19%
	比较满意	31%
	一般	35%
	不太满意	15%
办学特色	非常满意	22%
	比较满意	34%
	一般	32%
	不太满意	12%

表4-18 师资建设情况表(城市家长)

统计变量	分类	百分比
师德师风和品德素养	非常满意	21%
	比较满意	33%
	一般	30%
	不太满意	16%
教育教学水平和成效	非常满意	11%
	比较满意	54%
	一般	21%
	不太满意	14%

续表

统计变量	分类	百分比
个性与特长的发挥	非常满意	18%
	比较满意	37%
	一般	34%
	不太满意	11%
学习成绩和在校表现	非常满意	10%
	比较满意	45%
	一般	37%
	不太满意	8%

表4–19　教学收费情况表（城市家长）

统计变量	分类	百分比
教育相关活动收费	非常多	16%
	比较多	32%
	比较少	35%
	非常少	17%
教育收费情况满意度	非常满意	26%
	比较满意	33%
	一般	39%
	不太满意	2%
教育经费使用情况	非常了解	12%
	比较了解	19%
	不太了解	51%
	不了解	18%
学校经费管理	非常合理	32%
	比较合理	45%
	不太合理	20%
	不合理	3%

表4-20 组织管理情况表(城市家长)

统计变量	分类	百分比
管理水平和管理服务	非常满意	29%
	比较满意	33%
	一般	27%
	不太满意	11%
实施素质教育、减轻学生负担的成效	非常满意	29%
	比较满意	44%
	一般	21%
	不太满意	6%
学生组织管理	非常满意	21%
	比较满意	55%
	一般	19%
	不太满意	5%

(2)乡村学校家长调查结果。

表4-21 基本情况表(乡村家长)

统计变量	分类	百分比
性别	男	47%
	女	53%
孩子就读学段	小学	59%
	中学	41%
户籍	本地户籍	95%
	外省市户籍	5%
	港澳台户籍	0%
	其他	0%

表 4–22 资源配置情况表(乡村家长)

统计变量	分类	百分比
办学理念和办学目标	非常满意	23%
	比较满意	33%
	一般	34%
	不太满意	10%
校园办学条件	非常满意	11%
	比较满意	21%
	一般	57%
	不太满意	11%
各类校内外实践活动	非常满意	11%
	比较满意	20%
	一般	59%
	不太满意	10%
办学特色	非常满意	5%
	比较满意	31%
	一般	54%
	不太满意	10%

表 4–23 师资建设情况表(乡村家长)

统计变量	分类	百分比
师德师风和品德素养	非常满意	27%
	比较满意	36%
	一般	25%
	不太满意	12%
教育教学水平和成效	非常满意	17%
	比较满意	41%
	一般	32%
	不太满意	10%

续表

统计变量	分类	百分比
个性与特长的发挥	非常满意	12%
	比较满意	33%
	一般	48%
	不太满意	7%
学习成绩和在校表现	非常满意	17%
	比较满意	24%
	一般	44%
	不太满意	15%

表 4–24　教学收费情况表(乡村家长)

统计变量	分类	百分比
教育相关活动收费	非常多	5%
	比较多	28%
	比较少	65%
	非常少	2%
教育收费情况满意度	非常满意	4%
	比较满意	17%
	一般	43%
	不太满意	36%
教育经费使用	非常了解	9%
	比较了解	21%
	不太了解	37%
	不了解	33%
学校经费管理	非常合理	7%
	比较合理	71%
	不太合理	17%
	不清楚	5%

表4-25　组织管理情况表（乡村家长）

统计变量	分类	百分比
管理水平和管理服务	非常满意	9%
	比较满意	45%
	一般	32%
	不太满意	14%
实施素质教育、减轻学生负担的成效	非常满意	14%
	比较满意	34%
	一般	47%
	不太满意	5%
学生组织管理	非常满意	52%
	比较满意	29%
	一般	10%
	不太满意	9%

3.学生现状调查结果

据统计，参与本次调查的学生群体中，有57%来自城市学校，有43%来自乡村学校，以下将对城市与乡村调查结果进行分开展示。

（1）城市学校学生调查结果。

表4-26　基本情况表（城市学生）

统计变量	分类	百分比
性别	男	47%
	女	53%
就读学段	小学	52%
	初中	48%

表4-27　资源配置情况表（城市学生）

统计变量	分类	百分比
图书馆、艺体专用教室	有，并且很充足	81%
	有，但数量很少	17%
	没有	2%

续表

统计变量	分类	百分比
功能教室使用率	经常去	75%
	偶尔去	23%
	没去过	2%
操场空间	宽松	88%
	比较拥挤	7%
	非常拥挤	5%
班级超员现象	比较多	7%
	比较少	21%
	没有	72%
悠久的办学历史和明确的办学理念	非常满意	31%
	比较满意	37%
	一般	21%
	不太满意	11%
兴趣小组或社团	比较多	78%
	比较少	18%
	没有	4%

表4–28　师资建设情况表(城市学生)

统计变量	分类	百分比
教师品德	非常满意	29%
	比较满意	37%
	一般	21%
	不太满意	13%
教师沟通关注	非常满意	41%
	比较满意	34%
	一般	21%
	不太满意	4%
自我满意度	非常满意	31%

续表

统计变量	分类	百分比
自我满意度	比较满意	41%
	一般	18%
	不太满意	10%
师资力量	非常满意	54%
	比较满意	37%
	一般	7%
	不太满意	2%

表 4–29　教学收费情况表（城市学生）

统计变量	分类	百分比
教育活动收费频次	非常多	19%
	比较多	31%
	比较少	35%
	非常少	15%
教育经费使用情况	非常了解	8%
	比较了解	27%
	不太了解	55%
	不了解	10%

表 4–30　组织管理情况表（城市学生）

统计变量	分类	百分比
艺体课占用现象	非常多	21%
	比较多	31%
	比较少	24%
	非常少	24%
节假日回校补课情况	非常多	37%
	比较多	36%
	比较少	25%
	非常少	2%

续表

统计变量	分类	百分比
教师私自有偿补课	非常多	17%
	比较多	19%
	比较少	57%
	非常少	7%

(2)乡村学校学生调查结果。

表4-31 基本情况表(乡村学生)

统计变量	分类	百分比
性别	男	68%
	女	32%
就读学段	小学	59%
	初中	41%

表4-32 资源配置情况表(乡村学生)

统计变量	分类	百分比
图书馆、艺体专用教室	有,并且很充足	4%
	有,但数量很少	31%
	没有	65%
功能教室使用率	经常去	6%
	偶尔去	7%
	没去过	87%
操场空间	宽松	37%
	比较拥挤	32%
	非常拥挤	31%
班级超员现象	比较多	0%
	比较少	22%
	没有	78%
悠久的办学历史和明确的办学理念	非常满意	34%
	比较满意	33%

续表

统计变量	分类	百分比
悠久的办学历史和明确的办学理念	一般	28%
	不太满意	5%
兴趣小组或社团	比较多	6%
	比较少	15%
	没有	79%

表 4–33　师资建设情况表（乡村学生）

统计变量	分类	百分比
教师品德	非常满意	47%
	比较满意	44%
	一般	9%
	不太满意	0%
教师沟通关注	非常满意	67%
	比较满意	28%
	一般	5%
	不太满意	0%
自我满意度	非常满意	45%
	比较满意	29%
	一般	16%
	不太满意	10%
师资力量	非常满意	34%
	比较满意	57%
	一般	8%
	不太满意	1%

表 4–34　教学收费情况表（乡村学生）

统计变量	分类	百分比
教育活动收费频次	非常多	1%
	比较多	11%

续表

统计变量	分类	百分比
教育活动收费频次	比较少	78%
	非常少	10%
教育经费使用情况	非常了解	1%
	比较了解	7%
	不太了解	67%
	不了解	25%

表4–35　组织管理情况表(乡村学生)

统计变量	分类	百分比
艺体课占用现象	非常多	3%
	比较多	8%
	比较少	56%
	非常少	33%
节假日回校补课情况	非常多	0%
	比较多	7%
	比较少	32%
	非常少	61%
教师私自有偿补课	非常多	0%
	比较多	0%
	比较少	17%
	非常少	83%

第二节　区域城乡义务教育一体化发展的现状

一、资源配置:城乡之间的逐步均衡

在资源配置方面,重庆市区域城乡义务教育正朝着均衡化方向发展。近年来,政府加大了对农村学校的投入,使得农村学校的硬件设施得到了显著提升,如教学楼、实验室、体育设施等。城市学校也在不断优化资源配置,提高资源使用效率。尽管城乡之间在资源配置上仍存在一定的差距,但这种差距正在逐渐缩小。

1. 办学理念与目标

在重庆市区域城乡义务教育一体化发展中,办学理念与目标起着引领作用。城市学校往往注重创新、开放和国际视野,农村学校则更加注重本土化、实用性和社区联系。这种差异反映了城乡经济、文化和社会背景的不同。然而,随着一体化进程的推进,城乡学校在办学理念上逐渐趋同,都强调全面发展、素质教育和创新精神。

2. 校园办学条件

校园办学条件是教育资源配置的重要方面。在城市,学校通常拥有现代化的教学楼、实验室、计算机房等设施,农村学校则面临设施短缺或老化的问题。政府正加大投入,改善农村学校的办学条件,如提供教学设备、更新图书资料等。此外,城市学校还通过校际合作、资源共享等方式,帮助农村学校提升办学条件。

3. 办学特色

办学特色是学校发展的核心竞争力。城市学校往往注重培养学生的创新精神和实践能力,形成了科技、艺术、体育等特色课程。农村学校则根据本地资源和文化传统,发展出农业科技、乡土文化等特色课程。这些特色课程不仅丰富了学生的学习内容,还促进了城乡文化的交流与融合。

4. 办学历史文化传统

办学历史文化传统是学校的灵魂。城市学校历史悠久,文化底蕴深厚,注重传承和创新相结合。农村学校则承载着丰富的乡土文化和历史记忆,强调传统与现代的融合。在一体化进程中,城乡学校开始共同挖掘和传承历史文化传统,形成了各具特色的校园文化。

5. 校内外实践活动

校内外实践活动是培养学生综合素质的重要途径。城市学校资源丰富,往往能够开展多样化的实践活动,如社会调查、科技创新、文艺演出等。农村学校则更注重与农业生产、社区发展相结合的实践活动。随着一体化的推进,城乡学校开始互相借鉴,共同开展具有地域特色的实践活动。

6.硬件资源

图书馆和艺体专用教室是学生学习和发展的重要场所。城市学校的图书馆通常藏书丰富、设施完善，艺体专用教室设备齐全。相比之下，农村学校的图书馆和艺体专用教室存在资源不足、设施简陋的问题。政府和社会各界正加大投入，改善农村学校的图书馆和艺体专用教室条件，为学生提供更好的学习和活动环境。

功能教室使用率是衡量教育资源利用效率的重要指标。在城市学校，由于学生数量较多、课程安排紧凑，功能教室的使用率通常较高。农村学校则由于学生数量较少、课程安排相对灵活，功能教室的使用率较低。为提高资源利用效率，城乡学校应加强合作与共享，优化课程安排和使用计划。

班级超员现象是教育资源紧张的直接体现。在城市学校，尤其是热门学校，班级超员现象较为普遍，影响了教学质量和学生的学习体验。农村学校则由于生源不足，出现班级人数过少的情况。政府应合理规划学校布局和招生规模，避免班级超员现象的发生，确保每个学生都能享受到优质的教育资源。

操场空间是学生进行体育锻炼和课外活动的重要场所。城市学校的操场通常宽敞、设施完善，能够满足学生的运动需求。然而，随着城市化进程的加快，部分城市学校的操场空间受到挤压，影响了学生的运动安全。农村学校的操场空间相对宽裕，但设施条件不足。政府应加大对城市学校操场建设的投入，同时改善农村学校操场设施条件，为学生提供安全、舒适的运动环境。

兴趣小组或社团是培养学生兴趣爱好和特长的重要途径。城市学校资源丰富、师资力量雄厚，通常能够开设多样化的兴趣小组或社团，满足学生的个性化需求。农村学校则因师资和设施限制，难以开设丰富的兴趣小组或社团。为促进学生全面发展，城乡学校应加强合作与交流，共同开设具有地域特色的兴趣小组或社团，为学生提供更多展示自我、发展特长的平台。

综上所述，重庆市区域城乡义务教育一体化发展在资源配置方面取得了显著成效，但仍存在一些差异和挑战。政府和社会各界应继续加大投入力度，优化资源配置机制和管理制度，推动城乡学校在办学理念、办学条件、实践活动、特色发展等方面实现均衡发展，为每一个学生提供公平而优质的教育机会。

二、师资建设：城乡师资的均衡流动

师资建设是城乡义务教育一体化发展的关键。在重庆，政府采取了一系列措施促进城乡师资的均衡流动。例如，实施城乡教师交流计划，鼓励城市教师到农村学校支教，也为农村教师提供进城学习的机会。政府还加大了对农村教师的培训力度，提高了他们的专业素养和教学能力。这些措施有助于缩小城乡师资差距，促进城乡教育的均衡发展。

1.师德师风

在重庆市区域城乡义务教育一体化进程中，师德师风建设被置于重要位置。城市学校通过制定严格的师德规范、举办师德论坛等方式，不断提升教师的职业道德水平。农村学校虽然在资源上有所欠缺，但也积极通过校本培训、师德宣讲等活动，强化教师的职业道德意识。总体来说，城乡学校在师德师风建设上均取得了显著成效，教师们普遍具备良好的职业操守和敬业精神。

2. 工作态度

工作态度是衡量师资建设水平的重要指标。在城市学校，教师们普遍展现出高度的责任心和敬业精神，积极投入教学工作，关注学生的全面发展。农村学校的教师们虽然面临诸多挑战，如教学资源不足、学生家庭背景复杂等，但他们依然坚守岗位，努力为学生创造良好的学习环境。不过，相较于城市学校，农村学校中仍存在部分教师工作态度消极的现象，这需要相关部门予以高度重视。

3. 教学水平

教学水平是师资建设的核心。在城市学校，教师们普遍接受过系统的教育专业培训，具备较高的教学水平和教学技巧。他们能够灵活运用多种教学方法和手段，激发学生的学习兴趣和潜能。农村学校的教师们在教学水平上与城市学校存在一定的差距，但他们也在不断努力提升自己的教学技能，如参加各类培训、研讨活动，与同行交流教学经验等。

4. 教师提升

教师提升是师资建设的重要环节。在城市学校，由于教育资源丰富，教师们有更多机会参加各类进修课程、研讨会等，能够不断提升自己的专业素养和教学能力。农村学校虽然资源有限，但也积极创造条件，鼓励教师参加各类培训和学习活动。政府和社会各界也在加大对农村学校师资提升的支持力度，如设立专项资金、提供远程教育资源等。

5. 教师数量

教师数量是影响教育质量的重要因素。在重庆市区域城乡义务教育一体化进程中，政府加大了对教师资源的投入力度，城乡学校教师数量均得到了有效保障。然而，农村学校由于地理位置偏远、工作环境相对艰苦等原因，仍然存在一定程度的教师流失现象。为解决这一问题，政府和社会各界需要采取更多措施，提高农村教师的待遇和地位，吸引更多优秀人才到农村学校任教。

6. 教学成效

教学成效是检验师资建设成果的重要标准。在重庆市区域城乡义务教育一体化进程中，城乡学校在教学成效上均取得了显著进步。城市学校凭借优质的教学资源和师资力量，培养出了大量优秀学生，为社会输送了大量人才。农村学校虽然面临诸多挑战，但也在通过各种努力提高教学成效，如加强校际合作、推广先进教育理念等。总体而言，城乡学校在教学成效上呈现出均衡发展的趋势。

综上所述，重庆市区域城乡义务教育一体化发展的师资建设在师德师风、工作态度、教学水平、教师提升、教师数量和教学成效等方面均取得了显著成效，然而，仍存在一些问题和挑战。政府和社会各界需要继续加大对农村学校师资建设的支持力度,促进城乡教育均衡发展。城乡学校也需要加强合作与交流,共同探索适合本地实际的师资建设路径和模式。

三、经费投入:城乡一体化的保障机制

经费投入是城乡义务教育一体化发展的重要保障。在重庆,政府建立了城乡一体化的教育经费保障机制,确保城乡学校在教育经费上享有公平待遇。政府逐步提高了农村学校的经费投入水平,改善了农村学校的教学条件和师生生活环境。政府还加强了对教育经费使用的监管,确保经费使用的透明和高效。这些措施为城乡义务教育的均衡发展提供了坚实的物质基础。

1.收费情况

在收费方面,重庆市政府高度重视义务教育阶段的收费问题,并制定了严格的收费政策。目前,城乡义务教育阶段的收费已经实现了统一标准,确保了家庭经济困难的学生能够平等接受义务教育。重庆市还加大了对学校收费的监管力度,严禁乱收费现象的发生,保障了教育的公平性和普及性。

2.经费数量

在经费数量上,重庆市政府不断加大对城乡义务教育的投入力度,使得经费总量呈现出稳步增长的态势。这些经费主要用于改善学校硬件设施、提高教师待遇、开展教育教学活动等方面,为城乡义务教育的均衡发展提供了坚实的物质基础。

3.经费来源

在经费来源方面,重庆市的城乡义务教育经费主要来源于政府财政拨款,也在积极拓宽多元化筹资渠道。例如,通过吸引社会捐赠、企业赞助等,增加教育经费的来源。此外,重庆市鼓励学校通过自身努力增加收入,如开展校办产业、提供课后服务等,以进一步丰富教育经费的来源。

4.经费管理

在经费管理方面,重庆市政府制定了一系列严格的经费管理制度和规定,确保经费的规范使用和高效管理。学校需要按照规定的程序和标准使用经费,并接受政府和社会各界的监督。此外,重庆市加大了对经费使用的监督和审计力度,确保经费使用的透明度和合理性。这些措施为城乡义务教育一体化发展提供了有力的经费保障和管理支持。

综上所述,重庆市区域城乡义务教育一体化发展在经费投入方面取得了显著成就。通过规范收费、增加投入、拓宽来源和加强管理,重庆市为城乡义务教育的均衡发展提供了坚实的经费保障。然而,面对新的挑战和机遇,重庆市仍需继续努力完善经费投入机制和管理制度,推动城乡义务教育实现更高水平的一体化发展。

四、组织管理:城乡学校的协同创新

组织管理是城乡义务教育一体化发展的重要支撑。在重庆,城乡学校正积极探索协同创新的组织管理模式。通过成立教育集团、学区制改革等方式,城乡学校加强了交流与合作,实现了资源共享和优势互补。此外,城乡学校共同开展了教育教学研究、课程改革等活动,提高了教育教学的质量和水平。这种协同创新的组织管理模式有助于缩小城乡教育差距,推动城乡义务教育的均衡发展。

1.授课安排

在授课安排方面,重庆市区域城乡义务教育一体化发展注重课程的均衡性和多样性。各学校按照统一的课程标准和教学大纲进行授课,确保城乡学生接受同等质量的教育。为了促进学生的全面发展,学校还开设了丰富多彩的选修课程和活动课程,以满足学生的不同兴趣和需求。此外,授课安排还注重与当地文化、经济和社会发展紧密结合,使教育更加贴近实际、贴近生活、贴近学生。

2.工作待遇

在工作待遇方面,重庆市区域城乡义务教育一体化发展致力于提高教师的地位和待遇。政府加大了对教师工资的投入力度,确保教师工资与当地公务员水平相衔接。此外,政府还完善了教师的职称评定、培训进修和绩效考核等制度,为教师提供了更加广阔的发展空间和职业晋升机会。这些措施有效地激发了教师的工作热情和积极性,为城乡义务教育的均衡发展提供了坚实的人才保障。

3.学生管理

在学生管理方面,重庆市区域城乡义务教育一体化发展注重学生的全面发展和个性差异。学校建立了完善的学生管理制度和评价体系,关注学生的学业成绩、品德表现、身心健康等多方面的发展。学校还注重培养学生的自主管理能力和社会实践能力,通过开展各种形式的课外活动和社会实践,让学生在实践中锻炼成长。此外,学校还加强了对学生的心理健康教育和辅导工作,帮助学生解决成长中的困惑和问题。

综上所述,重庆市区域城乡义务教育一体化发展在组织管理方面取得了显著成效。通过优化授课安排、提高工作待遇和加强学生管理,为城乡义务教育的均衡发展提供了有力的组织保障。然而,面对新形势和新挑战,仍需不断完善组织管理制度和机制,推动城乡义务教育实现更高水平的一体化发展。

第三节 区域城乡义务教育一体化发展存在的问题

2010年,《国家中长期教育改革和发展规划纲要(2010—2020年)》首次提出了“建立城乡一体化义务教育发展机制”的重要倡议。2016年,国务院进一步提出了统筹推进县域内城乡义务教育一体化改革发展的任务。自此以来,中国在推进城乡义务教育一体化发展方面取得了重要进展。进入新时代,党和政府的重点目标之一是在巩固义务教育基本均衡成果的基础上,进一步推动义务教育的优质均衡发展和城乡一体化。这不仅是建设高质量教育体系的内在要求,还是教育服务经济社会发展的社会责任。

放眼全世界,在许多新兴市场经济国家,城乡教育发展不均衡是一个普遍存在的问题。城市通常享有更好的教育资源和条件,农村则面临着师资力量不足、教育设施简陋等挑战。如何在资源和人口向城市集聚的情况下实现城乡教育的公平发展,是一个全球性的挑战,也是各国政府和国际组织共同面对的问题。

党和国家高度重视城乡义务教育的均衡性发展,因为它首先可以促进教育公平,确保每个孩子都能够享有平等的受教育权利。通过统一的教育标准和资源配置,可以提高农村地区教育水平,缩小城乡教育差距,实现教育公平。其次可以推进乡村振兴战略。教育是乡村振兴战略的重要支撑。通过提升农村教育质量和水平,可以培养更多的人才,促进乡村经济发展和社会进步。良好的教育环境也会吸引更多的人才回流到农村,推动乡村振兴战略的实施。最后有助于解决社会主要矛盾:教育不公平是当前社会面临的重要矛盾之一。城乡义务教育一体化可以缩小城乡、地区之间的发展差距,促进社会的和谐稳定。同时,提高农村居民的受教育水平和就业能力,有助于解决贫困问题,实现全面建成小康社会的目标。

然而目前我国的城乡义务教育一体化发展还存在一些问题,因此,研究这些问题,找到其成因,对于探索一条具有中国特色的城乡义务教育一体化发展路径具有重要意义。

一、基础设施不均衡

教育发展和人才培养离不开资金和设备的投入。目前城乡之间资金和设备投入的不均衡导致城乡办学条件存在明显差距。总体而言,乡村义务教育学校的教学设施和生活服务设施建设仍然不够完善,与城镇学校相比存在较大差距。乡村义务教育学校的软硬件设备建设不够同步,更注重硬件设备供给而忽视了软件设备的投入。这些情况限制了乡村义务教育的发展,影响了乡村学校教育质量的提升,也成为阻碍乡村振兴战略实施的因素之一。近年来,随着学校标准化建设的推进,乡村义务教育学校的基础设施建设和硬件设备配置有所改善,但与城市相比仍存在明显差距。

受城乡二元经济结构的影响,我国农村和城市地区义务教育资源供给长期以来一直都不均衡。农村学校获得教育资源，特别是优质教育资源的数量、机会及平台等都远远低于城市学校。这种不均衡不仅影响着农村义务教育质量的提升，还导致了城乡间义务教育水平的差距较大。目前，我国大多数农村地区的义务教育学校仍然存在着教育基础设施配置不到位、分配不均衡等问题。对农村地区的教育发展造成了一定的影响。这种不平等主要表现在基础设施、网络硬件和文体活动设施等方面。

首先，农村地区的义务教育学校通常缺少教学仪器，甚至根本没有。与之相比，城市地区的学校有着丰富的教学仪器，并且配置齐全。这导致了农村地区的教学条件落后，影响了教学质量和教学效果。

其次，农村地区的义务教育学校网络设施不足，教师和学生只能轮流使用有限的计算机等相关网络设备。相比之下，城市地区的学校普遍采用网络化教学，教师能够熟练运用计算机、多媒体等相关网络设备，实现线上线下一体化教育。

最后，农村地区的学校缺少运动场、图书馆等场所，影响了学生的体育锻炼和阅读活动。相比之下，城市地区的学校普遍拥有运动场和图书馆等设施，为学生提供了更好的学习和生活环境。

这种城乡教育资源的不平等分配导致了城乡教育发展的两极化现象，优质的学校、师资力量、基础设施等教育资源主要集中在城市地区，农村地区的学校则相对缺乏这些资源。这导致了城乡教育资源的不均衡，给农村学生接受优质教育带来了困难，加大了农村地区教育的发展难度，影响了农村学生的受教育权益。因此，政府和社会各界应多关注农村地区教育的发展问题，加大对农村教育的投入和支持力度，缩小城乡教育资源差距，促进教育公平和社会稳定。

近年来，随着城镇化改革不断推进和“撤点并校”政策的实施，农村地区义务教育学校数量大幅减少。为满足农村学龄人口的教育需求，涌现了一批农村寄宿制学校。然而，这些学校普遍存在着办学条件、教学环境、生活条件等方面的问题，如拥挤、脏乱、安全隐患等，整体条件远远落后于周边乡镇学校，与优质教育资源的配置差距较大。另外，从社会公共资源的角度，农村地区学校也远不及城市学校。在城市地区，人们可以方便地访问博物馆、科技馆、图书馆、文化馆、少年宫等青少年综合实践基地，这些都是丰富的公共社会教育资源。相比之下，农村地区普遍缺乏这些资源。即使有些农村地区建有图书馆、历史馆、文化馆等场所，但当地义务教育阶段的学生对这些设施的利用率普遍较低[①]。

二、城乡师资不均衡

教师不仅是学校开展教育教学工作的关键所在，更是教育事业发展的前提条件。教师的重要性不言而喻，他们不仅是知识的传授者，更是学生成长的引领者和榜样。因此，拥有优秀的教师队伍对一所学校至关重要，直接影响着学校的教学水平和整体办学质

① 周奇，王敏，李茂春．乡村振兴背景下城乡义务教育一体化研究[J]．齐齐哈尔大学学报（哲学社会科学版），2023(10)：81-84.

量。在我国的教育体系中,义务教育是教育事业的基础,是保障每个孩子受教育权利的重要阶段。然而,目前在义务教育阶段,城乡之间教师配置不均的问题突出。城市地区拥有更多数量和更高素质的教师,农村地区则面临着教师短缺和教育资源匮乏的挑战。这种不均衡的师资配置情况严重制约了城乡义务教育一体化的进程,需要通过制定相同政策和措施加以改善,以确保每个学生都能享受到优质的教育资源。

近年来,随着国家对农村义务教育学校重视程度的提升及"特岗教师招聘计划"的深入推进,农村学校引进了大量年轻教师,为教师队伍注入了新鲜血液,扩充了农村学校的教师队伍规模。然而,实际情况显示,目前许多农村学校仍然面临教师数量短缺的问题,尤其是一些落后的县乡地区更为突出。这种状况严重影响了农村学校教育工作的正常开展和义务教育教学质量的提升。

目前,我国农村地区的中小学教师与城市地区相比,无论是在数量、质量还是在结构上都存在较大差距。城市地区的区位优势、福利待遇、发展机会、硬件设施及生活条件等方面远远优于农村地区,因此吸引了大量优秀的教师。而农村地区面临着区位劣势、学校环境、办学条件及发展平台等多方面的制约,这些因素导致了大量农村教师的流失。

从数量上看,在城市地区,中小学教师的数量远远超过农村地区,甚至一些地区出现了满员乃至超编的现象。与此相比,农村地区的教师数量相对较少,甚至出现了严重的教师短缺问题。从质量上看,城市地区学校的教师平均学历也普遍高于农村地区的教师,在城市地区,硕士甚至博士学位的教师随处可见,而在农村地区,则是专科或者本科学历的教师占据绝大多数。并且在教师结构上,城市地区的教师年龄层次更偏向年轻化,年龄结构比较合理,而且各学科均衡,体育、音乐、计算机等老师配备齐全,但对于农村地区,教师年龄结构偏向老龄化,并且学科结构配置缺乏合理性。

数据显示,在职称结构上,2020年城镇初中教师获得高级职称的比例比农村教师高1.3个百分点,农村初中未定职称的教师比例则比城镇高2.0个百分点。在年龄结构上,农村教师队伍老龄化的问题依然存在,特别是在小学阶段,农村小学50岁以上教师比例比城镇高6.4个百分点[①]。

为解决上述问题,尽管国家已经调整了教师编制标准政策,并向农村地区学校倾斜,但由于农村学校生源不足、师生比例较高等问题,农村学校仍然存在严重的教师缺编现象。另外,受学校环境、教学条件及城区教师选聘政策等因素的影响,单向流动导致农村教师数量减少,农村学校教师流动性极强,存在严重的"层层拔高"和"教而优则走"的问题,即教师来了之后很难留住。

从教师个人发展上来看,农村教师目前还比较缺乏各种进修、学习、培训的机会和平台,政府和教育部门可以建立专门的培训机构或平台,定期组织农村教师参与各种培训和进修活动,或者通过远程教育、暑期培训、研修班等形式,提供灵活多样的培训内容和方式,并且建立相关的培训补贴政策,鼓励教师参与培训。从客观条件来看,农村义务教育学校的师资补充渠道和补充速度远远跟不上城镇学校。这种不平衡的师资配置状况

① 郑磊,李庚,张绘.中国城乡义务教育一体化的发展现状、动力机制及政策路径[J].教育学报,2023,19(3):86-99.

导致了城乡义务教育一体化难以顺利实现。

三、城乡生源不均衡

大量经验显示，中国城市化过程中一个显著的特征是进城务工人员家庭的迁移。因此，在进城务工人员家庭迁移背景下，进城务工人员随迁子女如何在城镇获得义务教育是一个迫切需要解决的关键问题。一般来说，进城务工人员子女的随迁可以分为教育性选择流动和非教育性选择流动，这些都会直接造成城市生源的增加及农村生源的流失。具体而言，教育性选择流动是指学生及其家庭为了获取更好的教育资源而进行的迁移。例如，一些家庭为了让孩子接受更好的教育，可能会选择搬迁到教育资源更为丰富的城市地区，或者将孩子送往城市就读名校、重点学校等。这种流动通常是基于对教育资源和学校质量的考量，是出于提升学生学习水平和未来发展的目的。而非教育性选择流动，是指学生及其家庭因其他原因而进行的迁移，与教育资源无直接关联。例如，家庭可能因就业、经济发展、生活环境、社会关系等因素选择迁移，而并非出于获取更好的教育资源。在这种情况下，学生的迁移可能并非主要是为了教育，而是受其他因素的影响。

在教育性选择流动和非教育性选择流动的共同作用下，农村生源大量减少导致农村学校逐渐衰败。随着部分生源的流失，农村义务教育学校的规模逐渐缩小，这加剧了城乡义务教育学校之间的差距，使得一体化教育体系建设面临着重重困难。从数量上看，城乡义务教育学校的生源数量不平衡。随着户籍制度、住房制度等的改革，农村学生有了更多进城就读的机会。一些家庭经济条件较好的学生选择到城镇学校就读，进一步加剧了农村学校生源的流失。这导致了农村学校出现超小班额、关闭班级，甚至撤并学校的现象。与此同时，城镇学校由于农村生源的持续涌入，也出现了超大班额的问题①。

除此之外，自古以来农村地区就存在着轻视教育的现象。一些学生家长观察到少数未接受教育的人也能够取得经济成功，相反如今大中专甚至本科毕业生也难以找到工作。因此，部分学生家长认为教育并非必需，任由子女中途辍学以自由发展。长此以往，农村地区的生源也将持续流失，导致本已难以维持的农村义务教育学校的学生数量不断减少，甚至出现无人报考的情况，进而导致农村义务教育学校难以为继，需要进行合并或者撤销。与此同时，不断有学生从农村转移到城市就读，给城市地区的义务教育学校带来了一系列压力。这导致学校的学习环境和教育质量下降，每个班级出现超额招生的情况，难以保证学生接受到系统化、科学化的教育。

其实在最近几年，教育部已经提出了采取“同步建设城镇学校”和“消除大班额”两条途径，来缓解义务教育学校“城镇挤”问题。2020年数据显示，小学和初中56人以上的大班比例分别下降至1.12%和1.16%。然而，城镇小学和初中的生师比分别为17.81∶1和12.94∶1，仍然高于全国平均水平。特别是在一些人口密集的大城市，义务教育学位紧缺现象更为突出，学校数量的变化与学生和城市常住人口数量的变化背离，地方教育行政

① 郭俊锋.城乡义务教育一体化的困境与出路[J].教学与管理，2020(15)：29-32.

部门频繁发布学位紧缺预警。《中华人民共和国国民经济和社会发展第十四个五年规划和2035年远景目标纲要》中明确提到要"加快城镇学校的扩容增位",这表明"城镇挤"问题尚未完全解决[①]。

四、教育资金投入不均衡

在我国,长期以来一直都是优先发展城市,农村地区的社会、经济、教育等鲜少受到关注,这是社会结构和经济体制的双重作用所导致的。然而,近些年来,随着国家对农村经济社会发展的重视程度逐步提高,以及农村义务教育价值在整个教育体系中的不断凸显,国家和社会对农村义务教育的关注也日益增加。尽管如此,农村学校与城市学校之间在财政投入方面仍存在明显的差距,这导致城乡义务教育学校的教育资金投入不公平。就财政投入主体而言,义务教育的经费来源除了国家财政拨款,城市地区的义务教育经费主要由省市级以上政府负责决策。而在农村地区,义务教育经费的投入则由地方政府来规划和决定。然而,许多偏远乡村地区由于经济发展条件的限制,其教育投资比例相对较低,最终导致农村必要的教育经费投入不足,远远落后于城市地区。另外,在地理位置和交通条件等方面的影响下,城市地区的学校通常更容易获得更多的教育资金投入,包括个人资金捐赠、社会团体捐赠及专项基金投入等。这进一步扩大了城乡之间义务教育经费投入的差距。此外,投入理念的不公平、投入能力的不匹配及投入体制的不合理也是导致城乡义务教育经费投入不公平的原因之一。在我国,地方政府一直都优先发展县城学校,在财政投入方面坚持着"先城后村""城多村少"的理念,这导致了对农村义务教育学校资金投入的不足[②]。

另外,关于教育经费的监管也需要特别注意,需要均衡安排教育经费、争取多方融资。教育经费通常由政府财政部门拨款,并要求专款专用。然而,在实际操作中,对于专项拨款的管理与监督力度还有待提高。县级城市的基础教育支出主要仰赖于地方政府的财政拨款,而国家方面提供的补助相对较为有限。随着现代信息技术在教育中的应用不断深化,县级城市对教育资金的需求不断攀升,但地方政府的拨款却常常难以满足这些学校的需求。为了缓解地方政府在教育领域财政拨款不足的压力,亟须积极争取社会各界对教育的投资和融资,同时促进民间资本涉足基础教育领域,从而支持县域基础教育的平衡发展。在经费管理方面,必须实施严格的分级管理制度,以避免财政资源过度集中导致腐败和贪污行为的滋生。同时,需要建立长期有效的财务管理制度,对经费的使用进行持续监督和评估。在经费使用和配置方面,应当适当向偏远山区和弱势学校倾斜,也要考虑到城镇中的弱势学校[③]。

---

① 郑磊,李虔,张绘.中国城乡义务教育一体化的发展现状、动力机制及政策路径[J].教育学报,2023,19(3):86–99.

② 周奇,王敏,李茂春.乡村振兴背景下城乡义务教育一体化研究[J].齐齐哈尔大学学报(哲学社会科学版),2023(10):81–84.

③ 左国华.湖北县域城乡义务教育一体化发展问题及策略研究[J].当代教育实践与教学研究,2019(12):226–227,230.

五、乡村教育与新农村建设相脱节

乡村学校的办学理念缺乏“为农服务”的思想。在20世纪二三十年代的乡村教育运动中，重视乡村教育在乡村建设中的功能，从“为农”目的出发，积极开展乡村教育活动，并使得乡村教育全程参与乡村建设过程。在新中国成立初期，我国也高度重视乡村教育为政治服务的功能，将乡村教育与社会发展紧密联系在一起。然而，随着我国重视工业发展而轻视农业发展的战略定位，农村社会发展遭受了较大的创伤，农村为我国工业化发展付出了巨大的代价。自改革开放以来，我国乡村教育的演进着重于在经济和社会服务方面的作用。尽管这在一定程度上取得了成效，但城乡之间的二元结构不断加剧，导致城乡社会发展的鸿沟逐渐扩大，甚至演变为对立态势。在社会主义新农村建设的倡导下，我国对乡村教育的关注点和改革方向发生了转变，从政策上强调了乡村教育在建设新农村过程中的重要性，提倡充分发挥乡村教育为农村服务的功能。然而，这一阶段乡村教育发展的结果是，没有有效解决乡村教育的价值导向问题。乡村学校的教育理念和目标过于城市化，只以向城市输送更多学生为唯一目标，盲目追求城市化教育。乡村教育的发展和改革更趋向于城市化教育方向，而忽视了乡土文化的内涵，乡土价值和意义在城市化乡村教育的冲击下被忽视和边缘化，乡土文化价值被排斥在乡村学校教育的正当体系之外。同样，乡村教育的发展与乡村建设缺乏融合，新农村建设进程中乡村教育的参与不足，导致新农村建设与乡村教育似乎脱节，乡村教育的“离农”倾向日益加剧。

乡村学校的人才培养与实际需求存在明显脱节，所培养出的人才无法满足乡村社会经济发展的需要。一是无人才可用。乡村学校的培养目标主要是提高学生的升学率，鼓励他们离开农村进入城市求学。然而，一旦他们在城市接受了教育，很少愿意回到乡村生活，导致人才流失严重。虽然乡村社会投入了大量资金和设施建设乡村学校，但由于人才流失，乡村学校难以为乡村建设和振兴提供必要的支持，使得投入与回报极不对称，乡村学校和乡村振兴战略面临着人才匮乏的困境。当前乡村学校人才培养的理念存在明显矛盾：一方面，乡村学校的目标是鼓励学生进城求学，但另一方面，乡村社会急需人才支持乡村教育和建设。我们既无法阻止乡村青少年追求城市教育，又难以解决乡村建设所面临的人才短缺问题。

二是与所需人才不相称。从城市返回的青少年往往与乡村实际需要的人才不匹配。城市化教育的影响导致这些年轻人心理上产生了复杂的变化：他们既觉得城市无法安家，又不愿意回到农村生活。在经历了城市的各种冲击后，他们的心态变得急躁，很难真正融入乡村的生活和建设中，甚至对乡土文化持有排斥态度。乡村教育有限的资源所培养出的人才大多流向城市，造成了人才的大规模流失，这与乡村急需人才的现实形成了鲜明对比。乡村教育投入与产出之间的不适应加剧了乡村教育投入的矛盾：在资源有限的情况下，所培养出的人才无法为乡村服务，也无法支持乡村教育事业，这导致了乡村教育与人才之间的脱节，以及乡村学校与乡村经济社会发展之间的脱节。

六、城镇化进程加快给义务教育均衡发展带来新挑战

城镇化进程所带来的影响不仅在规模上显著，也在受影响的儿童群体方面发生了变化。除了传统的流动儿童（来自农村）和留守儿童（居住在农村），近年来随着“就地/就近城镇化”的趋势，以及大城市的人口控制政策和越来越多的城镇居民参与外出流动，城镇留守儿童和城镇流动儿童也不断增多。据统计，2020年受人口流动影响的儿童总数比2010年增加了4730万人，其中流动儿童为7109万人，留守儿童为6693万人，合计受人口流动影响的儿童数量达到了1.38亿人，占儿童总人口的46.4%。人口流动，尤其是大量农村人口进入城市就业，打破了传统的城乡二元结构，形成了城市内部流动人口与本地居民之间的新的人口结构。与城乡教育二元结构相对应，城乡义务教育的一体化也应该有“空间维度”和“人口维度”两种类型，推进“人口维度”的教育一体化同样至关重要，其重要性不亚于“空间维度”的一体化[①]。然而，现有政策主要集中在“空间维度”的一体化上，对“人口维度”的一体化关注不足。与对流动/留守儿童教育的关注相比，地方政府的相关政策实施并不充分，存在着执行主体单一化、服务供给组织体系不健全、缺乏相对独立的绩效评估体系等问题[②]。

农村教育的盲目城市化导致了对乡土文化独特性的忽视。乡村的振兴与现代化进程不仅是国家政策的指引，更是乡村生活的迫切需求。然而，在乡村现代化的进程中，乡民们感受到一种不适，这种不适源于在追求乡村现代化的道路上，过度关注对物质需求的满足，而忽视了乡土文化内在价值的改善。现代化的教育理念并非单纯城市化，而应当符合乡村现代化发展理念。

目前，乡村社会的状况呈现出一种尚未完全确立现代化理念的态势，传统的乡土文化观念、治理理念与礼俗观念已经开始分崩离析，导致乡村社会的建设陷入迷茫。在文化方面，乡村文化的内涵与表现形式正在追赶城市的时代潮流，尽管居住在乡村，但乡村居民正努力建立起城市化的文化秩序。乡土风情逐渐被视作过时，传统的乡土文化、乡俗文化被视为历史遗产，导致乡民们对自身文化失去信心，新的文化观念又让他们感到迷茫，从而引发了一种不安的氛围。在社会生活方面，乡村现代化建设并不顺利，民众生活水平没有得到实质性提升，生活质量低下、休闲方式不健康等问题仍然存在。在乡村治理方面，传统的特色治理理念被抛弃，乡村非制度化的道德传统正在被法治精神所取代。以“礼治”为主的传统治理理念正逐渐瓦解，从城市引入的法治模式既不适应乡村社会的实际情况，又未能取得良好的效果，治理方式让乡民感到不适，现代化治理理念与乡村实际情况及传统治理理念之间的融合尚未达到理想状态。乡村生活的各个方面都出现了都市化趋势，乡土情感、乡村文化的传承与发展面临着严峻挑战。乡土文化所面临的这一潜在问题导致它走向与传统乡土文化完全不同的方向，即都市化的方向。乡村文

① 褚宏启.教育制度改革与城乡教育一体化——打破城乡教育二元结构的制度瓶颈[J].教育研究，2010，31(11)：3-11.

② 贾平.留守和流动儿童问题：政策与立法的不足[J].中国改革，2019(4)：68-70.

化的全面都市化，以及乡村文化对乡村教育的影响增大，使得学校的文化需求发生了转变，这也导致了教育实践的调整。乡村学校在融合现代文明理念和传统乡土文化观念，以及改良传统乡村文明方面贡献有限。乡村教育的办学理念与乡村社会发展相脱节，乡村学校缺乏对乡村社区生活的积极参与意识，其在乡村社区的功能未能充分体现。这些都是不断加快的城市化进程给乡村教育发展带来的挑战。

第四节　区域城乡义务教育一体化发展存在问题的成因

当前乡村教育面临困境的原因是多方面的，需要政府、社会、学校等多方面共同努力，采取综合措施，加强政策扶持，优化教育资源配置，促进城乡教育均衡发展，提高农村教育的质量和普及程度。重庆市城乡教育一体化发展面临问题的原因主要包括经济发展差异、城乡人口流动、教育资源配置不均及政策扶持不足等。

一、城乡二元经济社会结构制约城乡义务教育一体化发展

受城乡二元经济社会结构长期影响，地区城乡社会发展不均衡，特别是在教育领域。在追求"效率优先，兼顾公平"的思路下，国家财政逐渐向城市倾斜，而乡村的财富创造能力相对薄弱，导致了城乡经济差距日益扩大。城市的大量财政投入，使得教育等公共服务水平得以持续提升，而与此同时，城乡居民收入差距扩大，导致了教育投入差距的进一步拉大，实质上造成了教育的不公平现象。此外，城乡社会发展不平衡，城市对高学历高素质人才的吸引力较大，使得城乡教育从业人员的素质差距日益显著。综上所述，可以认为城乡二元经济社会结构是导致城乡义务教育差距的主要原因之一。

1.城乡居民收入差距增大

随着经济的不断发展和城镇化水平的提高，城乡居民之间的收入差距也逐步扩大。以重庆市为例，2022年的统计数据显示，城镇居民的人均可支配收入为45 509元，同比增长了4.6%；而农村居民的人均可支配收入为19 313元，同比增长了6.7%。尽管农村居民的收入增速高于城镇，但城乡居民之间的人均可支配收入差距仍然达到了26 196元。这一数据表明，城乡居民之间的收入差距不断扩大，城市和农村之间的经济水平存在显著差异①。

城乡居民收入差距的扩大导致了城乡教育水平的差距进一步拉大。首先，城乡居民的经济状况差异导致了他们对教育的理解和期望存在明显差异。城镇家庭普遍期望子女在义务教育阶段打好坚实的基础，以便将来获得更高层次的教育。相反，一些农村家

① 重庆市统计局 国家统计局重庆调查总队.2022年重庆国民经济和社会发展统计公报[R/OL].(2023-03-17)[2023-12-25].http://wap.cq.gov.cn/ywdt/jrcq/202303/t20230317_11775541.html.

庭受到经济条件的限制，更倾向于让子女尽快完成义务教育，投身于务实的就业，以支持家庭经济。因此，他们对义务教育的质量、学生成长目标及学习成效的要求不太高，甚至会出现一些学生因经济压力而中途辍学的情况。

其次，家庭教育在塑造学生的素质方面起着至关重要的作用。然而，城乡居民家庭收入的差距导致了城乡学生在家庭学习环境和学习资源方面存在巨大的差异。城镇家庭的学生能够更广泛地利用各种资源获取知识，农村家庭的学生则受到渠道单一的限制，因而城乡学生在教育质量上存在着显著的差距。

2.城乡义务教育经费投入二元化

我国长期存在着明确的城乡二元制结构，将城市与农村之间的差异界定得十分明确，并逐渐形成了“以城市为中心”的价值导向。在制定教育政策时，国家倾向于优先发展城市地区，这在资金分配上也得以体现。所谓“城市优先”政策，实际上是指在教育投入方面实行“先照顾城市、后考虑农村、先满足发达地区、后关注欠发达地区”的倾向性政策。这一教育政策的城市导向性导致了许多地区普遍采取了优先考虑城市的非均衡发展模式，最为明显的体现就是在义务教育投入方面采取了“城市投入较高、农村投入较低”的不均衡战略。

在当前以县级为主的义务教育管理体制下，城乡义务教育经费的投入主要由县级财政来承担，这导致了城乡义务教育经费的投入存在明显的二元化趋势。一些政府部门过于注重眼前的政绩，而忽视了长远的教育发展，他们更偏向于推行精英教育，加大对城镇重点学校的额外投入，而忽视了对农村条件较差学校的改善。尽管国家已经提出取消重点中小学政策，但这一政策的影响仍然会持续相当长的时间。

3.城乡义务教育办学标准二元化

受城乡经济社会二元结构的影响，城乡在教育投入方面呈现出明显的二元化趋势。城乡之间存在着教育水平和基础设施方面的固有差距，同时精英教育观念的影响也加剧了这种二元化现象。在政府部门的管理中，对城乡义务教育学校的办学标准往往存在着差异化的思维，对于乡村义务教育学校的要求往往较为宽松。

尽管近年来政府在基础设施和硬件配置方面加大了对乡村义务教育学校的投入力度，但是在师资水平和学校文化等软实力方面依然存在着明显的不足。这种学校办学标准的二元化现象导致了优质的师资和生源更倾向于向城镇学校聚集，进而拉大了城乡教育水平的差距。

4.城乡义务教育师资水平二元化

由于城乡经济发展水平的差异，目前城乡教师的待遇和生活水平存在显著的差距。城镇学校由于经济条件优越，在没有全面有效的教师保障体系的情况下，通过提高教师工资待遇以吸引高素质的教育人才。同时，城镇的高品质生活水平和便捷的配套设施也吸引了大量教师前往城镇工作，导致目前高素质教师资源集中于城镇学校。而乡村教师资源流失严重，造成了城乡义务教育师资水平的二元化现象。

在城镇学校，由于竞争压力大，教师们积极提升自身素质，参加各类教师培训，以适应激烈的竞争环境。相反,在乡村学校,由于教师资源紧缺且竞争压力较小,教师创新意识和学习意识相对淡薄。因此,形成了“马太效应”,使得城乡义务教育师资水平的差距越来越大。

教师的教学能力和教学素质直接影响着学校的办学质量。城乡义务教育师资水平的二元化现象直接导致了城乡学校办学质量的差距不断拉大。

二、教育财政经费投入状况影响城乡义务教育一体化发展

教育经费对于教育事业的发展至关重要。在很多贫困地区,学生数量众多,导致每人教育经费不足的问题十分突出。同时,教育经费的投资结构和方式存在问题,导致义务教育经费占比偏低,而且软硬件投资结构不够合理。

特别是在贫困县,由于财政经费有限,农村义务教育学校的财政支持受到限制,这使得这些学校在教育经费方面面临着压力。相较之下,城镇学校能够从更多的渠道吸收资金,而乡村学校的经费来源较为单一,这导致了城乡义务教育学校在经费投入方面存在明显的差距。由于乡村义务教育学校的建设进展缓慢,乡村振兴战略的全面推进受到了影响。

1.财政性教育经费投入总量不足

教育的发展需要财政的大力支持,教育经费则是办学的必要经济条件。教育经费是指中央和地方财政部门在财政预算中用于教育的实际支出,主要涵盖教育事业费用。教育事业费用是用于促进各种教育事业,尤其是义务教育事业的经费支出,主要包括教育公用经费和教育人员经费。教育公用经费是指用于支持学校教育教学活动的正常进行,以及整个学校的正常运转所需的物力和人力消耗所产生的费用。表4-36至表4-39是本书从2022年教育部财务司网站获取的各地区教育事业费用和公用经费,以及它们的增长情况:

表4-36　2022年一般公共预算教育经费增长情况

地区	一般公共预算教育经费（亿元）	一般公共预算教育经费占一般公共预算支出比例（%）	一般公共预算教育经费本年比上年增长（%）	财政经常性收入本年比上年增长（%）	一般公共预算教育经费与财政经常性收入增长幅度比较（%）
北京市	1161.00	15.54	2.28	-2.26	4.54
天津市	474.88	17.40	0.40	-18.01	18.41
河北省	1754.60	18.86	8.24	-15.94	24.18
山西省	855.84	14.56	10.33	25.33	-15.00
内蒙古自治区	674.21	11.45	6.39	21.95	-15.56
辽宁省	743.18	11.87	5.00	-6.01	11.01
吉林省	497.35	12.30	2.77	-18.40	21.17

续表

地区	一般公共预算教育经费（亿元）	一般公共预算教育经费占一般公共预算支出比例（%）	一般公共预算教育经费本年比上年增长（%）	财政经常性收入本年比上年增长（%）	一般公共预算教育经费与财政经常性收入增长幅度比较（%）
黑龙江省	614.68	11.27	1.21	–0.76	1.97
上海市	1093.09	11.64	7.87	–2.11	9.98
江苏省	2544.33	17.07	1.56	–10.36	11.92
浙江省	2182.55	18.16	7.52	1.57	5.95
安徽省	1420.07	16.95	7.96	5.58	2.38
福建省	1196.77	21.03	12.68	–6.47	19.15
江西省	1317.15	18.07	5.30	–1.29	6.59
山东省	2596.97	21.41	8.80	–7.50	16.30
河南省	1845.65	17.34	5.88	–2.91	8.79
湖北省	1279.80	14.84	4.47	1.36	3.11
湖南省	1530.29	17.02	7.41	–4.30	11.71
广东省	3863.13	20.84	1.84	–12.30	14.14
广西壮族自治区	1141.19	19.36	3.27	–0.40	3.67
海南省	306.29	14.60	1.19	–10.07	11.26
重庆市	827.66	16.92	2.81	–14.02	16.83
四川省	1856.26	15.58	6.61	1.32	5.29
贵州省	1152.81	19.70	2.41	1.63	0.78
云南省	1158.75	17.30	1.02	–11.96	12.98
西藏自治区	316.67	12.21	9.06	–20.05	29.11
陕西省	1052.34	15.56	1.81	18.55	–16.74
甘肃省	698.43	16.41	5.52	–0.37	5.89
青海省	230.92	11.69	0.24	1.54	–1.30
宁夏回族自治区	213.62	13.45	7.32	5.44	1.88
新疆维吾尔自治区	974.50	17.06	5.04	12.85	–7.81

表4–37　各级教育生均一般公共预算教育经费增长情况

地区	幼儿园		普通小学		普通初中	
	2022年(元)	增长率(%)	2022年(元)	增长率(%)	2022年(元)	增长率(%)
全国	10 198.39	7.29	12 791.64	3.32	18 151.98	2.14
北京市	37 950.54	−7.49	35 896.90	1.19	62 214.95	−2.98
天津市	22 348.54	−7.05	19 654.47	−4.22	28 877.17	−8.68
河北省	7996.58	12.63	10 557.45	8.63	14 666.50	5.74
山西省	6676.82	16.36	12 596.99	10.38	18 092.51	8.83
内蒙古自治区	16 055.55	13.44	15 731.39	7.55	20 600.46	8.27
辽宁省	6238.97	13.66	11 546.53	1.12	17 594.20	7.20
吉林省	11 999.98	10.52	14 853.07	0.61	19 239.45	1.26
黑龙江省	11 060.27	11.40	15 534.29	3.56	17 748.13	3.50
上海市	36 105.81	12.04	32 009.96	3.79	45 055.84	0.03
江苏省	11 064.71	5.85	15 497.60	0.50	23 603.87	−3.65
浙江省	16 961.68	4.54	20 263.06	3.35	29 204.74	3.48
安徽省	8507.60	8.22	11 413.72	2.24	17 745.05	1.82
福建省	9979.46	13.63	12 317.46	9.32	19 342.71	6.63
江西省	10 544.19	7.49	11 696.44	4.69	14 995.23	3.14
山东省	6487.23	11.93	11 898.77	7.45	18 364.61	4.08
河南省	4438.70	13.78	7339.47	3.39	10 541.81	1.01
湖北省	8188.40	3.31	11 696.22	1.76	18 334.67	0.23
湖南省	5681.65	8.48	10 843.53	5.71	16 099.47	6.13
广东省	10 228.76	6.57	14 942.65	0.26	21 955.12	−0.84
广西壮族自治区	4354.63	5.62	8904.78	0.29	11 637.40	1.03
海南省	14 331.93	2.90	12 878.22	0.31	18 558.99	0.25
重庆市	7677.13	−9.81	14 043.45	2.25	17 862.56	0.55
四川省	9345.88	7.10	12 237.31	3.91	16 255.17	4.12
贵州省	9667.48	4.06	11 168.63	0.63	14 656.91	1.05
云南省	7000.59	0.50	11 908.66	−0.18	14 879.17	−1.22

续表

地区	幼儿园		普通小学		普通初中	
	2022年(元)	增长率(%)	2022年(元)	增长率(%)	2022年(元)	增长率(%)
西藏自治区	27 901.16	5.45	32 704.15	6.40	38 904.38	9.82
陕西省	13 367.76	0.49	13 418.12	-0.57	19 899.13	0.17
甘肃省	10 434.93	7.48	12 637.47	2.93	16 185.39	4.22
青海省	8929.63	0.88	15 675.89	0.14	20 656.82	3.30
宁夏回族自治区	9666.32	4.94	12 441.68	6.61	16 726.97	4.31
新疆维吾尔自治区	14 905.41	33.09	13 164.90	0.14	20 916.25	0.04

表4-38 各级教育生均一般公共预算教育事业费支出增长情况

地区	幼儿园		普通小学		普通初中	
	2022年(元)	增长率(%)	2022年(元)	增长率(%)	2022年(元)	增长率(%)
全国	9736.51	7.83	12 259.53	3.53	17 225.61	2.59
北京市	37 880.85	-1.71	35 265.13	4.85	58 564.07	2.46
天津市	22 372.49	-9.33	19 446.29	-4.36	28 652.87	-7.79
河北省	7961.33	12.81	10 429.42	9.03	14 302.09	7.27
山西省	6348.86	12.55	11 990.68	8.09	17 095.18	7.42
内蒙古自治区	14 946.15	6.75	14 989.72	8.32	19 211.92	6.98
辽宁省	5970.53	11.70	11 201.39	0.24	16 835.40	5.56
吉林省	12 033.03	1.88	14 452.71	-2.66	18 506.56	-3.67
黑龙江省	10 820.28	7.48	15 225.97	1.34	17 393.23	2.46
上海市	29 835.46	8.91	26 260.19	1.40	37 014.91	1.92
江苏省	10 392.31	10.30	14 629.34	1.99	22 193.12	-2.29
浙江省	15 634.26	6.94	19 094.92	3.56	27 292.98	4.01
安徽省	8494.11	8.62	11 313.88	2.92	17 234.31	3.35
福建省	9932.86	9.88	11 951.97	6.71	18 679.11	4.22
江西省	10 164.00	7.09	11 351.66	5.27	14 450.03	4.08
山东省	6224.40	12.43	11 395.94	7.63	17 339.11	4.93

续表

地区	幼儿园		普通小学		普通初中	
	2022年（元）	增长率（%）	2022年（元）	增长率（%）	2022年（元）	增长率（%）
河南省	4271.84	11.38	7080.78	3.54	10 054.21	0.97
湖北省	8258.87	2.24	11 760.14	0.98	18 423.46	−0.48
湖南省	5410.73	8.46	10 542.32	5.56	15 434.12	5.11
广东省	9857.27	7.82	13 487.34	0.47	19 522.88	−0.09
广西壮族自治区	4271.47	6.98	8798.40	−0.16	11 279.06	−1.47
海南省	14 159.42	0.81	12 729.79	0.61	18 098.74	1.19
重庆市	7325.45	−8.26	13 193.73	1.92	16 868.73	2.50
四川省	8776.83	9.12	11 758.62	4.60	15 568.94	4.65
贵州省	9611.71	8.50	11 000.58	2.90	14 481.32	4.07
云南省	6737.16	−0.24	11 715.41	−0.16	14 676.95	−0.88
西藏自治区	26 220.17	10.79	30 155.70	10.64	37 079.89	14.10
陕西省	12 581.74	3.83	12 827.17	2.38	18 619.83	2.24
甘肃省	10 162.40	6.42	12 342.42	2.25	15 633.69	3.21
青海省	7481.39	2.83	14 560.43	1.85	19 305.09	4.42
宁夏回族自治区	9830.29	−8.53	12 569.64	0.06	16 772.49	0.03
新疆维吾尔自治区	14 460.03	33.98	12 568.54	0.53	19 669.03	0.59

表4−39 各级教育生均一般公共预算公用经费支出增长情况

地区	幼儿园		普通小学		普通初中	
	2022年（元）	增长率（%）	2022年（元）	增长率（%）	2022年（元）	增长率（%）
全国	3208.62	−0.51	2785.89	−2.43	4167.74	−0.86
北京市	13 451.46	−8.14	10 055.04	2.69	18 312.17	3.36
天津市	5417.67	−29.42	3556.85	−7.40	5107.70	−16.86
河北省	1707.26	−3.50	2350.15	−4.99	3485.60	−1.30
山西省	2243.66	8.35	2625.15	3.02	4059.14	9.18
内蒙古自治区	4619.29	−8.57	3146.49	−6.30	4202.12	−6.87

续表

地区	幼儿园		普通小学		普通初中	
	2022年(元)	增长率(%)	2022年(元)	增长率(%)	2022年(元)	增长率(%)
辽宁省	2034.12	-0.75	1878.17	-15.86	2623.98	-4.46
吉林省	3736.50	-11.87	2646.09	-17.85	3848.82	-17.58
黑龙江省	4398.39	0.63	2392.30	-14.60	3115.25	-13.53
上海市	6563.63	-19.79	5650.58	-20.32	8678.54	-12.02
江苏省	2993.43	5.50	2757.82	-0.68	4572.27	-6.00
浙江省	5631.45	7.94	4608.32	12.54	6280.17	12.29
安徽省	3662.07	10.70	3235.43	4.73	5141.04	6.30
福建省	2709.06	-1.40	2553.03	-5.42	3801.15	-7.78
江西省	4951.03	-0.10	3921.45	6.70	5810.65	3.74
山东省	1739.19	-15.72	1930.07	-7.84	3250.44	-8.82
河南省	1409.78	13.91	1755.39	-1.29	2716.07	-0.47
湖北省	3474.90	1.06	3339.29	1.29	4894.87	3.55
湖南省	2248.05	3.94	2382.94	-6.01	3954.54	1.10
广东省	3456.04	5.46	3119.07	0.57	4789.39	5.52
广西壮族自治区	1459.08	-10.29	1767.88	-14.31	2562.70	-13.17
海南省	7583.10	-14.01	3982.93	-11.95	7535.75	-2.28
重庆市	3642.46	-18.47	3397.52	0.01	4505.71	2.15
四川省	3815.84	3.51	2777.26	-1.85	3782.81	-0.32
贵州省	2917.10	17.79	2050.51	0.55	2961.68	10.35
云南省	1684.83	-11.79	1900.88	-12.80	2504.94	-10.23
西藏自治区	7138.85	3.75	6863.87	10.84	9921.73	33.88
陕西省	4448.15	2.48	4186.28	-3.00	5657.60	-3.85
甘肃省	2841.72	-6.44	2759.49	-5.14	3569.53	-2.29
青海省	3116.02	-1.12	3827.14	3.53	5322.97	14.39
宁夏回族自治区	5617.34	-19.85	3995.06	-10.91	5526.65	-14.25
新疆维吾尔自治区	2089.67	13.44	1823.07	-16.59	4312.11	-5.57

根据上述四份表格数据，可以明显观察到，重庆市在一般公共预算教育经费投入方面的位置相对偏后，特别是在小学和初中生均教育事业费及公用经费方面，与全国平均水平存在显著差距。具体而言，2022年，重庆市小学和初中生均教育事业费分别位列全国第12名和第21名，而2017年小学和初中生均公用经费则分别位列全国第11名和第13名。尽管2022年重庆市的教育经费支出达到827.66亿元，排名全国第20位，但庞大的学生基数使得总体教育经费相对不足。而义务教育阶段生均教育经费的不足导致了义务教育学校，特别是乡村义务教育学校的发展受限，进而阻碍了城乡义务教育一体化的进程。教育经费投入结构的偏差主要表现在以下两个方面。

一方面，在教育经费的投入上，特别是对于义务教育阶段的教育经费投入较少。通过与全国情况的对比，可以明显观察到，随着学校级别的降低，重庆市义务教育阶段的生均教育经费不断减少，并且与全国平均水平之间的差距不断扩大。特别是义务教育阶段学校的教育经费，在公用经费的投入上，存在严重不足的问题，这导致义务教育学校面临着严峻的经费紧张情况，尤其是经济欠发达的偏远山区学校，甚至难以维持正常运行。

另一方面，教育经费投入还存在软硬件投入不合理的问题。为了满足学校标准化建设的需要，各地教育资金主要投入于学校的标准化建设和硬件配置方面，而在配套设施的维护管理和教师培训方面的投入相对较少。这导致配套设施的闲置和损坏，以及城乡教师教学水平之间的差距越来越大。

2. 县级财政难以满足教育经费需求

目前，县级义务教育的经费主要来源于国家和省级财政增加的转移支付支出，其他费用则全部由县级财政承担。县级财政在教育支出上承担了沉重的负担，尤其是农村义务教育经费不足的问题更为严重。在贫困县和部分财政收入较低的地区，由于财政经费紧张，农村义务教育经费的有效供给难以得到保障。2015年发布的《国务院关于进一步完善城乡义务教育经费保障机制的通知》(国发〔2015〕67号)中指出，“中央继续对中西部地区及东部部分地区义务教育教师工资经费给予支持，省级人民政府加大对本行政区域内财力薄弱地区的转移支付力度。县级人民政府确保县域内义务教育教师工资按时足额发放，教育部门在分配绩效工资时，要加大对艰苦边远贫困地区和薄弱学校的倾斜力度。”然而，工资支出并未被纳入中央政府的分担范围，这使得县级财政承担着极大的压力，从而限制了城乡义务教育的均衡发展。因为县级政府是管辖范围有限的行政单位，难以应对巨大的财政压力，所以很难制定出行之有效的解决方案。加之目前税费改革中教育经费保障机制的不健全，导致教育经费的分配存在缺陷，许多县级政府难以完成政策要求的教育经费支出。

3. 农村义务教育学校财权受限

目前的义务教育管理体制倡导简政放权，旨在减少政府对学校的干预，将更多的决策权下放到地方和学校，以扩大地方和学校的办学自主权。然而，由于传统思维的束缚和管理体制的僵化，过去政府与学校之间的管理关系并未从根本上得到转变。政府及其教育行政部门仍然在全方面、全过程上行使对中小学校的管理权，超出了应有的权限范围，导致学校的办学自主权难以真正实现。尤其在实施农村义务教育经费保障新机制后，财政部和教育部要求对农村中小学实行“校财局管”，使得财政管理权上移，导致学校公用经费管理自主权被削弱，可能打击学校的办学积极性。

当学校的资金需求与财政经费项目不匹配时，会出现学校某项开支紧张而账目经费结余的情况，即“有钱不能花”的现象。这种情况削弱了学校办学的积极性，导致教育资金的浪费和闲置。

三、僵化的管理体制使城乡义务教育一体化发展缺乏活力

作为公共资源，义务教育的提供者是政府，因此，政府的管理机制直接影响着义务教育的发展。管理机制的僵化会阻碍教育体系内各要素之间的协调，进而妨碍义务教育城乡一体化的进程。在当前的情况下，许多地区对教育的重视程度不足，管理体制呈现僵化状态，缺乏健全的监管机制，再加上城乡地位在整体管理体系中的不平等现象，这些因素共同导致城乡义务教育一体化发展乏力，进一步影响了乡村教育振兴和乡村振兴战略的实施进程。

1.对教育基本公共服务重视不够导致教育发展动力不足

教育的进步离不开充足的资源投入，而政府作为提供公共服务的主体，其对教育的重视程度将直接影响其在教育领域的支出。近年来，政府在教育方面的投资有所增加，城乡教育状况有所改善，但相对于其他领域，教育仍然处于次要地位。这是因为当前政府领导班子的绩效评估主要关注经济发展，导致很多地方政府将工作重点放在了经济建设上，对公共服务领域的投入不足，没有将教育放在优先发展的地位上。在一些贫困地区，政府将工作重心放在了扶贫上，忽视了乡村的长期发展，特别是在一些长期收益较低的领域，如教育等方面的投入较少。教育的投资需要全方位持续的支持，包括基础设施和硬件设备的投入，也包括教师队伍和校园文化的建设。乡村义务教育学校软硬件配置不平衡的现象十分突出，学校软实力是推动学校教育水平提高的关键动力，而对学校软实力建设的忽视使得乡村义务教育缺乏持续的发展动力。乡村振兴战略是一项长期的战略，需要乡村教育的持续发展，而乡村教育发展动力不足将导致乡村振兴战略所需的人才短缺，乡村人口素质难以提升，从而影响乡村振兴战略的长期实施。

2.“以县为主”的教育管理体制制约教育发展

按照《中华人民共和国义务教育法》的规定：“实行国务院领导，省、自治区、直辖市人民政府统筹规划实施，县级人民政府为主管理的体制[①]。”这种义务教育管理制度相较以往加强了省级政府的整体规划职责，同时再次确认了县级政府的主导地位。这一制度明确了各级政府的经费分担责任，同时确保了县级政府的权力，激发了县级政府推动义务教育一体化的积极性。然而，目前尚未明确地方各级政府应承担的教育经费支出，教育经费保障机制仍不够健全，同时县级政府在管理权和资源分配方面受到了较大限制，各

① 刘阳科.对县级政府履行教育职责督导评价的多维视角[J].教育测量与评价，2019(2):22-26.

县的财政状况存在较大差异，这制约了资源在县内和县际的流动，一定程度上影响了城乡义务教育一体化的发展。

3.“政出多门”的教育管理体制导致教育问题复杂化

教育的发展问题是一个跨越多个领域的综合性难题，牵涉到经济、社会、文化等多个方面，因此，教育事业的管理也必然是一个涉及多级政府和多个部门的协调合作的复杂过程。以一个县为例，教育问题需要教育局、财政局、人社局、国土资源局、编制办等多个政府部门的共同参与。在教育管理中，这些部门不仅需要服从县委、县政府的领导，还需要接受上级对口部门的指导，各部门之间的协调合作面临巨大的挑战。各部门职责分散，权责不明，相互之间的制约和摩擦较为明显，导致办事效率不高，许多矛盾难以及时得到解决，问题积压难消。多部门参与治理不仅使政府行政效率降低，还影响了城乡义务教育的一体化发展，也对学校的具体办学行为产生了负面影响。在学校办学过程中，需要面对来自各方面的检查和监督，当问题出现时，各部门之间责任划分不清，常常出现相互推诿的情况，导致学校问题得不到及时解决，制约了学校的进一步发展。

4.教育管理缺乏完善的监督机制

目前，政府在推进县域义务教育城乡一体化方面采取了多项措施，但在监督教育管理方面的机制却未能满足社会发展的需求。现行的教育管理体制下，政府部门承担了过多职责，既负责制定制度，又负责政策执行和绩效评估。在政策制定方面，政府部门的倾向可能影响政策的客观性，导致政策与实际需求不符；在政策执行方面，由于缺乏权力的监督和制约，政策执行常常存在形式主义等问题，导致执行效果不佳；在政策评估方面，目前仅有教育行政部门内部的督导机构进行评估，缺乏客观的第三方评估，难以形成有效的监督与评价机制。无论是对于县域义务教育一体化的制度制定、政策执行还是绩效评估，都缺乏完善的监管机制。目前的义务教育均衡发展评价体系主要注重学校的标准化建设和硬件资源配置，而忽视了教育质量和教学水平等方面，使得义务教育一体化的内涵被忽视。由于监管机制不完善，相关部门对于义务教育一体化政策的实施缺乏积极性，目标不明确，从而影响了义务教育城乡一体化的发展动力。

5.城乡地位的不平等导致城乡教育两极分化

从权力结构的角度来看，我国长期形成的城乡二元发展格局，导致了城市对农村的权力控制。从空间分布上来看，权力主要集中在行政中心，由行政中心向外辐射，距离行政中心越远，所接受的权力辐射就越少。在资源配置方面，各类资源主要集中在行政中心，由各行政中心进行调配，行政层级越高，集中的资源越多，而远离城市中心的乡村地区，资源相对贫乏，边缘化现象更为明显。城镇和乡村在权力和资源上的差距导致了城乡地位的不平等，城镇在教育政策和资源分配方面拥有更多话语权，而乡村在教育方面无法自主决策。在推动义务教育城乡一体化的过程中，乡村参与决策和执行的程度不高，容易导致政策制定和实施与乡村教育发展实际情况不符。因此，在乡村振兴战略中，提升乡村地位，扩大乡村办学自主权，仍然是一个需要深入研究的问题。

四、乡村教育脱离乡土文化土壤，定位模糊，盲目跟从城市教育

1.乡村教育未能坚守自己的价值定位

受到城市化教育理念的冲击，乡村教育的"为农服务"的办学理念在实践中并未得到充分落实。在新农村建设时期，乡村教育的改革与发展需要深入挖掘和发挥乡村教育在建设新农村方面的功能，然而现实中却面临着多种障碍。城市教育对乡村教育的冲击导致人们普遍对城市教育盲目追捧，而对乡村教育缺乏自信。当前城乡社会发展的差距日益扩大，城乡间教育差距也在不断增加。城市教育所采用的符合经济社会发展需求的人才培养理念、现代化教育技术和方式及优质的教育资源等因素，进一步增强了人们对城市教育的信心。城市教育的优势吸引了农村学生积极追求进入城市，片面追求升学率的现象日益严重。与此同时，乡村教育在办学理念、人才培养目标和课程知识体系等方面纷纷效仿城市教育，导致乡村学校在融入农村社会生活方面的意识较为薄弱，乡村民众对乡村教育的不信任也在逐渐加深。在现实的压力下，乡村学校过度专注于提高升学率，将大量优质生源输送至城市教育系统；同时，农民对乡村教育产生了怀疑和抵触情绪，进一步加剧了他们对乡村学校的排斥心态。"人的素质差是造成落后的根本原因。"城乡人才结构和素质的差距不断扩大，导致了城乡社会发展差距的日益扩大。

乡村教育在面对城市化教育的影响时，往往盲目地模仿城市教育，而忽视了自身独特的文化特色。城市文明对乡村社会产生了单向的影响，导致乡村教育在培养目标、办学理念、教学内容、教学方式和教学管理等方面与城市教育极为相似。然而，乡村社会的发展水平与特殊性并不支撑全面城市化的教育体系。乡村社会缺乏城市社会所具备的现代性思想、观念、文化，甚至情感。城乡教育差距的扩大和教育现代化的加速，导致了乡村教育盲目地追求城市化发展，却忽视了自身独特性。"我们忽视了乡村教育的精髓，那就是与乡村自然的亲密联系，凸显了内在的自然情怀。村民根植于自然的乡村劳作、习俗、传统等生活方式，为青少年提供了与自然融合的生活体验，这是城市教育所无法比拟的。"然而，乡村教育却逐渐远离了乡村文化，走出了乡村的范畴。因此，乡村教育的改革必须回归到具体的乡村生活和乡村文化领域，才能更好地满足乡村教育的需求。

2.忽视乡土教材的开发和落实

当前，乡村学校的课程设置显现出明显的"城市化"倾向，与城市学校的课程体系相比差异不大。乡村学校的课程体系脱离了乡村实际，缺乏对乡土知识的挖掘和教授，乡土教材的开发和实施也存在一系列问题。为农思想在乡村学校的课程设置、人才培养方案和办学理念中逐渐被弱化，乡村教育改革的方向也逐渐脱离了乡村社会的地域性和实际需求。乡村学校培养的人才与乡村社会的发展需求存在矛盾，导致乡村教育的育人和社会服务功能受到削弱。乡土教材的功能尚未完全发挥出来，其开发与实施也面临着多种困难。首先，各地普遍忽视对乡土教材的开发，加强了城市化价值取向。其次，缺乏物质资助和上级对乡土教材开发的重视，导致了乡土教材开发的难度。再次，乡土教材的

编写要求编写人员能够深刻理解乡土文化的内涵。最后，乡土教材在总体课程中所占比例不高，也无法在具体课堂教学中发挥主体性地位。

3.乡村教育投入管理机制的不适宜性

早在2001年，我国就确定了“以县为主”的农村基础教育投资管理体制，旨在更好地解决农村教育面临的经费问题。2006年，国家实施了“新机制”，建立了中央和地方分项目、按比例分担的农村义务教育经费保障机制，进一步推动了农村教育管理体制的改革。这些举措在一定程度上反映了农村教育发展的需要，有效地解决了部分地区的经费问题。

然而，我国农村社会的发展存在着复杂的现实情况，地域差异、经济发展水平的不均衡等因素使得对于农村教育问题的处理需要因地制宜。尽管“以县为主”的教育管理体制对于大部分农村地区来说能够妥善处理乡村学校的经费问题，但对于特困地区而言，这一体制可能并不能满足其对教育经费的需求。

同时，历年来由于各种原因，我国农村教育经费欠债较多，现有的教育投资管理体制在解决历史遗留债务的基础上，难以提供足够的资金维持乡村学校的日常教学需要。因此，未来在制定相关政策和方针时，应该更加注重实际情况，采取因地制宜的原则，以更好地促进农村教育的发展。

4.社会对乡村教育价值的忽视与怀疑

乡村教育质量的不高导致了人们对乡村教育的忽视和怀疑，进而造成了社会对乡村教育价值的不客观评价。与此同时，社会对乡村教育的不公正对待和评价，以及城市教育对乡村教育独特价值性的冲击，反过来又对乡村学校的办学理念和目标产生了影响，使得乡村村民对乡村教育不自信，乡村教育的独特价值逐渐被忽视。这种情况主要体现在以下几个方面。

首先，受我国传统观念的影响，社会对乡村教育持有非理性的看法，并且受到现代化都市理念的冲击，人们对乡村教育的评价不客观。

其次，乡村教育对自身价值定位有所怀疑和动摇。乡村教育在城市化取向和农村化取向上徘徊不定，导致其在办学理念、人才培养目标、课程设置等方面产生了矛盾和迷茫。

最后，乡村村民对乡村教育价值的忽视和怀疑也是一个重要因素。随着乡村社区留守儿童数量的增加，乡村村民对孩子教育的重视程度下降，乡村教育的价值被忽视和质疑。同时，乡村学校的办学目标过分关注学生的升学问题，而忽视了留守儿童心理健康和人格发展的需求，这也影响了乡村教育质量的提升。

综上所述，这些因素共同导致了乡村教育质量的下降，制约了乡村教育的发展和提升。

第五章　区域城乡义务教育一体化发展的路径探索

第一节　区域试点深化体制机制改革，统筹城乡义务教育发展规划

通过区域试点，探索符合当地实际的义务教育发展模式，创新体制机制，破解城乡义务教育发展中的难题，提高义务教育质量和水平。在区域试点中，需要注重科学规划、突出重点、创新机制、加强保障、总结推广。

一、科学规划：区域试点深化体制机制改革与统筹城乡义务教育发展的基础与前提

1.科学规划的意义

科学规划是区域试点深化体制机制改革，统筹城乡义务教育发展规划的基础和前提。只有科学规划，才能够明确试点工作的目标、任务、措施和时间安排，为后续工作提供指导和依据。同时，科学规划有助于合理配置资源，提高试点工作的针对性和有效性，避免盲目性和随意性。

2.科学规划的原则

整体性原则。科学规划应从整体出发，统筹考虑城乡义务教育发展的各个方面和环节，确保各项工作相互衔接、协调一致。

差异性原则。由于各地经济社会发展状况和教育资源分布不同，科学规划应充分考虑差异性，制定符合当地实际的试点方案。

可持续性原则。科学规划应注重可持续性,既要满足当前发展需要,又要考虑长远发展,确保改革成果能够长期发挥作用。

可操作性原则。科学规划应注重可操作性,确保试点方案和实施计划具有可行性和可操作性,能够在实践中得到有效执行。

3.科学规划的内容

明确试点目标。根据当地实际情况,明确试点工作的具体目标,如提高义务教育质量、促进教育公平等。

制定试点方案。围绕试点目标,制定具体的试点方案,包括试点范围、时间安排、工作措施等。

优化资源配置。根据试点需要,优化教育资源配置,确保各项改革措施得到有效保障和支持。

完善政策体系。制定和完善相关政策体系,为试点工作提供政策支持和保障。

加强组织领导。建立健全试点工作领导机构,明确各方职责和工作分工,确保试点工作有序推进。

4.科学规划的方法

深入调研。对当地经济社会发展状况、教育资源分布和义务教育发展实际进行深入调研,为科学规划提供依据。

数据分析。运用数据分析方法,对调研数据进行整理和分析,挖掘数据背后的规律和趋势。

专家论证。邀请相关领域专家对试点方案进行论证和评估,确保方案的科学性和可行性。

公众参与。通过多种方式征求公众意见和建议,增强试点工作的民主性和科学性。

5.科学规划的实践案例

重庆市云阳县在推进义务教育一体化发展过程中,注重科学规划,确保教育资源的合理配置和高效利用。根据城乡人口分布、经济发展状况和教育需求等因素,制订了详细的教育发展规划,明确了学校布局、资源配置、教师队伍建设等方面的具体目标和措施。

在科学规划的基础上,重庆市云阳县加大了对教育的投入力度,改善了农村学校的办学条件,提高了城乡学校的教育教学质量。他们还通过优化教育资源配置、推进教育信息化、加强教师培训等措施,推动了城乡教育的一体化发展。

此外,重庆市云阳县还注重规划的可持续性和可操作性,确保规划能够得到有效实施并取得实效,因此建立了规划督导小组,定期对学校开展规划的落实情况进行督导检查,确保学校按照预期规划要求开展各项工作。

二、突出重点:选择关键领域与环节实现突破

针对当地义务教育发展中的突出问题和短板,改革需选择重点领域和关键环节进行突破,如教师队伍建设、教育教学改革、教育资源配置等。

在区域试点深化体制机制改革、统筹城乡义务教育发展规划的过程中,突出重点是至关重要的。重点领域的选择和关键环节的把握直接影响试点的成效和整个义务教育的发展水平。因此,在实践中,必须紧紧围绕重点,制定切实可行的方案和措施,确保试点工作取得实质性进展。

1. 突出重点的意义

突出重点是在区域试点深化体制机制改革、统筹城乡义务教育发展规划中实现高效、精准改革的关键。只有集中力量解决重点领域和关键环节的问题,才能有效破解城乡义务教育发展的瓶颈,提升整体发展水平。同时,突出重点有助于合理配置资源,优化改革路径,确保试点工作取得最大效益。

2. 确定重点的原则

问题导向原则。重点领域的选择应针对城乡义务教育发展中的突出问题和短板,聚焦制约发展的瓶颈因素,优先解决紧迫且具有重大影响的问题。

战略性原则。重点领域应具有战略意义,对城乡义务教育长远发展具有重要影响。重点还应放在关系教育全局和长远发展的关键领域和环节。

可行性原则。重点领域应具备实施条件和可行性,能够通过改革试点实现突破和创新。同时,要充分考虑地方实际,确保重点领域与当地经济社会发展状况相适应。

示范性原则。重点领域应具备较好的示范推广价值,能够为其他地区提供借鉴和参考。通过试点形成可复制、可推广的经验和模式,推动城乡义务教育均衡发展。

3. 确定重点的方法

深入分析。对城乡义务教育发展现状进行深入分析,找出制约发展的瓶颈因素和突出问题,为确定重点领域提供依据。

调查研究。通过调查研究了解地方实际需求和教育改革发展趋势,听取各方意见和建议,确保重点领域的针对性和可行性。

专家论证。组织专家对拟定的重点领域进行论证评估,确保其科学性、合理性和战略性。同时,利用专家的专业知识和经验对改革措施制定进行指导。

比较借鉴。比较借鉴国内外先进的教育改革经验和模式,从中汲取有益启示,为本地区确定重点领域提供参考。

4. 突出重点的实践案例

为更好地说明突出重点在区域试点深化体制机制改革、统筹城乡义务教育发展规划中的作用,以下将结合具体实践案例进行分析。

(1)重庆市潼南区以教师队伍建设为重点,提升农村教师素质。

重庆市潼南区通过多种途径加强教师队伍建设,提高教师教育教学水平,以实现城乡义务教育的均衡发展。

在实施乡村教师支持计划方面,通过定向培养、在职培训、骨干引领等方式,提高乡村教师的教育教学能力和专业素养。

在加强城乡教师交流方面,推动城区教师到乡村学校支教、轮岗,同时鼓励乡村教师到城区学校跟岗学习,实现城乡教师资源的共享。

在建立教师激励机制方面,通过设立奖励基金、优秀教师评选等方式,激发教师的工作热情和积极性,提高教师的职业认同感和归属感。

在加强教师培训方面,定期开展各种形式的教师培训,包括教育教学理论、教学方法、教育技术应用等方面的培训,提高教师的专业素养和教学能力。

通过以上措施,重庆市潼南区在提升教师队伍建设方面取得了显著成效,为城乡义务教育的均衡发展提供了有力的人才保障。

(2)重庆市巴南区以学校基础设施建设为重点,改善农村办学条件。

重庆市巴南区近年来投入大量资金作为"薄改提升"专项资金,主要用于学校的校舍与运动场建设、设施设备更新、教室灯光改造、食堂设施改造升级等方面。此外,重庆市巴南区还为学生配备了课桌凳、学生公寓床等设施,并搭建完成了心理咨询校级平台,以及为音体美教室配置设备设施等。

在农村义务教育学校方面,重庆市巴南区实现了网络教学环境全覆盖,为区内多所学校搭建了班班通互动系统与病毒防控系统,并配备了班班通和心理咨询办公计算机、班班通一体机、学生机房、小规模学校信息化等设施,全面提升了农村学校教育信息化应用水平。

这些措施有效地改善了农村学校的办学条件,推动了城乡教育一体化发展,满足了人民群众对优质教育的需求。因此,可以说重庆市巴南区义务教育一体化的工作在学校基础设施建设、农村办学条件改善方面做得相对较好。

(3)重庆市巫山县以促进教育公平为重点,完善教育管理体制。

重庆市巫山县政府高度重视义务教育均衡发展,将其纳入全县经济社会发展总体规划,并作为对乡镇(街道)教育工作督导评估的重要内容。

在改善农村学校办学条件方面,重庆市巫山县实施了农村义务教育薄弱学校改造计划、校舍安全工程等,提高了农村学校的硬件设施水平。此外,重庆市巫山县还加强了教师队伍建设,通过定向培养、在职培训、骨干教师交流等方式,提高了农村学校教师的教育教学水平。

在促进教育公平方面,重庆市巫山县坚持阳光招生政策,规范招生秩序,确保每个学生都能享受到公平的教育机会。同时,重庆市巫山县还加大了对贫困学生的资助力度,通过实施营养改善计划、免除学杂费等措施,减轻了家庭经济困难学生的负担。

在教育管理体制方面,重庆市巫山县建立了完善的教育督导机制,定期对学校进行督导检查,确保学校按照规定的标准和要求开展教育教学工作。此外,重庆市巫山县还加强了与周边区县的合作交流,共同推进义务教育一体化发展。

三、创新机制:激发区域试点活力,增强城乡义务教育发展动力的关键

在区域试点深化体制机制改革、统筹城乡义务教育发展规划的过程中,创新机制是激发活力、增强动力的关键。通过创新管理机制、投入机制、教师队伍发展机制等,能够打破传统束缚,释放发展潜力,推动城乡义务教育迈上新台阶。

1.创新机制的意义

创新机制对于区域试点深化体制机制改革、统筹城乡义务教育发展规划具有重要的意义。首先,创新机制能够为试点工作注入新的活力,打破固有模式和惯性思维,引领改革创新的方向。其次,创新机制有助于优化资源配置,提高资源利用效率,为城乡义务教育提供更加稳定、可持续的保障。最后,创新机制能够促进教育公平,缩小城乡差距,推动义务教育均衡发展。

2.创新管理机制

强化政府责任。明确各级政府在城乡义务教育发展中的职责和任务,建立目标责任制和考核机制,确保政策措施的有效执行。

完善投入保障机制。加大财政投入力度,优化财政支出结构,确保教育经费"两个只增不减"。同时,拓宽投入渠道,鼓励社会力量参与义务教育发展。

实施绩效管理。建立以绩效为导向的管理机制,完善义务教育学校绩效评价制度。通过评价结果的应用,激励学校和教师提高教育教学质量。

健全监督机制。加强教育督导评估工作,完善监督体系,对试点工作进行全程跟踪和监督,确保改革措施落到实处。

3.创新投入机制

加大财政投入力度。各级政府应加大对城乡义务教育的财政投入,确保教育经费的稳定增长。同时,优化财政支出结构,重点支持贫困地区和薄弱学校的改善工作。

引导社会资本投入。通过政策引导和优惠措施,鼓励社会资本进入义务教育领域。

完善资助体系。建立健全城乡义务教育家庭经济困难学生资助体系,确保家庭经济困难学生不因贫失学。

4.创新教师队伍发展机制

加强教师培训。加大对城乡教师的培训力度,提高教师的教育教学水平和专业素养。建立完善的培训体系,针对不同层次、不同需求的教师开展有针对性的培训项目。

实施城乡教师交流轮岗制度。鼓励城乡教师交流轮岗,促进教师资源的均衡配置。建立健全教师交流轮岗的激励机制和保障机制,确保交流轮岗工作的顺利实施。

完善教师职称评聘制度。建立符合实际的教师职称评聘标准和管理办法,确保职称评聘工作的科学性和公正性。加大对农村教师的职称评聘支持力度,激发教师的工作积极性。

5.创新教学模式与技术应用机制

推进课程改革。加强课程建设,构建符合素质教育要求的课程体系,注重培养学生的创新精神和实践能力。同时,加大对地方课程和校本课程的支持力度,鼓励学校开发具有特色的课程资源。

促进信息技术与教育融合。加强信息技术在教育教学中的应用,推动城乡义务教育数字化、智能化发展。建立完善的教育信息化服务体系,提高教师信息技术应用能力和学生信息素养。

创新教学方法与评价方式。鼓励教师探索多样化的教学方法和评价方式,注重过程评价和学生综合素质评价,促进学生的全面发展。同时,加强对学生个性化需求的关注,为每个学生提供适合的教育。

建立家校共育机制,加强与家长的沟通合作,建立有效的家校共育机制,促进家庭教育与学校教育的协调配合,共同营造有利于学生健康成长的环境。

6.实践案例:重庆市沙坪坝区以信息化手段创新教育管理模式

重庆市沙坪坝区在统筹城乡义务教育发展规划中,注重创新管理机制和技术应用机制的结合。他们以信息化手段为支撑,通过建设教育管理公共服务平台和教育资源公共服务平台等措施,创新教育管理模式,提升管理效率和教育教学质量,具体实践如下。

建设教育管理公共服务平台。该平台整合了教育行政部门、学校、师生等各方资源,实现了教育数据的共享与交换,提高了管理效率。通过该平台可以全面掌握全区义务教育学校的办学条件、教育教学质量等实时数据,为科学决策提供有力支持。

建设教育资源公共服务平台。该平台汇集了各类优质教育资源,包括课程资源、教学资源、教师培训资源等,为城乡义务教育学校提供了丰富的教育教学素材,促进了资源的共享与交流,有助于缩小城乡资源差距,提升整体教育教学水平。此外,重庆市沙坪坝区还通过信息化手段推进了城乡教师交流轮岗制度的实施,促进了教师资源的均衡配置,提高了农村教师的教育教学能力,激发了教师的工作热情,促进了城乡义务教育的均衡发展。

四、强化保障:确保区域试点改革与城乡义务教育发展规划顺利实施的关键环节

在区域试点深化体制机制改革、统筹城乡义务教育发展规划的过程中,加强保障是确保改革顺利实施的关键环节。只有建立健全的保障机制,才能确保各项改革措施得到有效执行,实现城乡义务教育均衡发展的目标。

1.加强保障的意义

加强保障旨在为区域试点深化体制机制改革、统筹城乡义务教育发展规划提供稳定、可靠的支持。通过构建全方位的保障体系,解决改革过程中可能遇到的问题和困难,为试点工作创造良好的外部环境,确保改革取得预期成效。

2. 加强政策保障

完善政策法规。制定和完善相关政策法规，为城乡义务教育发展提供法律保障。明确各级政府、学校、家庭和社会各方的责任和义务，规范教育行为，确保教育公平。

制定实施细则。针对政策法规中的关键条款，制定具体的实施细则和操作办法。明确各项改革措施的具体要求、标准和时限，为试点工作提供明确的指导。

政策宣传与解读。加大对政策法规和实施细则的宣传力度，提高公众对政策的认知和理解。通过多种渠道和形式，向社会各界广泛宣传城乡义务教育发展的重要意义和政策措施。

3. 加强组织保障

建立健全领导体制。明确各级政府在城乡义务教育发展中的领导责任，建立健全领导体制和工作机制。加强部门间的沟通协调，形成工作合力，确保各项政策措施的有效实施。

加强督导评估。建立督导评估机制，对试点工作进行全程跟踪和监督。定期开展督导检查，了解政策执行情况，发现问题及时整改。同时，将督导评估结果作为考核问责的重要依据。

强化责任追究。对于在试点工作中失职渎职、违法违规的行为，要依法依规追究相关责任人的责任。通过严肃问责，确保各项政策措施得到有效执行。

4. 加强经费保障

加大财政投入力度。各级政府应将义务教育作为财政支出重点领域予以优先保障，确保教育经费的稳定增长。尤其是要加大对农村地区的投入力度，改善农村学校办学条件，提高教育教学质量。

多渠道筹措资金。拓宽投入渠道，鼓励社会力量参与义务教育发展。通过政策引导和优惠措施，鼓励企业、个人和社会组织捐资助学、投资办学，为城乡义务教育提供更多资金支持。

优化经费使用结构。合理分配教育经费，优化经费使用结构。重点支持贫困地区和薄弱学校的办学条件改善工作，关注特殊群体学生，完善随迁子女、留守儿童等群体的关爱服务体系。同时，加强经费使用监管，确保资金使用效益。

5. 加强师资保障

完善教师待遇保障机制。合理确定教师工资水平，完善教师工资增长机制，确保教师工资不低于当地公务员平均工资水平。同时，提高农村教师的待遇水平，激励教师扎根农村教育。

加强师资队伍建设。完善教师编制动态调整机制，根据教育教学的需要合理配置师资力量。鼓励城乡教师交流轮岗，促进教师资源的均衡配置。加大对农村教师的职称评审支持力度，激发教师的工作积极性。

6. 加强资源保障

优化学校布局。根据城乡发展需要和人口变化趋势，合理规划学校布局，确保适龄儿童就近入学。同时加强城区学位建设，满足城区义务教育需求。

改善办学条件。加大投入力度，改善城乡学校的校舍、教学设备和资源等办学条件。推进学校标准化建设，提高学校设施设备水平，为师生提供良好的教学和学习环境。

五、区域试点改革总结推广：实现教育公平与发展的关键

在区域试点深化体制机制改革、统筹城乡义务教育发展规划的过程中，总结推广具有至关重要的意义。它不仅是对试点工作的全面回顾和评估，更是对改革成果的肯定和推广，旨在将成功的经验和做法推向更广泛的区域，促进教育公平和发展。

1. 总结推广的重要性

促进经验共享。通过总结推广，可以将试点地区在改革过程中积累的经验、创新的方法和取得的成果进行分享，为其他地区提供有益的参考和借鉴。

加速改革进程。总结推广有助于扩大改革的影响力和辐射效应，推动更多的地区加入改革行列，共同探索适合本地实际的改革道路，加速整个教育领域的改革进程。

提升教育质量。成功的经验和做法可以在更大范围内进行应用和推广，从而提高整个教育系统的质量和水平，更好地满足人民群众对优质教育的需求。

强化政策导向。总结推广有助于凸显政策导向和改革重点，引导更多的资源和力量投入关键领域和薄弱环节，促进教育公平和发展。

2. 总结推广的策略和方法

制定推广方案。在总结推广阶段，应制定具体的推广方案，明确推广的目标、任务、措施和时间安排等，确保推广工作的有序开展。

强化推广宣传。通过多种渠道和形式，如举办培训班、召开现场会、制作宣传资料等，加强对试点成果的宣传和推广，提高社会各界对改革成果的认知度和认同感。

建立合作机制。加强与其他地区、部门和机构的合作与交流，建立合作机制和平台，共同推进改革成果的分享和应用。

完善政策体系。在总结推广过程中，应根据实际情况对政策体系进行完善和调整，确保政策措施的科学性、针对性和可操作性。

持续跟进评估。对推广应用的效果进行持续跟进和评估，及时发现问题和不足，采取有效措施进行改进和优化，确保改革成果的可持续性和长期效益。

3. 实践案例

重庆市荣昌区作为成渝地区城乡义务教育一体化发展试验区之一，已经在该领域进行了一系列的探索和实践，并取得了一定的成效。该区通过加强城乡之间的教育资源共享、优化教育资源配置、提高教育质量等措施，推动了城乡义务教育的均衡发展，取得了一定的经验和成果。这些经验和成果对于其他区县来说具有重要的借鉴意义和推广价

值,可以为其他地区提供有益的参考和启示。

重庆市荣昌区在义务教育一体化的总结推广方面采取了以下措施。

(1)实行“三统一”,构建城乡一体化发展保障机制。

统一生均公用经费基准定额。确保城乡学校的经费投入公平,根据学校类型和特点设定不同的经费标准,并建立动态增长机制。

统一编制标准。按照师生比和班级数量合理配置教师编制,确保偏远村小也能按编制足额配备教师。

统一学校建设标准。按照统一规划标准建设学校,确保城乡学校在硬件条件上的同等化。

(2)建立区校多级多维联动机制。

设立学区制。以镇乡为单位设立学区,形成城区基地校、学区基地校、学区内其他学校多级联动的行动模式。

多维联动。通过行政维、教育教学维、督导维等多维度进行联动,确保政策和举措的深入实施。

(3)坚持“两同步”,优化城乡教育资源配置。

同步规划建设。确保城乡学校规划、建设的整体和有序推进,并与城镇规划同步进行。

同步调整布局。通过整合无保留必要的学校,新(扩)建保留学校,实现学校布局与城镇化进程、产业发展和人口流动的基本适应。

(4)实施区内教师柔性流动机制。

根据学区和学校需求进行走教、支教,有效弥补教师结构性缺编问题。

鼓励超编学校教师到缺编学校支教,以及艺体教师到其他无相关专兼职教师的学校进行走教。

(5)建立优质资源共享机制。

通过各学区基地校间的跨区域教育教学交流活动,形成优质资源共享机制。

构建区级教研员统筹规划,区级骨干教师一审、教研员二审的城乡教师牵手资源共建模式。

通过以上措施,重庆市荣昌区在义务教育一体化的总结推广方面取得了显著成效,为其他区县提供了有益的参考和启示。

第二节　信息技术深度融入教育教学，城乡义务教育资源精准配置

党的二十大报告提出："推进教育数字化，建设全民终身学习的学习型社会、学习型大国。"习近平总书记指出："教育数字化是我国开辟教育发展新赛道和塑造教育发展新优势的重要突破口。"在新的时代和征程中，我们需要紧紧把握新一轮科技革命和产业变革深入发展的机遇。对于教育而言，我们必须深刻认识教育数字化和信息化的重要意义，深入研究实现教育数字化的方法和路径。这将有助于我们的国家从教育大国迈向教育强国，为建设学习型社会、学习型大国提供有力支撑。2023年10月，《人民日报》用一整版围绕"推进教育数字化"这一主题进行了阐述。在乡村振兴战略的大环境下，随着数字化改革在教育领域的推进，数字技术为城乡义务教育一体化发展创造了新的机遇。如何充分发挥数据的优势，填补教育信息化在促进城乡义务教育协同发展方面的不足，最大程度发挥网络和数据的潜力，成为教育信息化改革中的关键研究议题①。

互联网在教育领域的应用带来了许多优势和机遇，特别是在构建"互联网+教育"大平台方面，主要体现在它的开放性、连接性和集聚效应。在资源整合方面，通过大平台的整合，可以将各类教育资源，包括在线课程、教学工具、教育大数据等进行有效整合和共享，避免资源浪费和重复建设，提高资源利用效率。在师资流通方面，大平台可以为优质教师提供展示与分享的平台，促进教师资源的流通和共享。同时，也可以提供在线培训和交流机会，帮助教师提升专业水平，促进优质教育资源的生产和传播。在教学创新提升方面，通过大平台，可以推动教学方法和教学资源的创新，为教育提供更多元化、个性化的服务。同时，也可以通过教育大数据分析，为教育决策提供科学依据，提高教育管理的效率和水平。在校际合作与资源共享方面，大平台可以为学校提供一个合作共赢的平台，促进校际间资源的共享与合作。通过建立标准化的在线教学空间，可以促进优质教育资源更好地流通，为校际合作提供基础和支持。在提升教育公平性方面，大平台的建设可以缩小城乡、地区、学校之间的教育资源差距，提高教育的公平性和普及率，让更多的学生能够享受到优质的教育资源和服务。

随着教育信息化进入数字化转型新阶段，国内外学者对数字技术在教育领域的应用展开了广泛研究。袁振国从"为教育数字化的治理"和"对教育数字化的治理"两个维度出发，探讨了教育数字化治理的原则和内容。他认为，教育数字化转型为均衡优质教育资源、促进教育公平提供了有利的技术条件②。袁利平等结合数字治理理论，提出运用数字信息技术对高等教育治理进行数字化重构，以实现高等教育治理数字化的目标③。胡

① 向磊，杨文琼.数字化转型赋能城乡义务教育一体化策略研究[J].中国信息技术教育，2023(17)：95-98.

② 袁振国.数字化转型视野下的教育治理[J].中国教育学刊，2022(8)：1-6，18.

③ 袁利平，林琳.高等教育数字治理：内在机理、逻辑构架与实现路径[J].江淮论坛，2022(4)：183-192.

小勇等则认为，将大数据、人工智能等数字技术作为提升教育治理能力的支撑手段，是协同推动学校、政府、社会合作，促进教育高质量发展的关键措施[①]。这表明教育数字化转型已经成为研究的新趋势。借助新一代数字技术支持的数字化转型，在推动城乡学校数字校园一体化建设、实现优质师资双向合理流动、构建一体化治理体系方面发挥了重要的实践作用[②]。在乡村振兴战略的宏观背景下，结合数字治理理论和城乡共同体理论，探讨数字化赋能城乡义务教育一体协同的实践逻辑，并基于此提出优化策略，可为推进教育高质量发展和乡村振兴战略等研究提供有益的参考和借鉴。

一、教育信息化发展现状

目前城乡之间存在明显的教育信息化水平的差距，为缩小这一差距，可以通过加强农村教育体系的信息化建设，实现城乡信息的共享与融合。因此，有必要对城乡地区的教育信息化发展现状进行梳理，这有助于有效推动城乡一体化的发展，以教育的进步带动经济的发展，从而真正减小城乡之间的差距。

1.学校软硬件配置

据统计，"十三五"期间，中央财政累计教育补助7495亿元，年均增长5.97%，农村经费占比保持在90%左右。2021年，中央财政下达城乡义务教育补助经费1739.3亿元，同比增长2.5%，实施了农村义务教育特岗教师计划和学生营养改善计划。可见，政府在资源配置上加大了向农村倾斜的力度，其最终目的是实现城乡资源的均衡配置。在乡村教育领域，近年来网络覆盖率及信息化基础设施的建设正在逐步增加。在义务教育中，信息化设施设备是基础和保障，信息技术的广泛应用需要学校具备相应的信息化基础设施。近年来，我国城乡中小学的信息技术配置水平有所提高，对于推动城乡教育实现优质均衡具有显著的促进作用。然而，城乡之间在信息技术配置水平上仍存在一定的差距。有研究通过分析中国教育统计年鉴2018年和2020年的数据，整理了农村中小学信息化基础设施方面的统计表，包括生均微机室面积、每百名学生拥有教学用计算机、生均网络多媒体教室、建网学校数比例、接入互联网校数比例（表5–1）。

表5–1　2018、2020年学校信息化基础设施情况统计

设施		小学			初中		
		2018年	2020年	增长率/%	2018年	2020年	增长率/%
生均微机室面积/m^2	全国	0.176	0.179	1.70	0.251	0.259	3,19
	城区	0.131	0.130	0.00	0.228	0.234	2.63
	乡村	0.272	0.298	9.56	0.335	0.346	3.28

① 胡小勇，孙硕，杨文杰，等.人工智能赋能教育高质量发展：需求、愿景与路径[J].现代教育技术，2022，32(1)：5–15.

② 魏平西，司晓宏，杨令平.数字化转型中的城乡义务教育一体化[J].现代基础教育研究，2023，49(1)：22–27.

续表

设施		小学			初中		
		2018年	2020年	增长率/%	2018年	2020年	增长率/%
每百名学生拥有教学用计算机/台	全国	0.111	0.117	5.41	0.152	0.163	7.24
	城区	0.113	0.115	1.77	0.163	0.174	6.75
	乡村	0.129	0.146	13.18	0.174	0.186	6.90
生均网络多媒体教室/间	全国	0.024	0.026	8.33	0.027	0.030	11.11
	城区	0.022	0.023	4.55	0.028	0.031	10.71
	乡村	0.030	0.035	16.67	0.032	0.036	12.50
建网学校数比例/%	全国	67.558	70.442	4.27	77.294	77.400	0.14
	城区	82.525	84.459	2.34	86.109	86.682	0.67
	乡村	60.991	64.381	5.56	69.484	69.279	-0.30
接入互联网校数比例/%	全国	97.818	98.561	0.76	98.963	99.184	0.22
	城区	98.328	98.466	0.14	98.229	98.405	0.18
	乡村	97.078	98.215	1.17	99.074	99.403	0.33

根据表5-1的数据结果来看，首先，在设施比较方面，除建网学校数比例减少外，2018年到2020年，乡村中小学的信息化基础设施均呈增加趋势。具体而言，对于乡村小学，生均微机室面积、每百名学生拥有教学用计算机、生均网络多媒体教室、接入互联网校数比例的分析显示，2018年分别为0.272m²、0.129台、0.030间、97.078%，而2020年分别为0.298m²、0.146台、0.035间、98.215%；对于乡村初中，生均微机室面积、每百名学生拥有教学用计算机、生均网络多媒体教室、接入互联网校数比例的分析显示，2018年分别为0.335m²、0.174台、0.032间、99.074%，而2020年分别为0.346m²、0.186台、0.036间、99.403%。另外，从区域比较来看，除建网学校数比例外，2020年学校信息化基础设施建设情况在乡村小学和乡村初中均高于城区小学和城区初中。2020年对于小学，生均微机室面积、每百名学生拥有教学用计算机、生均网络多媒体教室、接入互联网校数比例的分析显示，城区小学分别为0.130m²、0.115台、0.023间、98.466%，而乡村小学分别为0.298m²、0.146台、0.035间、98.215%；对于初中，生均微机室面积、每百名学生拥有教学用计算机、生均网络多媒体教室、接入互联网校数比例的分析显示，城区初中分别为0.234m²、0.174台、0.031间、98.405%，而乡村初中分别为0.346m²、0.186台、0.036间、99.403%[①]。

① 王惠娟.信息技术促进义务教育优质均衡发展：问题与对策[J].河南师范大学学报（自然科学版），2023，51(4)：100-107.

综上可知，农村地区在最基本的数字化设施配置层面有了长足进步，不过，互联网和网络资源的整体利用率与开发程度有待进一步提升。虽然在国家的大力推进与各地政府的积极响应之下，乡村地区学校的信息化基础设施配置有了明显改观，多媒体等教育技术设备的覆盖率大幅提高，但其实际的利用率和使用效率却不尽如人意。

2. 信息化人力资源配置

教育信息化的成功需要教师的支持，但农村教师自身的信息化知识得不到保障，这对学生的教育构成了严重障碍。许多信息技术课程的教师实际上是从事其他学科的教师，需要在实际教学中边学边教，难以确保教学质量。农村教师很少有机会接受信息化培训，这导致他们把数字资源整合到教学中的能力不足，难以充分发挥教师在信息化教育中的引导作用。而农村学生接触信息化教育的机会较少，缺乏实际操作能力，对信息课程的了解仅限于书本知识，难以提高兴趣，更不用说利用信息化手段来加强学习。

实现教育的公平是城乡义务教育优质均衡发展的最终目标之一。而要实现这一目标，建设一支专业水平高且数量充足的教师队伍是必不可少的。在城市，信息化教育通常从初中开始，并通过专业教师和成熟设备培养学生的信息化操作能力，提高他们的学习兴趣。然而，实际情况是，城乡教师队伍的发展水平存在差异。以2020年为例，全国普通小学专科及以上学历教师比例为97.9%，较上年提高0.6个百分点。但在城市小学，这一比例为99.3%，而在农村小学，只有97.1%。教师的信息技术应用能力需要与信息技术及教育教学深度融合，但许多乡村教师缺乏这方面的能力。城乡之间的这种信息化教育人才差距直接影响了信息化教育的质量和发展。

3. 城乡信息化隔阂

在城乡教育信息化发展不平衡的情况下，城市和农村之间存在着明显的信息化隔阂。这不仅仅表现在基础设施上，比如城市地区的教育信息化基础设施相对完善，包括网络覆盖、计算机设备、数字化教学资源等，而农村地区的基础设施建设水平相对较低，网络覆盖不足、计算机使用率低、数字化教学资源匮乏等问题比较突出。更重要的是在城乡信息化教育体系之间的流通与共享上存在阻碍。如何建立城乡学校间的数字化教学资源共享平台，通过互联网技术，将城市学校的优质教学资源向农村学校推广，达到丰富农村学校的教学内容，提升教育质量的效果，是我们面临的一大难题。

城市的信息化资源无法在农村流通，各种硬件、软件教学资源难以实现共享。教学技术培训、管理模式的应用及运营服务等方面也无法支持农村进行基础的信息化建设，从而提升其信息化发展速度。制度上的缺失、经济上的差距及地域性的管制形成了城乡信息化的壁垒[①]。

为了推动整体信息化水平的提升，实现以城市为引领、以先进为带动，必须加强城乡信息资源的流通和共享，从而缩小城乡教育体系信息化的差距。

① 张维．城乡一体化下农村教育的信息化建设研究[J]．中国教育信息化，2009(8)：28-32.

二、教育信息化优化策略

城乡义务教育资源的均衡配置是实现城乡义务教育优质均衡发展的基础。互联网的介入有助于打破时空界限，促进义务教育优质资源的一体化。2020年发布的《教育部关于加强“三个课堂”应用的指导意见》（教科技〔2020〕3号）明确提出要积极推进“互联网+教育”发展，特别是加强“专递课堂”“名师课堂”“名校网络课堂”。在推进的过程中，需要避免“同质化”共享，而是要利用乡土资源和乡村文化，为学生创造一个符合环境的认知空间。同时，通过升级信息技术，促进学生与教师之间的交流互动，避免将内容单向灌输。除此之外，在实现城乡义务教育资源优质均衡发展的过程中，还需警惕陷入乡村教育在城市教育背后“追赶”的陷阱。因此，学校应充分发挥自身的主体作用和资源共享能力，以实现节约成本和提升质量的双重目标。

1.基础教育信息化资源配置

一方面，目前我国农村的教育信息化建设存在着信息供给平台分散的现象，导致资源浪费和重复建设问题严重。同时，硬件建设速度过快，但信息资源却跟不上，特别是在综合信息服务体系建设方面存在短板。因此当下需要做的首先是整合资源，避免重复建设。建立大型数字化基础教育信息资源库是一个很好的做法。通过整合现有的农村信息化资源，避免资源浪费和重复建设。这样的资源库可以提供给地区各级基础教育学校使用，满足他们的教育、教学和管理需求。其次是加强网络互通。通过与县市中心资源库高速网络互通，实现学校信息资料收集、教师多媒体课件和网络课程教学的互通，可以促进资源共享和信息流动。最后是开放城市教育信息资源库。城市已建成的教育信息资源库可以向农村开放，通过农村信息资源中心库向农村周边地区辐射，形成以点带面的效应，进一步促进资源共享和信息化建设，将互联网发展成为农村与城市之间的重要信息传输渠道。

另一方面，教师是教育的首要资源，尤其是具备信息技术能力的教师。农村地区教师待遇不如城市，农村教学环境较差，导致农村教师需求缺口大。信息课程的专业教师相对稀缺，而信息技术掌握水平整体也较低。为缩小农村与城市专任信息课教师数量及信息技术水平的差距，国家可考虑提高农村教师待遇。例如，提高农村教师的薪资水平、福利待遇和职业发展机会，这是吸引优秀人才长期在农村任教的重要举措，可以提升农村教师的工作积极性和满意度，提高他们的教育教学水平；也可以考虑将农村教师纳入公务员体系，提高其社会地位和职业尊严，吸引更多优秀人才从事农村教育工作；或者设立长期聘任制，给予优秀农村教师长期稳定的工作保障，以增强他们的职业认同感和归属感，提高他们的工作积极性和敬业精神；还可以通过专项拨款，提高农村教师的待遇和奖励，鼓励毕业大学生和师范类大学生回农村支教，特别是吸引掌握信息技术的教师从事农村信息化课程教育。

2.优化管理结构与创新管理机制

城乡义务教育一体化发展需要城乡学校的管理步调相一致,通过合理高效的管理方式可以促进乡村学校管理的进步。尽管在国家和地方政策的支持下,乡村学校的硬件设施正逐渐赶超城市学校,但乡村学校的管理理念和管理水平与城市相比仍存在较大差距,导致许多设备和资源无法得到正常、合理的利用。智慧管理系统基于信息化技术对学校管理流程和数据进行分析,探索基于大数据的管理方式,通过对学校的分班排课、教师的学习发展和学生的活动安排进行可视化数据分析,实现学校的合理高效管理。这有助于乡村学校在管理理念和方式上与城市学校对标,推动城乡义务教育管理的相互融合与共同发展。

城乡义务教育一体化发展的另一个困境是学生信息不完善,导致随迁子女入学困难,学生转学信息不完整、更新不及时,影响学生的入学流程。数字技术通过对学生各项信息进行数据分析和存储,可以建立城乡学生档案库,使得学生转学时,其信息能够被在读学校随时调取。此外,区域学生档案库还可以对学生的入学数量进行预测和监控,以确保城乡各学校的招生生源更加均衡,解决生源不平衡的现实问题。

3.推动城乡资源流转共享

在城乡义务教育一体化的发展过程中,乡村和城镇的教学资源不均衡、乡村教学资源相对滞后是制约其发展的重要原因。随着教育数字化转型的深入,一系列数字化应用如“人工智能进校园”和“三个课堂”等正在推动乡村学校教育教学的变革,更好地满足了乡村地区师生的教育教学需求。各地通过推进教育数字化,推动课堂环境基础设施建设,改革课堂教学组织与结构,促进优质数字化教学资源的覆盖面扩大,打造符合教师专业发展和学生成长的课堂环境,从而有力地促进了城乡义务教育的共同进步。

通过在区域内推动学校数字化的“新基建”,可以实现各级各类学校教育设备设施的标准化。利用大数据、云计算、人工智能等技术,统一建设数字基座,实现数字化的“新基建”,打破教育教学区域的时空限制,以确保教育教学数据的互联互通,从而解决区域和学校之间存在的数据孤岛问题。实现学校义务教育一体化需要城乡学校拥有标准统一的教育教学设备,只有当城乡学校的基础设施设备标准化时,城市学校和乡村学校的教育资源才能实现双向流动,而不仅仅是城市单向输出给乡村学校。数字技术能够赋能城乡学校的基础设施建设,通过确保城乡学校的教育设备设施标准化,实现城乡学校硬件设施上的“一体化”。

推动城乡统筹规划,无疑会更有利于农村教育体系的信息化发展。这一举措突破了城乡的传统划分,有效地解决了城乡间信息资源互通的问题。通过统一规划城乡的教育信息化配置,特别是在农村地区进行有针对性的倾斜,可在以发达地区为核心的基础上向周边地区辐射,改善周边地区的教育信息化水平。通过优势中心的发展,加强城乡间信息的共享和交流,提高整体辐射圈的教育信息化水平。逐步实现区域城乡间的硬件配备水平、拨款标准、信息平台及教师培训与发展机会的统一[①]。

4.强化城乡教师队伍的互动交流与信息化能力

城乡义务教育一体化发展必须促进主体一体化，而在推进这一发展的过程中，师资力量成为核心要素。教师专业能力和核心素养的发展直接影响城乡义务教育一体化的进程，唯有城市教师和乡村教师通力合作，才能实现城市教育和乡村教育的融合发展。因此，"一体化"的实现必须充分发挥教师的主体作用，确保乡村教育能够跟上教育现代化的水平。

城乡教师之间的交流互动可以考虑采用合理的交流轮岗的形式。交流轮岗既能提高乡村教师的专业知识和技能，又能拓宽城市教师的视野，使其更好地感受乡土文化，深化教学信念。数字技术通过对城乡教师的专业能力进行画像，可以精准匹配城乡学校缺乏的教师，合理安排教师的轮岗，为城乡义务教育一体化发展提供有力支持。

城乡教师间的互相成长互动还可以采用云端小组的形式，通过在云端平台上建立城市优质学校与乡村薄弱学校的结对小组，每个小组包括一名城市学校的优秀教师和一名乡村学校的教师。他们可以通过在线聊天、视频会议等方式进行交流和互动。在教师选择上，在城市学校中精选卓越、骨干教师来担任云端小组的城市代表，这些教师具有丰富的教学经验和专业知识，能够为乡村教师提供有效的指导和支持。城市优秀教师可以通过在线课程、教学资源分享、教学方法探讨等方式，向乡村教师传授教学经验和教育理念，帮助他们提升教学水平和专业能力。最后，将城市优秀教师在"传帮带"农村教师方面的贡献数量和成就作为评估当地优质学校、校领导及教师的重要标准，以激励更多的城市教师参与到这项活动中来。

教师队伍信息化能力的建设也极为重要。要提升教师队伍的信息化素养，可以从以下三个角度入手。

一是教育理念的更新。要引导教师更新教育观念，认识到信息技术在教育中的重要性，并注重提倡教育信息化理念，鼓励教师积极拥抱数字化教育，并认识到信息技术是促进教育变革的有力工具。

二是信息技术知识的学习。在教师培训等活动中加入涉及信息技术与教学融合的内容，可以确保教师充分了解信息技术，形成对教育信息技术应用的全面认识，为未来深入开展信息化教学和提升教学信息化能力做好充足的知识储备。

三是提升教师的信息技术应用能力。应该鼓励教师将信息技术与教育教学深度融合，并设置相应的奖励和评优评先标准，从而激发教师学习热情[②]。

5.考虑教育信息化建设与政策的融合

推动城乡一体化和支持农村教育发展是国家构建新农村、促进农村教育体系发展的关键战略。在面临金融危机时，国家有必要增加对农村基础教育设施的投资，既促进农

① 张维.城乡一体化下农村教育的信息化建设研究[J].中国教育信息化,2009(8):28-32.

② 王惠娟.信息技术促进义务教育优质均衡发展:问题与对策[J].河南师范大学学报(自然科学版),2023,51(4):100-107.

村教育体系的发展,又刺激内需以应对经济危机。举例而言,在国家推进的村村通工程中,可以通过向运营商和设备厂商提供补贴的方式,加速农村地区信息化基础设施的建设,确保更多资源向农村教育倾斜,弥合城乡教育信息鸿沟。

三、教育信息化探索案例——以成都、重庆为例

1. 成都的教育信息化探索

成都市是国务院确定的"探索城乡教育一体化发展有效途径"的教育体制改革试点城市,也是教育部、四川省、成都市共建的统筹城乡教育综合改革试验区,全国教育信息化试点单位。近年来,成都市以全域成都和内涵发展为出发点,深入探索信息化促进教育均衡发展的模式,充分发挥现代信息技术的优势,努力解决传统扶薄"成本高、效益低"的问题,初步摸索出一些创新经验和有效模式。这些努力逐步缩小了成都市区域、城乡之间的教育差距,促进了教育公平和教育均衡的发展。

成都市在推动城乡教育一体化发展方面取得了积极的成果,通过信息化手段提高了教育资源的整合和分配效率,从而促进了教育的公平发展。这种经验和模式的初步成功为其他地区提供了借鉴和参考,有望为推动全国城乡教育一体化提供宝贵经验。总的来说,成都市通过构建资源平台、提升教师信息技术应用能力、构建远程教育体系三个方面进行了教育信息化探索。

(1)构建城乡覆盖的全域资源平台,实现名师资源共享。

成都市教育局为了贯彻实施"教育减负"政策,促进教育公平,积极打造了教育公益项目"成都数字学校"。该项目旨在集结名校名师,构建"空中无边界"课堂,打造适应师生需求的精品课程,以推动城乡教育的优质均衡发展。通过大数据和云计算技术,教育局为学生提供个性化学习方案,使教育从"漫灌"模式向"滴灌"模式转变,显著提升学习和辅导效果。

目前,"成都数字学校"的注册用户已超过60万人。该项目为教育薄弱区域和贫困群体提供了免费、公平、高质量的学习平台,发挥了教育在阻断智力贫困代际传递中的关键作用。此外,成都市还积极推动各级资源平台的应用和建设。四川省教育管理公共服务平台目前已实现全省中小学学籍信息、教师信息、学校信息等基础数据全部入库,四川省教育资源服务平台已接入市(区、县)各级平台26个,现有各级各类课程资源超过128万节。青白江区成为国家级资源公共服务平台试点区,金牛区、龙泉驿区、都江堰市成为省级资源公共服务平台,初步建立了有层次、梯度化的资源建设和服务体系。

名校网络课堂不仅提升了学生的学业成绩和教师的教学水平,还逐步形成了名校与远端学校的合作共同体,使它们在办学理念、教育教学和教师培训等方面相互支持和共同进步。远端学校学生的综合素质得到明显提高,与同地区学生相比,在学科素养、人际交往、思维方式、语言表达等方面具有显著优势,在各级创新比赛、作文大赛、摄影比赛、演讲比赛中表现出色。由于学校教学质量的提升,一些民族地区出现了学生回流的趋势。

(2)组织开展各类培训活动,提升教师应用能力。

为提升教师的信息与网络技术能力,成都市采取了一系列措施。首先,大力开展各类培训,在2017年前,就已经完成了"信息技术应用能力提升"的全员培训,有8万余名教师通过测评合格。同时,针对校长、信息化主管、学科骨干教师等开设的专题培训参加者达到了万余人次。其次,积极组织各项活动,包括"一师一优课、一课一名师"活动,累计晒课达15万节,全市有超过1290节课例在全国中小学互动课堂教学实践观摩活动中获奖。最后,丰富各种网络资源,建设了"中小学教师继续教育网",覆盖各个学科,开设了2633门教学课程。此外,构建了基于移动互联网的"微师培"项目,使中小学教师能够利用智能手机等设备随时随地进行学习提升,已培训教师超过66万人次,累计学习微课73万余节。网络学习得到广大教师的认可,尤其是郊区(市)县教师的网络学习积极性高,网络培训在解决教师培训的工学矛盾问题上取得了显著成效。

在"应用为本,融合创新"的理念指导下,成都市各区域和学校类别的教育信息化创新活力得到有效激发。改造学习环境、革新教学模式、优化管理流程、开展智能评价等方面呈现出多元化、特色化的发展态势,形成了一批在全省、全国具有影响力的信息化应用典型学校。每所学校的教学方式、教学内容、师生关系、教育管理、教学评价等都因信息技术的融入而发生了或多或少的变化。

(3)构建远程教育体系,实现薄弱地区学校孩子的名校梦。

成都市率先建成了"全学段、多模式、高质量、广受益"的全日制远程教育体系,探索出独具特色的远程教育模式。该体系包括高中直播教学、初中录播教学、小学植入式教学、幼儿园观摩式教学,惠及甘孜、阿坝、凉山州等民族和偏远地区1600余所薄弱学校,3万余名教师跟省内优秀教师同步研修学习,43万余名学生享受到省内优质教育资源。

成都市的远程教育体系弥补了传统手段扶贫的不足,实现了薄弱学校、民族地区学生向城市名校借力、共享名师资源的愿望,成为推动城乡教育一体化转型升级的有力工具。该体系的创新点包括以下几个方面。

第一,政府主导、企业主体、学校主动的建设机制。政府主导远程教育建设,企业主体负责网络基础设施建设和信息化运营管理,学校主动参与并提供优质教育资源。

第二,四个同时、四位一体、四个统一的运行机制。该体系实现了前端学校、导播中心、远端学校的三方联动,使两端学校能够同时进行备课、授课、作业、考试,实现了统一命题、统一标准、统一反馈和统一评估。

第三,多措并举、多维激励、精准发力的精准扶贫推进机制。成都市从基础保障、网校体系、资源建设、教师培训入手,通过设立年度专项资金、补贴教育质量薄弱学校和表彰前端名校等方式推动教育信息化建设。

第四,优质供给、授之以渔、持续发展的精准扶贫造血机制。在提供优质课程资源的同时,成都市鼓励帮扶对象强化自身造血功能,通过帮助建设本地网络学校等方式推动本土的发展特色[①]。

---

① 魏祥明,王芃春.信息化促进教育均衡发展的成都探索[J].中小学数字化教学,2018(4):77-79.

2.重庆的教育信息化探索

重庆市地处我国西部，教育发展不充分、不均衡的矛盾相对突出，其大城市、大农村的区位特点明显，对“提升教育质量、促进教育均衡”的要求更加强烈。为了应对这一挑战，提升教育质量、促进教育均衡，重庆市积极抓住教育数字化发展的机遇，充分利用数字信息技术的优势，将实现教育数字化作为实现教育高质量发展的重要途径。在重庆市，教育数字化的发展以教育新型基础设施建设为核心，通过有力的实践取得了显著成效。其具体的实践探索如下。

(1)建成完备的网络基础，为教育数字化提供基座。

重庆市在教育信息化方面取得了显著的进展，建设了全市一体的教育宽带网，其骨干节点带宽高达100Gbps。各区县上联骨干节点带宽也相当可观，达到了10Gbps，并实现了全市40个区县的接入。此外，全市38个区县按照标准建设了教育城域网，其中32个区县通过区县城域网接入互联网的学校比例达到100%。

在学校层面，全市学校的互联网接入率达到100%，而且接入带宽全部达到100Mbps以上。有35.94%的学校接入互联网的出口带宽更是大于或等于1000Mbps。截至2021年，全市81.54%的中小学校建立了校园网，64.30%的中小学校则建有无线网络。这种“市—区县—校”三级网络基础有效地保障了教育数字化的发展，为推动教育高质量发展提供了强有力的支持。

(2)具有多层次平台体系，为教育数字化提供载体。

重庆市积极响应“云长制”工作安排，着力推进“渝教云”物理环境建设，以确保线上教学、教育管理和教育服务在可靠的云环境中进行。市级非涉密教育信息系统迁移上云的比例已达100%，内部整合比例也高达80%。在数字化学习方面，全市共建成了近500万个学生网络学习空间，其中3所学校入选全国网络学习空间专项培训基地，3个区域和32所学校获评为网络学习空间应用普及活动的优秀单位。

为规范教育信息系统的基础数据，市级还颁布了《重庆市教育信息系统基础数据标准》，这一标准的制定有效地促进了数据的开放共享，释放了数据要素的价值，为教育数字化转型提供了有力支持。重庆市在数字化教育领域取得的成就为教育体系的现代化发展打下了坚实基础。

(3)引入丰富的数字资源，为教育数字化提供支持。

市级教育资源公共服务平台上线课程4 000余门、同步课程资源600万余条，累计访问量突破5亿人次。其中，重庆高校在线开放课程平台上线课程1 427门(本科319门、高职1 108门)，上线专业教学资源库32个，在建课程1 318门，在建专业教学资源库45个，注册教师及学生用户共计2 124 574人。

2021年全市中小学校建有校本资源的学校比例为43.58%，建有与学科教材配套数字教育资源库的学校比例为51.83%，其中涪陵区、渝中区等19个区县建有与学科教材配套数字教育资源库的学校比例均达100%。

(4)培育示范性智慧校园,为教育数字化提供范例。

重庆市在智慧校园建设方面走在了前列,首次发布了《重庆市智慧校园建设基本指南(试行)》,为各类学校的智慧校园建设提供了指导。在市级层面上,实施了智慧教育应用示范区县和智慧校园建设示范学校创建计划,共有7个区县和425所学校加入了创建的行列。

为了推动高校智慧校园建设,重庆市投入了3000万元用于创新示范项目,共有6所高校入选。此外,两江新区跻身国家智能社会治理实验基地的教育领域特色基地,璧山区成功进入国家"智慧教育示范区"培育名单,沙坪坝区的树人景瑞小学则荣获联合国教科文组织移动学习最佳项目奖。这些举措表明了重庆市在推动智慧校园建设和教育信息化方面的积极努力和取得的显著成果。

(5)开展广泛的创新应用,为教育数字化提供动能。

重庆市颁布了《重庆市加强"三个课堂"建设与应用工作方案》,以推动"三个课堂"工作的常态化按需应用。此外,该市还通过组织"百名教育信息化专家进校园"活动,设立32项教育信息化研究课题,并借助网络学习平台如巴蜀云校和八中"双师课堂"等,结对帮扶薄弱学校,提升其信息化应用能力。这些举措旨在推动乡村教育振兴,为信息技术在教育中的更广泛应用提供支持。

(6)形成完善的安全机制,为教育数字化提供保障。

为确保网络安全,重庆市定期与相关部门合作,进行教育系统网络安全核查,以防范和解决潜在的网络安全风险。此外,该市还加强对本地教育网站的全天候安全监测预警,全年通报和处置了141个网络安全漏洞。举办网络安全宣传周和校园日活动,师生参与人数近700万,有效地提升了全市教育系统的网络安全意识。这些措施旨在保障教育系统的网络安全,防范潜在的网络威胁①。

四、走出一条中国特色教育信息化发展道路

展望未来,积极推进教育数字化需要在多个方面进行努力。首先,要持续优化教育的顶层设计,从国家战略高度进行系统规划和整体布局,不断完善与数字化教育相适应的制度设置和发展生态,全面推动教育教学模式变革,走出一条符合中国特色的教育数字化发展道路。

其次,全面提升师生的数字化素养。建设系统完备的数字化教育人才培养机制,着力打造教师数字化素养培育的多元平台和重点项目,实施教师信息技术应用能力提升工程,提升教师开展数字化教育的水平。同时,建设覆盖全学段的数字化教育课程体系,将数字化素养融入教育教学全过程,通过课程改革、教材编写、实践等方式提升学生的数字化素养。

深入推进教学范式变革也是非常关键的。促进数字技术驱动的教育教学场景创新,

① 罗永星,何易立,余跃.重庆教育数字化的过去与未来[J].中国教育网络,2023(Z1):69-70.

推动线上线下融合互动、深层次课堂变革，创新以学习者为中心的教学模式，普及应用智能教学系统、智能教学助手、智能学伴等。拓宽教育服务供给路径，加强政策支持，促进教育数字化协调发展，引导社会力量参与建设，确保数字教育服务持续健康发展。

最后，整体推动信息化教育生态建设。通过政策支持和倾斜力度，促进农村、边远和民族地区的教育信息化发展。引导社会力量参与教育信息化建设，建立政产学研一体化的协同创新机制，确保数字基座搭建、教育应用开发、基础设施运维等教育服务的持续健康发展。加强教育国际交流合作，提升信息化教育标准规范的国际话语权，打造全球信息化教育发展共同体。这些措施将有助于实现教育信息化在未来的全面发展。

第三节　统一城乡师资队伍建设标准，保障城乡师资轮岗制度

乡村振兴战略是一项长期规划，只有着力于培养乡村人才才能持续激发其动力。在这一进程中，教师的作用至关重要，其专业水平的高低直接决定了教育质量的高低，因此乡村人才的培养必须依赖于优质教师的支持。同时，乡村教育人才的培养也是加强乡村人才队伍建设的重要组成部分。然而，由于城乡发展不平衡及出于对教师实际利益的考量，乡村教师队伍建设面临诸多挑战，这成为义务教育城乡一体化进程中的难点之一。因此，必须采取相应的制度措施，改善乡村教育师资水平，加强乡村教师队伍建设，完善乡村教师队伍的保障机制。

在统一城乡师资队伍建设标准方面，国内也有一些地方做了积极有益的探索，值得重庆市参考学习。例如安徽省太和县，它通过“五个围绕”的策略，全面保障了乡村教师队伍建设的连续性和稳定性。在补充机制方面，一方面提高了乡村教师的工资待遇，以吸引高水平、高学历的教育人才到乡村任教；另一方面通过投入专项资金实施夕阳红和志愿者支教计划，除退休教师和大学生支教外，还吸引了一些优秀的教育工作者或专业人士来乡村学校担任兼职教师或提供志愿服务，为学校的教学提供更多的支持。在培训制度方面，太和县针对乡村教育需求，除强化乡村薄弱科目的培训外，还注重教师的教育教学理念和方法的培训，提高其教学水平和教育教学能力。在增加补助方面，根据教师任教的艰苦程度和偏远程度划分生活补贴档次，引导教师向条件艰苦、偏远的乡村发展，解决城乡教师资源不平衡的问题。在编制管理方面，确保编制管理的公平公正，避免出现不公平的现象。轮岗制度要合理安排，保障教师的个人利益和职业发展，并确保教师流动的顺畅性和透明度。在激励表彰方面，每年评选优秀教师和优秀教育工作者，除给予奖金外，还可以考虑向优秀教师提供职称晋升、学术交流和进修学习的机会，以及参与教育政策制定和课程改革等方面的机会，以进一步激发教师的工作热情和积极性。通过“五个围绕”策略，太和县全面保障了乡村教师队伍的完整性，提升了乡村教师的水平，为

安徽省乡村教师队伍建设树立了良好的榜样。

一、构建科学的教师培养制度，完善教师补充机制

建立由政府主导，以高等院校特别是师范类院校为核心的乡村教师培养模式，各地方政府应当统筹规划本地义务教育教师队伍建设，精确评估教师需求量和学科结构，确保乡村教师需求与高校师范生培养计划相互契合，以保证乡村教师的供给量和乡村学校课程设置的完整性。同时，为农村户籍学生报考定向师范生提供优惠政策，鼓励他们毕业后回乡参与家乡的教育建设。针对在乡村工作中表现出色的师范生，应予以重点培养，推动乡村教育精英人才的培养，通过这些精英教师来提升乡村其他教师的教学水平。同时，完善顶岗实习制度，将实习生优先分配到教师资源匮乏的乡村地区，将他们实习期间的表现纳入学校的综合评估体系中。同时，建立人才保护机制，在县级政府部门设立专门的乡村教师人才引进机构，为表现优异的实习生提供优惠政策和薪酬优待，以鼓励他们留在乡村，为乡村教育事业贡献自己的力量。

确保乡村教育蓬勃发展的核心要素是一支数量充足、素质优良的乡村教师队伍，这也是发展高质量教育的关键所在。目前，乡村教师队伍总量不足且质量参差不齐，这需要政府和学校共同构建完善的教师治理制度和校园文化。首先，需要严格规范教师招聘流程，以确保教师的基本素质。这包括重视教师专业知识水平、教学实践能力及基本职业道德等综合能力。其次，应该重视教师的在职培训，不断提升他们的职业素养。学校应为新进教师建立职业规划，并密切关注他们的职业成长，确保规划的实施和效果。教学管理团队应定期进行听课和评课，及时指出问题并监督教师加以改进，培养出令学生满意的优秀教师。此外，实行资深教师带领新教师的“老带新”制度，通过“帮助”促进新教师快速成长。最后，应加强校际教师之间的学习和交流。定期组织全体教师进行外出考察学习，感受名校的管理和教学水平；组织各学科专业老师前往名校观摩听课，并让他们在回校后召开座谈会分享学习心得；还可以选派老师到知名高校进行短期的专业提升培训。最后，需关注教师的生活和情感，实现“情感留人”。学校管理团队应常驻一线，与教师广泛交流、倾听意见建议，让情感管理成为教师自觉接受制度管理的内在动力；管理者要真正关心教师，为他们提供服务，不断排忧解难，完善各项制度，让教师感受到学校的温暖和关怀，从而激发他们的工作热情。

乡村办学条件、福利待遇、晋升机会及职业发展前景等方面的不足，导致教师前往乡村从事教学工作的积极性不高，乡村教师的补充数量相对较少，再加上原有乡村教师的减员，使得乡村教师的供给远远低于需求。因此，必须建立健全乡村义务教育教师长效补充机制，依据农村教师需求、教师编制及减员缺额等情况，制订招聘计划。一方面，应全面贯彻国家《乡村教师支持计划》，借鉴安徽省太和县的成功经验，投入专项资金实施夕阳红和志愿者支教计划，特别是在教育发展水平较低、学科建设薄弱的乡村地区，鼓励退休教师回乡任教，以及选拔大学生顶岗支教，从而强化乡村教师队伍建设，拓宽乡村教师的补充渠道。另一方面，通过实施“特岗计划”，吸引优秀的师范生扎根乡村，推动乡村

教育的持续发展，从而使乡村教师数量得以及时有效地补充。同时，还需完善教师准入制度，根据国家要求的教师学历标准，各地可根据自身实际情况适当调整教师学历标准，尤其是在教育发展相对滞后的地区，可适度放宽教师招聘标准，拓宽教师招聘选拔渠道，吸引具备能力和特长的非教师从业人员参与乡村教育振兴。

为解决农村师资短缺问题，提升农村学校教师队伍质量，必须健全农村义务教育师资补充机制。首先，应扩展师范生免费教育政策。2007年，国务院决定在教育部直属师范大学实施师范生免费教育，这一政策已取得显著成效。今后，应将该政策扩展至更多省属师范大学，培养更多高素质的教师，以优化农村中小学教师队伍结构。其次，需完善大学生支教政策。针对农村地区教师结构不合理、数量短缺的情况，国家实施大学生到贫困地区农村支教政策。然而，由于缺乏系统的组织、引导和管理，支教效果有待提升。为此，应建立专门的管理组织，由教育行政部门或共青团等部门负责，对大学生支教活动进行系统化管理，确保真正有支教意愿和专业能力的大学生参与支教，并提供必要的培训，以提高支教质量。最后，要深化农村中小学人事制度改革。调整教师队伍结构，实行"凡进必考"原则，严格执行教师资格认定制度和新任教师公开招聘制度，确保优质教师进入农村学校任教，以保障教师队伍的质量。

二、建立健全教师培训制度，重视乡村教师综合素质

教育者的培养对于提升教学素养与教育水准至关紧要，培训水平的不同直接影响教学品质的高低，从而关系到学生所受义务教育的品质。因此，需要构建完善的教师培训机制。首先，必须建立专业的乡村义务教育教师培训中心，组建专业的教育培训队伍，针对乡村教育者的教学需求提供多样化的培训课程。针对学科水平较薄弱的地区，可进行专业学科的集中培训，针对寄宿制学校的生活教师，重点进行心理辅导和生活关怀方面的培训。其次，安排教师在寒暑假期间分批次参与培训，优先关注教育水平相对薄弱的地区的教育者。培训结束后，对教育者的培训成果进行评估，并将评估结果纳入教师的绩效考核中。最后，要对培训后的教育者的教学效果进行跟踪调查，确保培训达到预期效果。同时，建立教育者与培训中心之间的沟通渠道，为教育者提供持续的培训机会。鼓励教育者及时反馈培训过程中的问题，以便培训中心不断改进和完善培训内容。

城乡教师实力的不均衡是城乡义务教育一体化进程中的主要难题，也是改革中需要解决的首要问题。为了平衡城乡教师资源的分配，需要做到以下几点。首先，需适度增加农村义务教育教师的编制。当前，农村教师流动性较高主要源于职业需求的不确定性。我国的教师编制多依据"生师比"，但农村学校规模较小，难以保持稳定的编制，导致教师短缺且多为兼职，影响了教育质量，也扩大了城乡教育差距。因此，国家可允许省级政府根据实际情况制定教师配备标准。其次，应优先考虑农村地区教师的职称评定，并适度放宽偏远地区的评定标准，确保农村教师的晋升比例不低于城市教师。再次，通过培养定向师范生增加农村义务教育教师数量，以提高农村教师队伍的稳定性和整体素质。然而，因为农村教师的薪资待遇较低，生活条件和教学环境得不到保障，定向师范生

很少愿意留在农村，所以需逐步提高他们的薪资待遇，并实施针对农村教师的培训计划。同时，在培养定向教师时，应尽量选择本地学生，以保证他们能在当地从事教育工作。最后，建立教师轮岗制度，鼓励城乡教师的双向流动。城市学校可定期安排优秀教师到农村开展教学活动，并将轮岗作为考核的一项内容。同时，农村教师也应定期到城市学校观摩学习，将有效的教学经验应用到实际工作中，以缩小城乡教育差距。

乡村教育的核心价值和定位对于塑造乡村教师的素质有着重要的影响。在乡村振兴战略的推动下，乡村教育的价值体现在多个方面。既要为国家培养具备现代公民基本素质的人才，又要培养乡村青少年对乡土文化的认同感，强化他们与乡土文化的联系，关注他们健康人格的塑造；既要承担起发展义务教育的使命，又要充分发挥乡村教育对乡村振兴战略的推动作用，传递现代化的乡村社会生活观念和方式，构建乡村现代化治理体系，传承并发展传统乡土文化，实现乡村教育在育人和促进乡村社会发展方面的双重功能。因此，乡村教师队伍建设不仅需要关注教师数量的提升和队伍的稳定性，更需要关注乡村教师的素质选拔和培养。乡村社会和文化的独特性，以及乡村教育的价值导向，要求我们必须重视乡村教师素质的选择和培养，明确他们的素质要求和角色定位，选拔那些具有乡土情怀、对乡村充满热爱、关心学生全面发展的教师担任乡村教育工作。同时，乡村教师的发展和队伍建设不能仅仅依赖于倾向性政策和城市教育的支持。我们在依赖外来力量支持和发展乡村教育的同时，也要重视发挥乡村教育和乡村社会自身的力量，增强乡村教育的吸引力，鼓励乡村青年从事乡村教师职业，为乡村教育的发展作出贡献。这需要我们发挥乡村基础教育的作用，从小培养孩子们的乡土情感和乡愁情怀。乡村基础教育承担着传承和传播乡土情感、乡愁情怀的重要使命，通过传递乡土情感，让孩子们记住故乡、怀念家乡。乡村基础教育需要与城市教育进行区别，着重培养孩子们的乡土情感，激励他们将来从事乡村教育工作，致力于乡村教育事业的发展。乡村教师的乡土情感和乡愁情怀使得教师与乡村社区生活紧密相连，使教师团队与乡村社区形成协同力量，共同促进乡村事业的繁荣，为乡村振兴战略打下坚实基础。

三、加强乡村教师队伍建设倾向性政策的具体落实

在乡村振兴战略的背景下，乡村教育的发展被置于首要位置，乡村教师队伍的发展和质量提升则是其中的重中之重。乡村振兴战略规划中强调要优先发展农村教育，积极实施针对乡村教师的特殊政策措施，以增加乡村教师数量、提升其整体素质和质量，构建稳定可靠的乡村教师队伍。在此背景下，我们在乡村教师队伍建设中不仅要强调政策倾向性，更要注重政策实施的实际效果。我国的乡村社会存在着广泛的差异性和复杂性，因此针对乡村教师队伍建设的各项政策应该因地制宜，根据具体乡村地区和学校的实际情况制定，关注政策在实际执行中的效果和可能出现的问题，切实提高乡村教师的素质。

首先，要落实好乡村教师支持计划，完善计划的运行机制，从基层出发，充分发挥乡村教师支持计划在乡村教师队伍建设中的作用。其次，应继续实施农村义务教育学校教师特设岗位计划，加强对乡村学校紧缺学科教师的培训，提升乡村教师的专业水平，关注

整体素质的提升和专业能力的建设。最后，要切实落实乡村教师生活补助政策，建立健全乡村教师队伍，提高他们的生活水平和工作积极性。通过以上措施，可以有效推动乡村教育事业的发展，为乡村振兴战略的实施提供坚实的人才保障。

国家财政部门应该增加对农村教师工资待遇的资金投入，以缩小城乡教师薪酬差距。要全面贯彻乡村义务教育教师绩效工资制度，确保乡村教师的收入与工作时间成正比增长，以此鼓励教师长期投身乡村教育事业，保持乡村教师队伍的稳定性和持续性。此外，针对处境困难的乡村教师，应提供生活补贴，保障他们的生活水平，以吸引更多教师前往条件艰苦的农村地区。同时，需要不断改善乡村教师的工作和生活条件，切实解决他们所面临的困境，以充分激发广大乡村教师的工作积极性。另外，应建立完善的教师考核激励机制，并设立专项奖励基金，以表彰那些为农村义务教育作出杰出贡献的优秀教师。为解决农村教师晋升机会少的问题，应对现行的教师职称和晋升制度进行改革。一方面，需要增加中小学教师中高级职称的比例指标，并完善职称评审条件和程序，以增加中小学中高级职称教师的数量；另一方面，评审条件和比例要向乡村教师倾斜，借助职称评审和晋升政策的优惠，吸引更多的教育人才转移到乡村地区。

四、健全教师编制管理机制

教师编制管理牵涉多个政府部门，包括编制部门、人事部门和教育部门等，这会导致管理混乱，需要各部门明确职责。例如，安徽省太和县深入推进县管校聘和无校籍管理改革，编制部门实行总量控制，人社部门按规定比例核定职称岗位，教育部门在总量内自主调配教师编制和职称岗位，各部门职责划分明确，值得学习借鉴。另外，山东省也在教师队伍管理方面进行了成功的探索。比如，淄博市张店区实施了“县管校聘”模式，强化了县级政府对教师编制的管理，推动了教师的城乡和校际流动；济宁市金乡县则通过城乡结对、学校联盟等方式促进了城乡教师的交流，扩大了优质教育资源的覆盖面。针对重庆市的教师编制管理现状，各地应根据当地教育事业发展的需要，充分考虑城乡和学校内部的差异，科学确定教师编制。市政府可以适度下放编制管理权限，建立横向和纵向相结合的管理模式，严格管控编制的使用，避免教师编制被非教师人员挤占。在推动教师城乡流动方面，可以借鉴山东省的管理模式，统筹规划教育资源，促进教师城乡流动，缩小城乡教育发展差距。

我国目前的义务教育教师编制标准主要以“生师比”和“班师比”作为衡量指标。然而，这种标准只着眼于教师数量，忽略了教师质量和各学科的重要性，缺乏科学性。为了推动城乡义务教育师资均衡配置，需要对城乡教师编制标准进行科学修订。首先，应该从数量和质量两方面来制定教师编制标准。不仅要考虑生师比和班师比，还应该根据学科教师配比来制定标准。同时，还应该综合考虑教师的学历、学科、年龄和职称等质量指标，以确保在城乡学校之间实现师资的充足、均衡和高质量配置[①]。其次，需要统一城乡

① 吴孝.试论城乡义务教育一体化师资配置政策路径[J].教育评论，2016(1):120-123.

学校的教师编制标准。地方政府和教育行政部门应根据当地义务教育的实际情况，准确核定城乡学校的教师编制，考虑到教师的学历结构、学科结构和职称结构，实现城乡学校教师编制标准的一致性。再次，必须动态调整城乡教师的编制。应根据教师的实际教学工作量，以及城镇化进程中农村学生向城镇流动、城镇学校班容量增大等情况，灵活配备教师资源，形成动态调整机制。最后，应建立城乡学校教师编制的统筹调配机制。在县域范围内，要统筹调配城乡教师编制和岗位数量，解决城乡学校教师队伍结构性矛盾，特别是解决乡村学校教师结构性缺员的问题①。

五、确立城乡教师轮岗的法律地位

义务教育在所有教育层次和类型中，覆盖的受众范围最广，数量最多，具有最强的公共性质。因此，政府在教师轮岗的制度实施和法律执行中应当发挥主导作用。在推行义务教育阶段教师轮岗制度的政策实施方面，应该遵循公法学的改革理念，强调公立学校的公共性质，即由国家承担教育责任。公立学校由政府举办，不以营利为目的，通过国家财政拨款为社会提供服务，因此具有国家垄断性质。《中华人民共和国义务教育法》(2006年修订)明确强调了政府对义务教育的责任，与目前实行的“县管校聘”做法相契合，也充分体现了地方政府对义务教育的责任。

为进一步贯彻《教育规划纲要》的精神，实现教师聘任“县管校用”，并建立城乡教育一体化融合发展机制，《国务院关于加强教师队伍建设的意见》(国发〔2012〕41号)特别强调了建立县域内义务教育学校教师校长交流轮岗机制，促进教师资源的合理配置。此外，《国务院关于深入推进义务教育均衡发展的意见》(国发〔2012〕48号)提出了各地逐步实行城乡统一的中小学编制标准，并实行县域内公办学校校长、教师交流制度等措施。这些政策旨在推动城乡教育师资的均衡发展。然而，由于相关教师轮岗的教育法律法规建设相对滞后，目前对教师轮岗的管理存在一定困难，不利于形成城乡教育一体化的稳定机制，预期效果也不尽如人意。因此，近年来的实践表明，有必要进一步制定和完善相关的法律法规和约束机制，将教师资源合理配置的相关政策提升到法律法规层面，以加强城乡师资配置的约束力和执行力。

利用城乡教师交流轮岗制度解决乡村教师结构性缺员问题，推动城乡义务教育师资一体化。首先，要确保两个“不低于”。进一步完善城乡教师交流轮岗制度，确保每学年城镇学校、优质学校交流轮岗教师的比例不低于符合交流条件教师总数的10%，其中骨干教师交流轮岗比例不低于交流总数的20%。其次，要推动城乡教师双向交流。一方面，选派城镇学校优秀教师、骨干教师定期轮流到农村中小学任教，以提升农村教师的学历和教学水平，进而提高农村学校的教学质量；另一方面，选调农村学校优秀教师到城镇学校任教，让他们学习城镇学校教师的先进教学理念和方法，从而培养农村学校的学科带头人和教学骨干队伍。此外，要进一步推进义务教育教师队伍“县管校聘”管理体制改

① 王定华.实现城乡义务教育一体化关键在教师一体化[J].吉林教育,2017(4):79.

革,为城乡教师交流轮岗提供制度保障。通过这些双向互动的交流方式,促进城乡学校师资力量相对均衡,从而解决乡村教师结构性缺员问题,推动城乡义务教育师资一体化。

六、建立教师轮岗的城乡教育均衡机制

当前城乡教师相对过剩与结构不合理的“二元”性,主要表现为教师资源的不均衡性矛盾。目前的师资配备机制不利于充分利用教师资源,反而加剧了地区、城乡及学校间师资的不均衡。这是一个严峻的问题,需要从多个方面加以解决。首先,应意识到当前中小学教师供求关系发生了重大变化,由总量不足的矛盾转变为了师资结构性矛盾。人才市场上报考中小学教师岗位的具有本科以上学历的人才已经供大于求,而专科属于高职教育,主要培养的是技能型人才,已经不适合教师培养的要求。因此,修改《中华人民共和国教师法》,规定新进补充的教师学历须达到本科以上层次已是必然。其次,需要优化师资配备机制,以提高整体效率。当前的师资配备机制并不利于盘活教师资源,反而加剧了师资的不均衡。应该建立更为灵活和有效的机制,以便更好地适应城乡教育的需求,减少师资的浪费和不合理分配。最后,应该加强对教师培养的引导,使其更符合时代发展的需求。除学历要求外,还应该关注教师的综合素质和专业技能,培养出更适合当前教育环境和学生需求的教师队伍。

在全国范围内积极推进县域内城乡教师一体化管理,彻底打破师资的学校所有制局限,这种做法有助于合理配置教育资源。目前,城乡教师的互动方式存在一些问题,一些从城镇学校调任到乡村的教师并非优质师资,甚至有些城镇学校将教学能力较弱、业务能力不强的老师下派到乡村学校,引发了一些令人担忧的情况。首先,许多地方的教师交流轮岗形同虚设。由于教师原有的管理体制未作调整,参与交流的教师在一两年后仍需返回原校,这些教师被称为“候鸟式”教师,他们难以融入交流学校的文化中。其次,少数教师以“支教”为名利用交流政策的漏洞。有些参与交流的教师原本就是农村交流学校的教师,后来通过各种途径调至或应聘到城市学校,如今又返回原校参与交流,还享受额外的下乡补贴,这明显违背了制定城乡教师交流政策的初衷。再次,交流时间过短,难以实现交流教师的传、帮、带作用。最后,考评机制不健全。交流教师的工作内容和要求缺乏明确具体的目标,难以对其工作业绩进行科学合理的评价。因此,当务之急是必须完善相关制度,明确双方的权利和义务,改善交流教师和交流学校的管理机制,提高教师交流工作的管理绩效①。教师交流轮岗的关键是要尽快从教育资源配置转向教育资源的激活,不仅要建立高素质教师的培养和补充机制,还要给予乡村教师更多的专业发展机会。实现城乡教师的双向轮岗,推动城乡师资的均衡发展才是教师轮岗的根本目的。

七、培育良好的城乡教师轮岗生态环境

弥补不足,提高质量,教师轮岗的终极目标是不断增强优质教育资源的总体供给,全

① 吴松元.中小学教师流动制度建立的理性思考[J].教师教育研究,2008(4):35-39.

面提升义务教育的水平,并积极打造学校特色和品牌形象。在当前政策框架下,政府应该通过立法方式明确义务教育均衡发展的国家统一标准,引导地方政府切实贯彻落实,合理分配城乡教师交流中政府、学校、教师的责任和义务,并追究不履行或无效执行轮岗政策的相关责任方的责任。同时,还需进一步改善乡村学校教师的生活条件,让广大乡村教师感受到归属感和满足感,使他们由"难以进入、无法留存、教学困难"的状态转变为"能够进入、愿意留存、教学优质"的状态,从而解决农村学生"求学路遥、学费昂贵、接受教育困难"的问题,最终实现"所有学生都有机会接受优质教育"的目标。

设立确保乡村教师获得合理补偿的保障机制至关重要,特别是要根据所在地边远艰苦程度给予相应的高额生活津贴,充分彰显党和政府对乡村教师的关怀。针对轮岗教师面临的实际困难,还可以通过政策倾斜,对携家带口前往交流地工作生活的教师给予一定照顾,如享受农村从业或生产的相关优惠政策等,以此鼓励教师安心从教,甚至长期在乡村从事教育工作。一方面,各级政府应该重视轮岗教师的合理需求,保障其合法权益,培育他们对所在轮岗学校的文化认同感。另一方面,教育行政部门应建立相应的轮岗考核评价体系,不断完善参与城乡教师轮岗的学校及教师的监督评估机制,规范轮岗教师的教育教学行为。同时,加强对义务教育城乡一体化发展的评估和督导工作,对农村寄宿制学校、村小学及教学点人员的编制进行单独核算,建立乡村教师编制预警制度,将教师编制从其他事业编制中分出,减轻乡村教师的负担。

教师轮岗政策的实施是国家基础教育发展政策不断完善的过程。政府的宏观策略和微观指导行为反映了国家公共义务教育体系的价值追求。不论是柔性政策的实施还是刚性政策的执行,都是对逐渐失范的公共教育制度进行及时调整和再规范的举措。坚持义务教育均衡发展,体现了政府在政策实施中的责任和义务。其目的是逐步实现城乡教育的平衡和一体化,以确保城乡义务教育质量的同步提高和发展。

城乡教师轮岗的实施必须从社会、家庭、教师等不同利益相关者的角度对其运行机制和制度进行深入研究。这意味着需要深入了解教师轮岗可能引发的各种问题,并探寻其根本原因。在此基础上,可以采取措施来抑制利益相关者可能产生的反向行为,并激发广大教师积极参与轮岗制度。还可以从国家政策的角度加以控制,构建科学有效的教师轮岗制度运行机制,推动教师轮岗制度良性运转。这将有助于真正实现城乡师资均衡的目标。

第四节　协调区域城乡经济一体化发展，提升乡村教育发展质量

在当前时代，推动城乡教育一体化迈向新的阶段，不仅需要对教育体系内部的制度机制进行更新，还需要关注整体经济社会系统的变革。实际上，在“十四五”规划中，除专门的教育篇章外，还就全面推进乡村振兴、完善新型城镇化、优化区域经济布局、促进区域协调发展等方面作出了战略性安排，这些与城乡教育一体化息息相关。这些涉及要素流动、资源空间配置的制度机制创新，不仅对城乡义务教育一体化提出了新的需求，还为我们提供了崭新的思路。

一、健全教育生产要素在城乡间双向自由流动政策体系，提升农村学生教育质量

在《中共中央 国务院关于建立健全城乡融合发展体制机制和政策体系的意见》(以下简称《城乡融合发展意见》)及“十四五”规划等战略规划中，提倡城乡要素双向自由流动且向农村倾斜，这是促进城乡融合发展的重要制度创新。从经济学角度来看，教育发展所需的关键投入包括人员(学生和教师)、教育用地、资金、教育教学技术等教育生产要素。新时代推动城乡义务教育一体化迈向新的阶段，必须与完善新型城镇化和乡村振兴战略这两个重要战略背景相辅相成。在这一背景下，城乡之间要素的流动机制将经历重新塑造。

一方面，在强调“促进要素更多向乡村流动”的同时，需要准确把握对于乡村教育振兴、农村教育提质最为关键的教育生产要素。除了政策层面已经实施的增加农村地区教育经费投入、加强农村学校教育信息化建设等措施，激励高质量教师向农村流动更是关键。研究表明，农村学生教育结果之所以落后于城镇学生，除了家庭因素，农村学校的师资质量偏低是最主要的原因之一[①]。学术研究的发现与顶层设计相一致，也把重点放在了教师这一关键要素在推动城乡义务教育一体化中的作用上。例如，《城乡融合发展意见》和“十四五”规划提出，通过岗位编制适度分离等多种方式，推进城市教科文卫体等工作人员定期服务乡村，建立城市人才入乡激励机制；通过职称评定、工资待遇等向乡村倾斜，增强乡村教师岗位的吸引力；通过实行县域内教师交流轮岗和城乡教育联合体模式等，进行义务教育学校教师“县管校聘”管理改革。教育信息化资源作为一项技术性要素，应当通过更有效的资源配置方式，发挥其促进城乡教育一体化的作用。截至2017年底，全国信息化经费支出占教育总经费支出的平均比例仅为17.1%，并且还存在学校信息化建设重视基础设施建设而轻视实际使用的现象。已有研究并未明确证实学校信息通信技术(Information and Communications Technology，ICT)资源对学生教育结果具有确定

① 宗晓华，杨素红，秦玉友.追求公平而有质量的教育：新时期城乡义务教育质量差距的影响因素与均衡策略[J].清华大学教育研究，2018，39(6)：47-57.

的积极影响[①]。尽管城乡学校教育信息化差距在缩小,但城乡学生在家庭场域的"数字鸿沟"仍然明显,这是导致城乡学生教育质量差距的一个重要原因。因此,推动以教育信息化为代表的"技术下乡",以促进教育资源的均衡发展,应重点关注农村学生在家庭场域中ICT资源的获取和使用情况[②]。

另一方面,随着新型城镇化进程中人口和产业集聚的新特点和趋势,我们不应忽视城乡要素"双向流动"对提高农村学生教育质量的作用。在城镇化过程中,学生作为最为重要的教育生产要素不断向城市集聚。农村学生自发地向城市流动,分享城市优质教育,这本身就是一种空间上的资源配置优化。大量研究表明,"流动改变命运"——农村学生如果在城镇接受教育,不仅在学业表现、心理健康等教育结果指标上与城镇同龄人的差距缩小,而且对城市的融入和认同感也更高[③]。反之,即使农村外出务工的父母返乡陪伴留守儿童,也未必能提升他们的教育质量。解决农村留守儿童教育问题的根本途径是让他们随父母一起迁移到城市接受教育[④]。甚至是广受批评的农村学校撤点并校,也因为集中办学增加了教育资源投入,农村学生接受了质量相对更高的教育,从而显著提升了高中入学率,促进了长期人力资本积累。乡村人口和生源向城市流动,体现了人民群众对美好生活的向往[⑤]。坚持以学生为核心推动城乡义务教育一体化,就应当在尊重学生流动和集聚规律的基础上,优化教育资源的空间配置。

二、尊重人口和产业集聚规律,积极扩充城镇地区教育容量

在一些大城市中,"城镇挤"的问题尤其突出。在"十四五"规划中提出要加快城镇学校扩容增位,这需要根据实际情况进行具体分析和实施。扩容应该主要集中在那些人口密集的城市和城市群中,特别是在大城市中心及经济发展较快的城市周边地区。这些地区人口集聚、学生数量较多,因此需要更多的教育资源支持。在扩容过程中,应该采取科学合理的方法。首先,需要进行充分的调查研究,了解每个地区的教育需求和资源配置情况。其次,可以考虑利用现有的空地或者增建新的校舍来增加教育资源。另外,还可以通过提高教育设施的利用率、调整学校布局等方式来优化资源配置。此外,需要特别注意尊重人口和产业集聚规律,避免盲目扩容造成资源闲置和浪费。随着中国城镇化发展进入中后期转型提质阶段,人口的空间集聚出现了新特征,特别是大城市群成为人口和产业的主要集聚地。因此,在扩容过程中需要密切关注这些大城市群的发展趋势和需求变化,以便更好地满足教育需求。

随着人口向县城集聚的现象日益普遍,以及劳动力流动趋势从跨省流动转向以省内

---

① 郑磊,郑逸敏.城乡学生的家庭数字鸿沟与学科素养差距——基于PISA2018中国四省市数据的研究[J].中国电化教育,2021(7):43-51.

② 郑磊,祁翔,朱志勇,等.家庭互联网接入与城乡初中生的认知能力差距[J].教育发展研究,2021,41(6):10-18.

③ 路锦非.城市流动儿童的融入困境与制度阻隔——基于上海市的调查[J].城市问题,2020(5):62-70.

④ 郑磊,吴映雄.劳动力迁移对农村留守儿童教育发展的影响——来自西部农村地区调查的证据[J].北京师范大学学报(社会科学版),2014(2):139-146.

⑤ 孙志军,郑磊."撤点并校"是否减少了教育资源投入[J].教育研究,2021,42(11):119-131.

流动和返乡创业为主,城镇化发展呈现出了新的特征。在过去十年间,人口在超大城市和小城市(包括县城和下辖建制镇)的增长速度较快,而中小城市增长速度较慢,甚至出现了一些人口流出的情况。因此,未来中国城镇化的发展将主要集中在两个方向上:一是发展壮大城市群和都市圈,二是推进以县城为重要载体的城镇化建设。在这种背景下,加快城镇学校扩容增位需要重点关注人口持续集聚的城市群、都市圈及县城。对于人口持续集聚的城市群和都市圈,需要加大教育资源投入,满足不断增长的学生需求。在这些地区,应当优先考虑在城市规划中增设学校,扩大现有学校的规模,以及提升教育资源配置的效率。在以县城为重要载体的城镇化建设中,也需要加强教育资源的建设和配置。县城作为人口集聚的重要节点,其教育资源的充足与否直接影响周边地区的教育水平和发展。因此,应当在县城规划和建设中充分考虑教育设施的建设,确保能够满足当地居民的教育需求。总的来说,未来城镇学校扩容增位的重点应当放在人口持续集聚的城市群、都市圈和县城,以满足不断增长的学生需求,促进教育的均衡发展。

针对城市群和都市圈作为新型城镇化的主体形态,“十四五”规划提出了提高综合承载能力和资源优化配置能力的目标。在这些经济发展优势区,教育资源应当适度超前地规划扩容,需要进行观念、制度和技术等方面的转变或调整。

首先,在观念上,不应将外来人口(尤其是教育程度较低的农业转移人口)视作城市资源的“瓜分者”。相反,应该推进基本公共服务常住人口全覆盖,提高居住证持有人城镇义务教育的实际享有水平。这意味着要树立包容性意识,将外来人口视为城市社会的一部分,给予他们平等享有教育资源的权利。

其次,在制度上,需要建立更加灵活的教育资源配置机制,以适应城市人口的动态变化。需要创新土地、人员、资金等要素的跨地区协调体制机制。这意味着根据人口流动实际情况,调整人口流入流出地区的教师编制定额和基本公共服务设施布局,以打破学校扩容增位的瓶颈。这样的制度创新可以更好地适应城市人口的动态变化,使教育资源能够跟上人口迁移的步伐,提高教育资源的配置效率和灵活性。

最后,在技术上,需要提高城市规划和教育规划的编制能力。特别是要依据常住人口的动态变化更新教育资源建设布局所依据的“千人指标”。这意味着利用先进的技术手段,如地理信息系统(GIS)、人口普查数据等,对城市人口的分布和变化进行精准分析,以便及时调整教育资源的布局和配置,确保教育资源与人口需求相匹配。

县城作为新型城镇化的重要载体,扮演着连接城市和农村地区的桥梁角色。它既承接着农村向城市转移的人口,又接纳着城市产业向外围疏解的劳动力,因此在实现生活型城镇化方面具有重要作用。根据“十四五”规划,将县域作为基本单元,推动城乡融合发展,强化县城的综合服务能力和乡镇对农民的服务功能。这意味着要在县城层面加强基础设施建设、社会服务配备及公共服务水平,提升县城的综合服务水平,为居民提供更好的生活和发展条件。同时,也需要加强对乡镇的支持和服务,使其能够更好地为农民提供基本生活和生产服务,促进城乡之间的良性互动和协调发展。

在县城教育扩容方面,有两个重要注意点需要牢记。首先,不是所有县城都需要进行教育扩容。在推进就地/就近城镇化的过程中，应当遵循人口和产业集聚的规律，而不是盲目扩建县城教育设施。中共中央办公厅和国务院办公厅于2022年5月6日发布的《关于推进以县城为重要载体的城镇化建设的意见》强调了这一点，提出了分类引导县城发展方向的要求。这意味着需要根据不同类型的县城进行差异化的规划和发展，而不是一刀切地将教育资源配置到所有县城。

其次，要注意忽视不同县城的人口集聚特征可能导致新的问题。一些县城可能因为缺乏产业和就业机会而无法提供可持续的就业和产业发展，这些地区的教育资源扩容可能并不是解决问题的最佳途径。相反，重点应该放在那些作为都市圈重要节点、承载着中心城市转移产业和人口的县城上。忽视这些差异，可能会导致一些地区出现新的问题，如"城镇留守儿童"的增加。因此，在县城教育扩容方面，必须综合考虑人口集聚特征，科学合理地规划和布局教育资源，以实现县城教育的可持续发展。

三、以都市圈和城市群建设为契机，突破行政区划边界的限制，创新教育公共服务均等化的提供机制

无论是建立向农村倾斜的城乡要素自由流动机制，抑或在城镇地区增加容量以提升教育服务承载力，或者扩大城乡义务教育一体化的范围，都牵涉到教育生产要素(人员、资金、教育用地指标、技术)在不同地区之间的流动和配置。以往的实践显示，同级政府间各自为政的"碎片化"现象制约了区域内的整合与协调①。因此，在创新教育公共服务均等化的提供机制时，需要采用一种超越行政区划界限的思路来解决这一外部性问题。最具有改革试点潜力的地区是城市群和都市圈内部。

习近平总书记在2020年8月召开的扎实推进长三角一体化发展座谈会上指出：实施长三角一体化发展战略要紧扣一体化和高质量两个关键词，以一体化的思路和举措打破行政壁垒、提高政策协同，让要素在更大范围畅通流动，有利于发挥各地区比较优势，实现更合理分工，凝聚更强大的合力，促进高质量发展②。"十四五"规划提出了以城市群和都市圈为基础，推动大中小城市和小城镇的协调联动，旨在消除资源流动的障碍，优化行政区划设置，增强中心城市的综合承载能力和资源配置能力，进一步加强对区域发展的辐射带动作用。城市群和都市圈代表了一种与行政区划不同的发展思路，采用了多中心的一体化发展模式，取代了原有的单核城市化模式。通过体制机制的创新，这种发展模式最有可能打破行政区划的边界限制，优化教育资源的空间配置，从而促进均衡发展。

首先，多中心的都市圈和城市群模式有助于缓解大城市单体规模过大所带来的种种问题，包括"城市病"等。这种模式有助于实现公共资源在城市核心区和外围区之间的均衡分布，从而促进市域范围内的义务教育一体化，减少优质教育资源的不均衡现象。大城市内部存在着优质教育资源集中的现象，这可能导致城市外围区域或者周边小城镇居民的教育资源不足。而多中心的都市圈和城市群模式可以通过将地理上相邻的大中小

① 邬志辉.城乡教育一体化:问题形态与制度突破[J].教育研究,2012,33(8):19-24.

② 新华社.习近平主持召开扎实推进长三角一体化发展座谈会并发表重要讲话[EB/OL].(2020-08-22)[2024-02-23].http://www.xinhuanet.com/politics/leaders/2020-08/22/c_1126399990.htm.

城镇整合起来,实现资源的共享和协同发展,从而提高周边地区的教育资源水平,缓解大城市内部教育资源不均衡的问题。利用公共服务网、轨道交通网、信息通信网等基础设施网络,将相邻的城市连接起来,形成紧密互通的都市圈,有利于各城市之间资源的互补和优势的互相借鉴,促进教育资源的均衡配置。这也与"十四五"规划提出的推动多中心、组团式发展的理念相契合,有助于实现更加均衡和可持续的城市发展。这种发展模式能够充分利用公共服务网络、轨道交通网络和信息通信网络的优势,实现城市资源的共享和协同发展。

其次,都市圈、城市群等区域一体化发展模式有助于突破行政区划边界,畅通要素自由流动,优化资源空间配置。"十四五"规划将深化户籍制度改革作为要素市场化配置体制机制的重要创新,放宽除个别超大城市外的落户限制,在有条件的都市圈、城市群探索户籍准入年限同城化累计互认。无独有偶,2021年2月2日《国家发展改革委关于同意南京都市圈发展规划的复函》(发改规划〔2021〕174号)中提出,由江苏、安徽两省共同建设南京都市圈。这些政策都表明,"十四五"期间将深化重点地区一体化协同发展,弱化甚至突破行政区划边界对要素配置的限制。生产要素将更加自由地跨地区配置,这一点首先出现在城市群和都市圈内部,这对城乡义务教育一体化既是挑战也是红利。

在都市圈和城市群内部,中心城市和中小城市/小城镇扮演着不同的角色,具有不同的分工。以粤港澳大湾区城市群为例,许多人选择在广州工作、纳税,居住和子女教育则可能在佛山等周边城市进行。因此,在进行义务教育资源的空间配置时,不能仅仅采取一城一地的孤立视角,而是必须综合考虑都市圈、城市群内部不同规模城镇之间的分工和协调。在这一过程中,会面临一系列挑战和难题。例如,教育服务人口的信息如何在城镇之间互通?相应的教育投入经费如何在城镇之间分担?教师编制和用地指标如何在城镇之间调剂?针对这些问题,"十四五"规划提出了一系列政策红利。例如,根据人口流动实际调整人口流入流出地区教师编制定额和基本公共服务设施布局,以及在都市圈内推动教育资源共享,探索建立都市圈统一的规划委员会,通过统一规划编制和实施,进行人口、土地的统一管理。此外,还可以借鉴医保和社保领域的试点改革经验。利用教育新基建的契机,加快教育服务数字化转型,构建一个全国统一的智慧教育服务信息平台,在全国中小学生学籍信息管理系统的基础上,逐步实现教育服务人口的信息互联互通,实现经费拨款、教师编制和教育用地指标的跨地区转移和调剂。这将更好地满足不同城镇居民的教育需求,有助于实现教育资源的合理配置和共享利用。

四、优先发展乡村教育,以解决"乡村弱"问题

在县域内,优先发展乡村教育还是优先发展县城教育,存在理论与实践领域的争议。优先发展乡村教育对于落实国家乡村振兴战略,以及提供就近和方便的义务教育公共服务具有重要意义。乡村教育的优先发展,关键在于弥补乡村教育的短板,促进城乡义务教育的均衡发展。均衡发展是基本公共服务均等化的基本要求,因此,义务教育的公共服务供给必须首先实现均衡化。尽管在改革开放以来的历史进程中,我国的县域内义务

教育已经取得了一定的发展成就，但城乡之间、学校之间和群体之间仍然存在着不均衡现象。因此，优先发展乡村教育，可以补齐乡村教育的短板，促进城乡义务教育的均衡发展，实现公共服务的均等化。尽管自改革开放以来，特别是党的十八大以来，我国在县域内义务教育均衡发展方面取得了历史性的进步，但在城乡、学校和不同群体之间仍存在不均衡的现象。因此，推动城乡整体发展、加速校际均衡发展、确保群体的公平发展，将成为未来县域内义务教育均衡发展的主要任务。

在促进城乡义务教育的一体化和公平化方面，均衡发展具有重要意义。城乡义务教育的公平发展可以从三个方面来考虑。第一，要推进城乡义务教育的平等性公平。这意味着提供均等、平等的义务教育就学机会，确保每个学生都有平等接受教育的权利。实现平等性公平，关键在于推动学校建设标准化。城乡之间的教育差距通常最终表现为学校之间的差距。因此，实施义务教育学校标准化建设工程至关重要。未来需要进一步完善义务教育学校的办学标准，推动学校校舍、安全设施、教学设备、数字化基础设施、班额和教师配备等办学条件达到规定标准，以真正改善办学硬件和软件条件。第二，推进城乡义务教育的补偿性公平，确保所有学生都能享有平等的教育机会。补偿性公平考虑到学生的社会经济地位差异，对社会经济地位处境不利的学生提供额外支持和帮助，以弥补其在教育资源获取方面的不足，体现了社会的公平正义。中共中央办公厅、国务院办公厅《关于推进以县城为重要载体的城镇化建设的意见》提出了一系列措施，以确保城乡义务教育的补偿性公平。首先，要对孤儿、无人抚养儿童、农村留守儿童、困境儿童、特困学生等群体进行精准摸排，并加强教育保障和关爱保护，为他们提供更多的支持和关怀。其次，要大力提高家庭经济困难学生的应助尽助水平，确保家庭经济困难学生的资助覆盖面，并提升学生资助的精准化水平，确保资助资源更加精准地投放到最需要的学生身上。这些举措将有助于减轻社会经济地位处境不利的学生所面临的教育资源不足问题，为他们提供更好的教育机会，促进他们的全面发展和成长，从而推动城乡义务教育的公平发展。第三，推进城乡义务教育的差异性公平是确保每个学生都能得到适切的教育，充分考虑到其个体差异和特殊需求的重要举措。差异性公平强调的是根据学生的个体差异，采取不同的教育措施和资源配置，以满足每个学生的学习需求，实现教育的个性化和差异化。要推进城乡义务教育的差异性公平，需要健全面向全体学生的个性化培养机制。这包括对随班就读的残疾儿童、学习困难学生、学优生、心理问题学生、不良行为学生等特殊群体给予关注和支持。具体而言，需要加强义务教育阶段特殊教育学校建设和普通学校随班就读工作，建立健全针对不同残疾儿童的特殊教育服务机制。同时，应该精准分析学生的学情，全面建立学校学习困难学生帮扶制度，优化创新人才培养环境条件。此外，还要加快学校心理辅导室的建设，切实加强学生心理健康教育，提供必要的心理支持和辅导。通过健全差异性公平的教育体系，可以更好地满足不同学生的学习需求，促进其全面发展和成长，实现城乡义务教育的真正公平和包容。

综合考虑平等性公平、补偿性公平和差异性公平是促进义务教育公共服务均等化的重要途径。这三类公平原则既体现了“有教无类”的原则，即每个学生都有平等接受教育的权利，又体现了“因材施教”的理念，即根据学生的个体差异和需求提供差异化的教育服务。在实践中，通过平等性公平，可以确保每个学生都有机会接受基本的义务教育；通过补偿性公平，可以帮助社会经济地位处境不利的学生获得更多的教育资源和支持；通过差异性公平，可以针对学生的个体差异和需求，提供个性化、差异化的教育服务，促进每个学生的全面发展。

五、转变乡村学校办学模式、构建多样化的人才培养目标

调整乡村学校的办学模式和办学理念是乡村教育发展的关键之一，特别是在乡村振兴战略实施的背景下，办学模式与理念的转变可以从以下三个方面来思考。

第一，考虑本土化和现代化的融合，根据乡村社会发展实际调整教育结构。乡村学校需要在保持本土文化传承的同时，融入现代教育理念和技术手段。这包括在教学内容中融入当地的历史、地理、文化等元素，同时利用现代化的教学设备和教育资源提高教学质量。乡村教育的改革应当充分考虑当地的经济、文化和社会发展水平，调整教育结构，制定符合乡村需求的人才培养目标。例如，针对乡村特色产业的需求，可以加强农业、农村经济等方面的教育内容，培养符合当地发展需要的专业人才。

第二，实现多元化的人才培养目标，协调发展各有侧重的三种教育类型。乡村学校应当培养学生全面发展，不仅注重学术知识的传授，还要培养学生的实践能力、创新精神、社会责任感等。这意味着不仅要关注学生的学业成绩，还要关注其品德修养、社会适应能力等方面的培养。在乡村基础教育、成人教育和职业教育的发展中，需要协调各种教育类型，各有侧重，形成合理的教育体系。乡村基础教育应当注重学生基础知识的普及和提高，成人教育和职业教育则应根据当地的经济结构和职业需求，培养实用型人才。

第三，基础性和发展性并举，强化乡村教育“服务乡村”的功能。乡村学校的教育理念应当既注重基础教育的扎实性，也要关注学生的个性发展和兴趣培养。学校可以开设丰富多彩的选修课程或兴趣小组活动，满足学生多样化的需求，激发他们的学习兴趣和创造力。教育的目的不仅仅是培养人才，更要服务于当地的经济社会发展。因此，乡村教育应当与乡村建设发展相结合，服务于乡村社区的需求。乡村教育还应加强对乡土文化的传承和教育，培养学生对乡土的热爱和认同，促进乡村精神文明建设。

建设有特色的乡村学校是实现乡村教育高质量发展的关键所在，乡村区域特色是乡村文化的基调与底色，乡村区域中的乡村学校不仅是空间上的“在地”，更是文化上的“在场”[①]，可以从以下几个方面进行思考。

第一，乡村区域特色与乡村学校发展。乡村学校应当充分结合当地的地理位置和自然资源，发挥其独特的地域特色。比如，位于山区的乡村学校可以开展山地农业、生态保护等方面的教育活动，而位于农村地区的学校可以注重农业技术培训和农村文化传承等方面。因此，乡村学校的特色应当与当地的地理环境和资源相匹配，体现乡村的文化底

① 央视网.推动乡村学校教育融入乡村文化振兴[EB/OL].(2021-10-22)[2024-02-23].https://edu.cctv.com/2021/10/22/ARTIqK96Rmsagh2MSh0ZoizH211022.shtm.

蕴和传统特色。

第二,文化场域与乡村学校特色。每个乡村学校都有着独特的文化根基,这为其发展特色奠定了文化基础。乡村学校可以通过挖掘本地的历史、传统文化和乡土风情等,打造具有鲜明地方特色的办学品牌。例如,可以开设传统手工艺、地方文化传承等课程,组织校园文化节、乡村游学等活动,让学生在学习的同时能够深入了解本地的文化传统和乡土风情。

第三,空间基础与乡村学校特色。乡村学校所处的地理位置和校园环境也为其发展特色提供了空间基础。学校可以利用周边的自然资源和环境,开展丰富多彩的户外教育活动,如田野考察、生态探索、农耕体验等,增强学生对自然环境的认识和体验,培养他们的环保意识和创新精神。

六、增加乡村教育经费投入总量,加强乡村学校标准化建设

我国义务教育学生中有三分之二分布在县域,而其中农村地区承担着主要的义务教育任务。2016年的数据显示,农村小学数量占全国总数的85.02%,农村初中数量则占77.16%;此外,农村小学在校生数占全国总数的67.04%,而农村初中在校生数占全国总数的65.60%。因此,关注和促进乡村教育的发展显得尤为重要。然而,我们也必须清楚地认识到,在乡村教育投资方面存在一些问题,目前农村小学和中学的教育经费及公共经费都未达到国家平均水平,城乡教育经费投入存在着显著的差距,导致乡村教育的资金投入不足。因此,我们应当增加乡村教育的经费投入总量,缩小城乡义务教育经费投入之间的差距,以确保农村小学和中学的教育经费及公共经费达到国家平均水平。

目前,我国的义务教育学龄人口持续向城镇集中,义务教育城镇化率从2001年的38.2%增长到2016年的75.01%。学生进城读书的平均年度总花费为4354.44元。数据显示,乡村进城小学生(语数外)的成绩高于未进城学生,又低于县城(或乡镇)当地学生;而乡村进城初中生(语数外)的成绩既低于县城学生,也低于乡村学生,并且他们感知到的教师关心程度和对县城(或乡镇)学校的适应性都是最差的,想要离开当前学校的比例也最高。近八成学生家长表示,如果农村教育质量和城市教育质量相同,他们会让子女留在农村学校读书。然而,乡村学校的标准化建设和质量提升在很大程度上受到教育经费的限制,农村义务教育经费总量问题始终是我们关注的焦点。2006年,我国农村义务教育投入管理体制实行了中央和地方分项目、按比例分担的"新机制"。尽管如此,乡村教育经费投入和管理方面仍然存在一些问题,这些问题阻碍了乡村教育质量的提升和发展。其中,最主要的经费投入问题是乡村教育投入总量偏少,无法满足当前乡村教育的经费需求,导致乡村学校的标准化建设无法真正实现,乡村学校缺乏物质和硬件方面的投资。因此,我们应该充分利用各种资源来增加乡村教育的经费投入总量,重视乡村学校的标准化建设,强调乡村学校物质和硬件设备的投入,确保乡村学校在物质和硬件方面得到最低保障,缩小城乡基础教育投入的差距,逐步解决乡村教育发展不足的问题。

首先,针对农村义务教育的投入体制,应在执行"新机制"的基础上,加大中央政府对

贫困地区乡村教育的转移支付力度，以实现国家对贫困地区乡村教育发展的有力支持。必须确保专项转移资金得到有效落实，并且重视资金使用的透明度和明确性。在政策实施过程中，需考虑到乡村社会发展的多样性、差异性和复杂性，根据乡村振兴战略规划中对农村社会的分类，如集聚提升类、城郊融合类、特色保护类及搬迁撤并类等，采取因地制宜的政策措施。特别是对于中西部贫困地区和特困地区，必须加大支持力度，促进乡村学校建设，增加乡村教育的投入，重点关注和确保乡村学校的基本办学条件，从各个方面具体到细节，以实现乡村学校的标准化建设。

其次，应充分调动社会各界的力量，加强对乡村教育的关注，吸引更多社会投资用于乡村教育的发展。乡村教育的进步需要各方共同参与，因此除了强调国家和各级政府对乡村教育投资力度的提升，还需要组织社会各界力量参与到乡村教育的发展中，以增加其社会支持力量。各类社会组织、团体及个人可以通过多种途径关注乡村教育的发展，并以不同的方式参与到乡村教育的建设中。

最后，需充分发挥乡村自身的潜力，为本地区乡村教育的发展提供经费和其他方面的支持。乡村教育的进步不能单单依赖外部支持，更需要充分调动和发挥乡村社会内在的力量来推动乡村教育的发展和建设。各级乡村政府及相关部门应根据国家对乡村教育发展的政策导向，制定符合本地区发展需求的政策举措，并积极关注乡村教育的发展。在乡村社会生产力较为发达的地区，更应加大对乡村学校的投资和关注，促进乡村教育和乡村社会生产力的共同提升。此外，有能力和条件的乡村社会团体和个人也应积极参与到乡村学校的建设中，建立奖学金和助学金体系，为乡村教育的发展贡献力量。

七、完善乡村教育资源分配和使用的合理性

目前，乡村教育发展存在不平衡和不充分的情况，城乡教育差距日益扩大。除了投资量的差异，合理配置和使用经费也是造成城乡教育差距的重要因素。相比之下，城市教育在资源配置方面更加全面和合理。在确保基本办学条件的基础上，城市教育着重加强了教育信息化、教师培训及学校管理方面的投资，教育资源的使用效益也在不断增强，科学的资金管理和监督机制保证了教育资源的有效利用。这些举措不仅提升了城市学校的数量，还提高了办学水平和质量。相应地，乡村教育投资管理体制需要进一步完善，以确保乡村教育资源的合理配置。在保障学校基本条件的同时，乡村学校应重点关注教育信息化和现代化技术的投入、学校管理、教师培训等方面。建立健全适合乡村教育的规范化、科学化的教师培训体系至关重要。在推进基础教育信息化的过程中，首要目标是缩小地区和学校之间在基础设施、硬件设备方面的差距，实现教育资源的均衡配置；其次是通过信息技术提高教学效率，填补教师短缺造成的课程空缺，提升整体教育质量，从而缩小教育质量的差距。

新时代背景下，随着现代化社会发展进程的不断加快，农村社会的现代化发展越来越被重视，在这个过程中，乡村教育的改革和发展不应止步于数量的提升或物质和硬件设备的投入，更应增加在学校管理、教师培训、教育信息化和现代化等方面的投入。我们

需要重视乡村教育投入管理体制的科学化和规范化，以提高资金使用效益，确保乡村学校经费使用的合理性。为此，需要建立科学的经费使用监督机制，加速乡村教育的现代化进程，实现乡村教育质量的提升，办好人民满意的高质量乡村教育。

第五节　贯通区域城乡学校教学设计，促进城乡学生同步发展

在新时代乡村振兴战略下，乡村教育发展的首要任务是认识到其在乡村振兴战略中的优先地位。我们需要在具体落实乡村振兴战略规划的过程中，高度重视乡村教育的发展，将其作为战略实施的重要组成部分。我们必须关注乡村教育发展的需求和政策落实情况，避免重蹈新农村建设时期忽视乡村教育的覆辙。我们不能忽视对乡村教育的重视和发展，而应确保乡村教育在乡村振兴战略中发挥应有的作用。在新时代乡村振兴战略下，我们要坚持政策对乡村教育发展的导向性，确保政策能够明确指引乡村教育的方向。我们也要坚定对乡村教育发展的定位，认识到乡村教育对乡村社会发展的独特和重要使命。为此，我们需要更新乡村教育的发展理念，充分挖掘乡村教育为农村服务的功能，将乡村教育振兴乡村的作用真正落到实处。

近代乡村学校自办学以来就一直重视在服务乡村社区方面的重要性，强调乡村教育的社区服务功能，包括乡土文化传承、社区治理加强、社区生活质量提高等。随着城乡教育一体化的发展，乡村教育的社区服务功能逐渐被弱化，乡村教育改革越来越向城市化发展。因此，针对当前现代化乡村教育的改革，需重新审视和强化乡村教育的社会功能，更新乡村教育的理念，以符合乡村社会的实际需求和时代要求，而非只遵循简单地追随城市化进程的现代化乡村教育路径。在改良和更新教育理念的基础上，乡村学校应当注入现代化的教育理念和生活文化素养，以帮助学生树立现代生活理念，提高乡民的文化水平，增进乡村与现代社会的联系。同时，还应引入现代化的社会生活方式、生活观念和习俗，使其与传统的乡村文化相融合，促进传统乡村文化的传承与发展，推动乡村风俗的改良，并引领乡民走向现代化的健康生活方式，从而规范乡村治理体系，构建现代化的乡村社会生活格局。在新时代，乡村教育的任务不仅在于培养学生适应现代化城市生活的能力，还要保留并传承传统乡村文化，以持续为乡村的发展注入活力。

一、以“城乡一体化”为重点，推动城乡整体发展

在讨论义务教育城乡一体化与城乡整体发展时，将“县域内”作为一个比较合适的空间范围是非常有意义的。在这里，县域不仅指纯粹的城区，还包括城乡接合部的县域，这种县域通常由县城、乡镇、村庄等组成。在推进城乡整体发展的工作中，重点是推进“有城有乡的县域内”义务教育公共服务的均等化供给，以城乡一体化思维来缩小城乡教育

差距。城乡一体化思维是针对城乡二元结构提出的一种新发展观,体现了我国在新型城镇化进程中对城乡关系变化的新认识。在解决城乡教育二元结构问题时,城乡一体化思维具有重要的策略意义。下面从几个方面来准确把握城乡一体化的本质要求。

第一,城乡一体化将城市和乡村视为教育发展的两个共同支点。过去,农村常常被视为被城市剥夺的对象,仅仅是被动接受城市支持的一方。然而,城乡一体化的理念认识到农村也有自身的优势和发展潜力,不再将其视为被动的弱者,而是认识到其在教育发展中具有不可替代的地位。城乡教育一体化的目标是消除城乡之间的教育资源差距,使城市和乡村的教育资源得到充分共享和互补。城乡教育二元结构的根源在于传统的"重城轻乡"发展观念,它认为城市是发展的中心,农村则是被边缘化的对象。然而,这种观念已经不适应当前城乡发展的需求,城乡教育一体化正是要打破这种不合理的结构,使城市和乡村共同成为教育发展的主体,实现城乡教育的均衡发展和共同繁荣。

第二,城乡教育一体化并非意味着削弱或消灭农村教育,也不是将乡村教育城市化,更不是使城乡教育趋于一致。有人可能会错误地将城市教育的模式直接应用于乡村教育,这是一种城市中心主义的思维方式。尽管从发展水平上来看,乡村教育落后于城市教育,但这并不能否定乡村学校自身的特色和优势。乡村学校拥有丰富的乡土教育资源,拥有城市学校所无法比拟的宽敞空间条件,以及较大的小班化教学优势。此外,乡村还为学校提供了丰富的研学和实践资源,这些都是城市学校所不具备的。因此,城乡教育一体化的目标是在充分利用城市和乡村各自的教育资源基础上,实现城乡教育的协调发展,而不是简单地将城市模式强加于乡村教育。

第三,城乡教育一体化要求政府加大城乡教育统筹规划的力度,思考并统一处理城乡教育的发展问题,大力推进城乡之间的义务教育公共服务均等化。政府应当加强对城乡教育的整体规划和统筹,确保城乡教育的发展能够相互促进、协调一致。在空间规划、办学用地、办学条件、教育标准、教育制度建设等方面进行一体化考量,制定相应的政策措施。在均等化方面,要确保城乡义务教育公共服务的均等化,缩小城乡教育资源和服务的差距,包括加大对农村地区教育的投入、提高农村学校的办学条件和教学质量、确保农村学生能够享受到与城市学生相当的教育资源和服务。

教育问题本质上是人的问题,因此必须树立以人为本的发展理念。首先,要树立城乡平等的教育理念。摒弃城乡二元分割的培养取向,将城乡学生的培养目标定位在为城乡一体化发展服务上。制定符合城乡实际的教育目标和课程,为农村学生提供与城市学生相当的教育资源和服务。其次,重视弱势受教育群体和流动人口子女的教育问题。加大对弱势受教育群体和流动人口子女的教育投入和支持,制定相应的政策措施,解决他们面临的教育问题,确保他们能够享有平等的教育机会。此外,制定人性化的教师流动机制。保障乡村教师的生活待遇,提供乡村教师职业生涯发展的支持和帮助,吸引更多的教师到乡村从教,并促进他们在乡村教育事业中全身心投入。

二、以“核心素养”为导向，促进城乡义务教育优质均衡发展

在推进中国式现代化、推动高质量发展、加快建设教育强国的背景下，我国的义务教育已经从基本均衡走向优质均衡发展的新阶段。基本公共教育服务不仅是民生问题，还是国家发展的基础，因此，义务教育不仅需要均衡发展，更需要追求优质发展。我国义务教育的发展目标是到2035年，确保义务教育学校的办学条件、师资队伍、经费投入和治理体系能够适应教育强国的需要，市（地、州、盟）域的义务教育均衡发展水平显著提升，绝大多数县（市、区、旗）域的义务教育能够实现优质均衡，适龄学生能够享受公平优质的基本公共教育服务，使得我国的义务教育水平整体上步入世界前列。

为了实现这一目标，义务教育需要进行整体改革，从城乡一体化的视角来统筹城乡义务教育的发展，重点解决乡村教育优质化发展的问题，下面从目标层面、过程层面、保障层面三个维度来探讨这个问题。

第一，在目标层面，确立城乡统一的义务教育质量标准是十分重要的，这意味着不论学校所在地的城乡差异，学生都应该接受到相同水平的教育质量。在这一标准下，应该注重全面发展学生的核心素养，而不仅仅是侧重于学业成绩和升学率，帮助乡村学生摆脱单以考试成绩论英雄的束缚，培养出更多具有综合素质的人才。乡村学校的培养目标应该朝向更广泛的方向，而不仅仅是传统的“新型农民”，因为现代社会需要更多具备创新能力、合作与交流能力、自我发展素养和信息素养的人才。通过这样的教育方式，乡村学生可以更好地适应未来社会的竞争环境，从而站在更加公平的起跑线上。

第二，在过程层面，优化课程结构和改进教学方式是提升乡村教育质量的重要措施。要根据学生的个体差异，灵活调整教学内容和方法，以促进每个学生的个性化发展。为了解决农村学校课程建设中存在的城市中心主义倾向，应建立城乡课程资源的开发和共享机制，充分利用国家信息技术平台提供优质课程。在教学方法方面，应推广启发式、探究式、参与式等先进的教学模式，同时加强乡村教师的培训和交流，提高其课堂教学水平。在数字化教育背景下，应积极推动教育教学与信息技术的深度融合，支持教师运用人工智能等新技术创新教学方式，提高他们的数字素养和信息技术应用能力。

第三，在保障层面，教育资源的均衡配置和教师队伍的建设是实现义务教育优质均衡发展的重要保障。政府应当增加对义务教育的投入，确保学校拥有充足的土地空间、教学设施和教学资源，特别是乡村地区的学校。此外，还需要确保学校的财务运作充足，保障学校的正常运转和教学活动的开展。同时加大对教师队伍的培训和激励力度，提高教师的专业水平和教学能力。通过提供更多的培训资源和机会，吸引优秀人才从事教育工作，并确保教师队伍的合理配置和均衡发展。最后建立健全管理机制，加强对县域内义务教育的统筹规划和协调管理，推动县域内教育资源的共享和优化配置，确保每所学校都能够获得公平合理的资源支持。

三、调整现有乡村学校课程体系，强调基础性和乡土性教材并重

乡村基础教育作为基础教育的一部分，既要履行传授基础知识和技能的职责，又要注重培养学生的乡土意识和文化认同。在课程设置上，乡村学校可以根据当地的经济、文化和社会特点，开设乡土课程，涵盖乡土历史、地理、传统文化、农业知识等内容，帮助学生了解和珍视自己的家乡。这样的举措不仅有助于学生建立对乡村的情感联系和认同感，还有利于保护和传承乡村的传统文化和历史遗产。乡土教育还可以激发学生的创新精神和实践能力，培养他们为乡村振兴战略作出贡献的意识和能力。因此，乡村学校在课程设置上要灵活多样，结合本地实际，注重培养学生的乡土情怀和创新能力，为乡村的可持续发展注入新的活力。

乡土教材的开发和乡土知识的传授对于乡村基础教育的改革和乡村振兴战略具有重要意义。通过开发适合乡村学生的乡土教材，可以增加学生对乡土文化的了解和认同，增进他们对家乡的热爱和责任感。乡土教育还可以激发学生的乡村情怀和创造力，培养他们为乡村振兴战略贡献力量的愿望和能力。在乡村基础教育的改革中，需要切实调整和改变现有的发展思路，从单纯追求学生走出乡村到注重学生回归乡村，为乡村建设出力。陶行知所批判的"中国乡村教育走错了路"的观点，提醒我们应该更加注重培养乡村学生的乡土情怀和责任感，让他们成为振兴乡村的生力军。因此，在乡村基础教育的改革中，一方面要确保学生获得基本的教育水平和技能，以满足他们的升学需求；另一方面要加强乡土教育的推广，培养学生对乡村的情感认同和责任感。通过校本课程的开发和实施，可以更好地满足乡村学生的教育需求，为振兴乡村培养更多的人才。

乡村学校在注重乡土特色、乡村文化传承方面的努力不仅仅需要政策的规范与支持，更需要政策的切实落实。过去在课程设置上，虽然有校本课程的开发，但实际上乡土课程往往没有得到足够的重视和实施，导致乡土知识在乡村学校中较少被关注。城市化、现代化的教育理念也使得乡村教育失去了自我认同和独特价值感。因此，当前的主要任务之一就是让人们充分意识到乡土教材的重要性，以及乡土知识对于乡村社会发展、乡村少年人格健康养成和乡村教育独特价值体系建立的重要性。人们需要从内心深处认识到乡土知识的独特性和重要性，而不是仅仅把它看作一种学习内容。乡土知识的学习，对于乡土文化的传承和对孩子们乡土情怀、乡愁情怀的培养至关重要。乡土知识与乡土社会紧密相连，对于乡村生活和秩序的构建具有不可替代的价值。因此，乡土教材的开发与实施是传统乡土文化传承的主要途径。它不仅丰富了乡村基础教育课程的内容，还突出了乡村教育的文化功能，有助于传承和延续乡土文化，实现乡村教育的价值增值。为此，政府、学校、教师和社会各方需要共同努力，将乡土教育纳入课程设置的重要部分，重视和推动乡土教材的开发与实施，为乡村教育的发展注入新的活力和动力。

四、促进传统乡风文化的传承和改良，传播现代化的乡村生活理念

乡村教育与乡村文化之间存在着相互促进的关系。乡村文化的现代化需要依托乡村教育的现代化来实现，而乡村教育的现代化又能够促进和实现乡村文化的现代化。通过开设现代化的课程，如体育课和文明艺术性课程，乡村学校不仅能够丰富教学内容，提高学生的综合素质，还能够引导学生形成良好的品德和健全的人格。这些活动也对乡村社会的精神文明建设起到了引导作用，促进了乡民对现代社会生活的认同和接纳。这种积极的影响有助于改善乡村的风气和风俗，构建现代化的生活方式和休闲方式。乡村学校开展的文娱活动能够促使乡民参与其中，使学校与乡民的联系更加紧密，增强了乡民对现代化教育理念的认同。通过这种方式，乡村学校不仅在教育方面发挥了重要作用，还成为推动乡村社会现代化建设的重要力量。因此，乡村教育的现代化建设与乡村社会的现代化建设是相辅相成、相互促进的过程。

乡村教育在乡村现代化建设中发挥着至关重要的作用。乡村社会治理的现代化需要乡村教育的支持和配合，而乡村教育的现代化又能够促进乡村社会治理的现代化。现代社会以契约为基础，注重守规矩、讲诚信。在乡村社会治理中，传统的礼治与现代的法治相结合，形成了一种独特的治理方式。乡村教育作为社会治理的重要组成部分，承载着传承现代治理理念的重要责任。在乡村教育中，教学内容应强调现代化治理理念，让学生了解现代社会的规范和要求。乡村学校的组织管理也应该标准化、规范化，以实践现代治理理念。此外，乡村学校的校园文化也应体现现代化治理理念，通过校规、班规等规范学生的行为，培养学生对现代化治理理念的认同。现代化治理理念通过乡村教育的渗透和实践，逐渐融入乡村社会，为乡村的现代化发展提供了重要的思想基础和人才支持。乡村教育的现代化进程与乡村社会治理的现代化步伐紧密相连，二者相互促进，共同构筑起乡村社会全面进步与持续发展的坚实基石。

五、构建“互联网+教育”大数据平台，推进优秀课程资源共享

利用“互联网+”构建大数据平台，加强对教育构成要素和教育资源的搜集与跟踪，是实现城乡义务教育一体化的重要举措之一。通过大数据平台，可以收集并分析人口数量、人口流动情况、教师数量等相关信息，从而更好地进行教育资源的配置与规划。利用大数据技术，政府和相关部门可以更准确地了解到不同地区的教育需求和资源分布情况，有针对性地制定教育发展规划和城市发展规划。这样一来，就能够更好地满足城乡居民的教育需求，实现教育资源的合理配置和优化利用。大数据平台也可以帮助监测教育资源的使用情况和效益，及时调整教育资源的配置，确保资源的有效利用和均衡分配。通过大数据的分析和应用，可以实现教育资源的动态调配，提高教育资源的利用效率，促进城乡义务教育的一体化发展。

利用“互联网+教育”大数据平台也可以有效地针对“空心校”现象进行改善。“空心

校”现象指的是农村学校师资队伍的空缺或者编制不足，这一现象主要由城乡资源分配不均、城市化进程加速等因素导致的。解决“空心校”现象，确实需要城乡教师资源的共享和合理流动。有资料显示“山西五寨县前所乡中心小学，有9名教师，只有1名学生。学校办起了幼儿园，但也只有27名学生。有一所小学，有25名教师，仅有3名学生。有一所一贯制学校，有39名教师，仅33名学生。还有一所一贯制学校，有17名教师，仅有14名学生[①]”，重庆市也有类似的情况，造成教育资源浪费。建立全国师生信息库并利用互联网大数据平台是一种有效的方法，可以实现对师生信息的全面了解和动态调控，有助于更加精准地协调教师资源，推进城乡义务教育的师生资源一体化管理。

加强网络优质共享课程资源建设、推进优秀课程资源的共享，是实现城乡义务教育一体化发展的重要举措之一。通过网络平台提供优质的教育资源，不仅可以让城乡学生都能够接触到高质量的教育内容，缩小城乡教育资源的差距，提升教育公平性，还可以让城乡学校共享优质教育资源，从而缓解乡村教师编制不足和流动受限的问题，提升乡村教育质量。城乡学校可以利用智慧教室等设备将网络课程资源传递给学生，解决师资不足的问题，提升学生的学习效果。政府层面也可以整合各种网络教育资源，建设国家中小学生网络学习平台，让学生可以方便地获取到适合自己学习需求的课程资源。当然，要注意在建设网络课程资源的同时，加强对这些资源的管理，确保其质量和教育性效果，避免出现低质量或不适合学生学习的资源，并且有针对性地加强教师和学生的网络课程资源培训，指导他们如何有效地利用这些资源进行教学和学习，提升其教育和学习效果。

六、运行城乡学校协同教育模式

运用城乡学校协同教育模式，可以实现乡村学校教育与现代化接轨，并促进其更高质量的发展。这种协同主要涉及学校、教师和学生三个方面，通过从乡村学校教育的主要参与者出发，为乡村学生提供优质的学习成长环境。

(1)学校层面。

校际研讨活动是促进城乡学校协同教育发展的重要途径之一，因此需要确保城乡学校共同参与、共享资源，推动城乡学校协同教育模式的顺利推进，但在实践过程中，会面临许多现实问题。第一，许多乡村学校面临规模小、运动场所简陋、设施设备不齐全等问题，而城市学校通常办学规模较大，运动设施齐全，因此城乡学校协同教育的双方可以定期组织研讨会，并安排乡村学校学生到城市学校进行访学。在城市学校，他们将与城市学生共同生活、学习，这能够拓宽他们的视野，提升他们的自信心，并激发他们的远大理想。第二，乡村学校普遍经济水平较差，给教师发放的薪资较低，导致许多优秀的青年教师更加倾向于在城市学校工作。因此城乡学校之间的师资共享是一个有效的解决方案，可以帮助乡村学校克服师资力量薄弱的问题，提高教育质量。通过定期安排城市学校的教师团队到乡村学校开展教学研讨活动，不仅可以提升乡村教师的教学水平，还可以丰

①吕梦琦，晏国政．“空心化”挑战农村教育布局[J]．瞭望，2016(15)：2.

富乡村学校的教育资源和教学内容。乡村学校也可以充分利用现代化教育资源，通过同步课堂、名师课堂、专递课堂等形式，引入城市学校的教学资源和优质课程，提高乡村学生的学习体验和教育水平。这种城乡学校协同教育的模式不仅有助于解决乡村学校师资力量不足的问题，还能促进城乡教育资源的共享和优化，实现教育公平与均衡发展。第三，城乡学校之间在管理水平、管理力度上可能存在一定差异，城乡学校之间可以定期开展交流活动，并分享管理理念和经验，以提升乡村学校的管理水平和教育质量。通过由城市学校管理团队向乡村学校管理团队传递新型管理理念，可以帮助乡村学校更好地适应现代化管理的要求，提高管理效率和水平。城乡学校之间的互相交流，也有助于发现乡村学校管理中存在的问题和薄弱点，为乡村学校改进管理提供指导和支持。这样的交流活动有助于促进城乡教育资源的共享和优化，推动乡村学校更好地落实义务教育学校管理标准，提高教育教学质量，促进教育公平与均衡发展。第四，对于城乡学生在学习环境上的差异，可以建立技术团队，让乡村学校技术团队及时了解到城市学校的最新技术发展和应用案例，从而及时应用到乡村学校的教学和管理中。通过与城市学校技术团队的交流，乡村学校技术团队可以学习到更先进的技术理念、技术方法和技术工具，从而提升乡村学校的技术水平，为乡村学校提供更好的技术支持和服务。这样的交流平台还可以促进城乡学校之间的合作与共享，共同推动教育信息化和现代化，为培养符合时代要求的信息化人才作出积极贡献。

(2)教师层面。

乡村学校教师应当充分利用城乡学校协同教育平台，与城市学校教师展开研学共进，从中获得宝贵的教学经验、现代化教学方法和教学资源。这种合作有助于提高乡村学校教师的教学水平和专业素养，促进其在教学实践中运用现代化教育技术和方法。通过与城市学校教师的交流与学习，乡村学校教师也能够增强对教育理论的理解和认识，进一步提升自己的教学水平。这种跨校合作有助于缩小城乡教育差距，推动城乡教育资源的共享与均衡发展。具体来说，第一，面对教育理论水平和现代化教学实践能力的不足，乡村学校教师应该以积极的态度面对挑战，并且意识到自己需要不断学习和进步。摆正心态，以学习者的姿态来接受新知识、新技能，是非常重要的。通过积极主动地参与城乡学校协同教育平台的交流与学习，乡村学校教师可以借鉴城市学校教师的经验和教学方法，不断提升自己的教学水平和专业素养。与城市学校教师共同研讨，也能够促进思想碰撞和学术交流，拓宽视野，加速个人成长和发展。因此，树立并提高与城市学校教师共同研讨的积极意识是非常重要的。第二，由于乡村学校的大部分教师，尤其是老教师，多为大专出身，针对乡村学校老教师的理论研学能力相对较弱的情况，城市学校教师可以提供帮助和支持，共同开展学术研讨活动，在学术研讨活动中，双方可以聚焦现代化教育教学理念，分享教学经验、教育理论和教学方法。城市学校教师可以借此机会向乡村学校教师介绍最新的教育理论和研究成果，帮助他们提升教育理论水平和学术能力。双方也可以共同总结教学实践中的经验，探讨解决教学中的难题，相互启发，共同进步。第三，对于城乡教师在教学实践能力上的“数字鸿沟”，乡村学校教师在信息技术应用方面确实存在一定的困难，而城市学校教师通常具有更多的资源和经验。因此，定期到城市学校观课、参与评课可以有效地帮助乡村学校教师提升教学实践能力，缩小城乡教育间的“数字鸿沟”。通过观课和参与评课，乡村学校教师可以近距离地观摩城市学校优秀教师的教学实践，了解他们如何运用现代化教学设备和办公软件进行教学。同时，与城市学校优秀教师进行交流沟通，可以及时解决在教学实践中遇到的问题，获取更多的教学经验和技巧。

(3)学生层面。

城乡双方的学生可以通过形成小组互相结伴的方式来实现共同成长。第一，通过城乡学校学生的结对形式同学共进、共追梦想，能够有效地促进城乡学生之间的交流与互动，增强乡村学生的课堂参与度和在线学习的积极性。这样的形式不仅能够拓宽城市学校学生的视野，还能够帮助乡村学校学生建立起对教育的主动意识，增强其对学习的兴趣和动力。第二，城市学校教师在向乡村学校学生授课时，应该注重与学生的互动，结合乡村学校所蕴含的特色乡村文化，使教学内容更加贴近学生的实际生活和文化背景。这样不仅能够提高学生的学习兴趣，还能够帮助他们建立起对自己文化的认同感和自信心。第三，通过城市学校访学活动，帮助乡村学生增强主观受教育意识。与城市学生结对参与在校生活，能够有效地拓宽乡村学生的视野，帮助他们树立远大理想与奋斗目标，也能够为城市学生提供一种锻炼和服务的机会，增强他们的社会责任感和团队合作意识。

简单来说，城乡一体化发展的本质是资源要素的平等交换与公共资源的均衡配置，而城乡义务教育一体化的核心在于城乡义务教育要素的平等自由流动与资源的均衡配置。在实践过程当中，城乡义务教育一体化不应当仅仅局限于教师资源的流动，而要从义务教育要素的各主体出发，实现学校、教师、学生的一体化，从而疏通解决城乡义务教育发展所面临的二元化问题。

附　录

附录1　重庆市区域城乡义务教育一体化发展现状调查问卷（教师版）

尊敬的老师：

您好！非常感谢您在百忙之中参与此次调查。为了全面了解重庆市区域城乡义务教育一体化的实际情况，以便为后期研究提供参考，我们设计了本调查问卷。本调查问卷采取匿名方式作答，调查数据仅用作学术研究，请您根据自身真实情况放心填写。本调查问卷没有特殊说明的均为单项选择题，请您在括号内填写您认为符合的选项字母。感谢您的支持与配合，祝您生活愉快！

一、被调查者基本情况

1.您的性别是（　　）。

A.男　　B.女

2.您的教龄（不足1年按1年计）是（　　）。

A.1~5年　　B.6~10年　　C.11~20年　　D.21年及以上

3.您的学历是（　　）。

A.大专及以下　　B.本科　　C.研究生及以上

4.您的职称是（　　）。

A.初级　　B.中级　　C.高级

5.您目前任教的学段是（　　）。

A.小学　　B.初中

6.您所在的学校位于（　　）。

A.城市　　B.乡村

二、区域城乡义务教育一体化现状调查

（一）资源配置情况

7.您所在学校的基础设施是否完善？（　　）

A.非常完善　　B.基本完善　　C.不太完善　　D.很不完善

8.您认为以下哪些基础设施有待改善/增加？（　　）

A.上课场地　　B.教学器具　　C.多媒体设备　　D.其他

9.您所在学校的哪些教育资源做到了对外开放？（　　）

A.图书馆　　B.实验室　　C.公开课　　D.其他

10.您所在学校使用对外开放的教育资源情况如何？（　　）

A.经常使用　　B.偶尔使用　　C.基本不使用　　D.完全不使用

（二）师资建设情况

11.您所在学校教师的工作态度是?(　　)

A.非常负责　B.比较负责　C.不太负责　D.完全不负责

12.您所在学校教师的教学水平是?(　　)

A.非常高　B.比较高　C.比较低　D.非常低

13.您参加教师培训的频率是?(　　)

A.经常　B.偶尔　C.不参与

14.您认为公开的教研活动对您帮助大吗?(　　)

A.影响很大　B.一般　C.作用不大

（三）相关经费情况

15.您所在学校的教育相关活动收费难易情况是?(　　)

A.非常容易　B.比较容易　C.比较难　D.非常难

16.您所在学校的教育经费数量情况是?(　　)

A.非常充足　B.比较充足　C.比较缺乏　D.非常缺乏

17.您所在学校的教育经费来源情况是?[可多选](　　)

A.政府拨款　B.社会捐助　C.学习者自费　D.其他

18.您认为所在学校教育经费管理是否合理?(　　)

A.非常合理　B.比较合理　C.不太合理　D.不合理

（四）组织管理情况

19.您对当前学校的授课安排与管理是否满意?(　　)

A.非常满意　B.比较满意　C.一般　D.不太满意

20.您对当前的工作待遇是否满意?(　　)

A.非常满意　B.比较满意　C.一般　D.不太满意

21.您对所在学校的学生组织管理是否满意?(　　)

A.非常满意　B.比较满意　C.一般　D.不太满意

问卷结束,衷心感谢您的参与!

附录2　重庆市区域城乡义务教育一体化发展现状调查问卷（家长版）

尊敬的家长：

您好！非常感谢您在百忙之中参与此次调查。为了全面了解重庆市区域城乡义务教育一体化的实际情况，以便为后期研究提供参考，我们设计了本调查问卷。本调查问卷采取匿名方式作答，调查数据仅用作学术研究，请您根据自身真实情况放心填写。本调查问卷没有特殊说明的均为单项选择题，请您在括号内填写您认为符合的选项字母。感谢您的支持与配合，祝您生活愉快！

一、被调查者基本情况

1.您的性别是(　　)。

A.男　　B.女

2.您孩子就读的学段是(　　)。

A.小学　　B.中学

3.您的户籍是(　　)。

A.本地户籍　　B.外省市户籍　　C.港澳台户籍　　D.其他

4.您孩子就读的学校属于(　　)。

A.城市学校　　B.乡村学校

二、区域城乡义务教育一体化现状调查

（一）资源配置情况

5.您对学校的办学理念和办学目标满意吗？(　　)

A.非常满意　　B.比较满意　　C.一般　　D.不太满意

6.您对学校的校园办学条件满意吗？(　　)

A.非常满意　　B.比较满意　　C.一般　　D.不太满意

7.您对学校开展的各类校内外实践活动满意吗？(　　)

A.非常满意　　B.比较满意　　C.一般　　D.不太满意

8.您对学校的办学特色满意吗？(　　)

A.非常满意　　B.比较满意　　C.一般　　D.不太满意

（二）师资建设情况

9.您对学校教师的师德师风和品德素养满意吗？(　　)

A.非常满意　　B.比较满意　　C.一般　　D.不太满意

10.您对教师的教育教学水平和成效满意吗?(　　)

A.非常满意　　B.比较满意　　C.一般　　D.不太满意

11.您对孩子在学校中个性与特长的发挥满意吗?(　　)

A.非常满意　　B.比较满意　　C.一般　　D.不太满意

12.您对孩子的学习成绩和在校表现满意吗?(　　)

A.非常满意　　B.比较满意　　C.一般　　D.不太满意

(三)相关经费情况

13.您孩子所在学校的教育相关活动收费多吗?(　　)

A.非常多　　B.比较多　　C.比较少　　D.非常少

14.您对孩子所在学校的教育收费情况满意吗?(　　)

A.非常满意　　B.比较满意　　C.一般　　D.不太满意

15.您对孩子所在学校的教育经费使用情况了解吗?(　　)

A.非常了解　　B.比较了解　　C.不太了解　　D.不了解

16.您认为孩子所在学校的教育经费管理是否合理?(　　)

A.非常合理　　B.比较合理　　C.不太合理　　D.不合理

(四)组织管理情况

17.您对学校的管理水平和管理服务满意吗?(　　)

A.非常满意　　B.比较满意　　C.一般　　D.不太满意

18.您对孩子所在学校的学生组织管理是否满意?(　　)

A.非常满意　　B.比较满意　　C.一般　　D.不太满意

19.您对学校实施素质教育、减轻学生负担的成效满意吗?(　　)

A.非常满意　　B.比较满意　　C.一般　　D.不太满意

问卷结束,衷心感谢您的参与!

附录3　重庆市区域城乡义务教育一体化发展现状调查问卷(学生版)

亲爱的同学:

您好！非常感谢您在百忙之中参与此次调查。为了全面了解重庆市区域城乡义务教育一体化的实际情况,以便为后期研究提供参考,我们设计了本调查问卷。本调查问卷采取匿名方式作答,调查数据仅用作学术研究,请您根据自身真实情况放心填写。本调查问卷没有特殊说明的均为单项选择题,请您在括号内填写您认为符合的选项字母。感谢您的支持与配合,祝您生活愉快!

一、被调查者基本情况

1.您的性别是(　　)。

A.男　　B.女

2.您就读的学段是(　　)。

A.小学　　B.初中

3.您就读的学校属于是(　　)。

A.城市学校　　B.乡村学校

二、区域城乡义务教育一体化现状调查

(一)资源配置情况

4.学校有图书馆、艺体专用教室吗?(　　)

A.有,并且很充足　　B.有,但数量很少　　C.没有

5.您常常到这些功能教室去上课吗?(　　)

A.经常去　　B.偶尔去　　C.没去过

6.学校操场在大课间集体活动时空间够用吗?(　　)

A.宽松　　B.比较拥挤　　C.非常拥挤

7.学校班级小学超过45人(中学超过50人)的班级多吗?(　　)

A.没有　　B.比较少　　C.比较多

8.您所在的学校具有悠久的办学历史和明确的办学理念吗?(　　)

A.非常满意　　B.比较满意　　C.一般　　D.不太满意

9.学校开设兴趣小组或社团吗?(　　)

A.没有　　B.比较少　　C.比较多

(二)师资建设情况

10.您感到老师品德高尚、严于律己,在生活和学习中为我们作出了榜样吗?(　　)

A.非常满意　　B.比较满意　　C.一般　　D.不太满意

11.教师经常和家长沟通您的学习情况和全面发展情况吗?(　　)

A.非常满意　　B.比较满意　　C.一般　　D.不太满意

12.对自己的学习成绩和在校表现满意吗?(　　)

A.非常满意　　B.比较满意　　C.一般　　D.不太满意

13.您的学校师资力量雄厚,拥有很多本市名师吗?(　　)

A.非常满意　　B.比较满意　　C.一般　　D.不太满意

(三)相关经费情况

14.您所在学校的教育相关活动收费多吗?(　　)

A.非常多　　B.比较多　　C.比较少　　D.非常少

15.您对学校的教育经费使用情况了解吗?(　　)

A.非常了解　　B.比较了解　　C.不太了解　　D.不了解

(四)组织管理情况

16.学校的艺术、体育、劳动、信息课程未上或被其他课程代替的现象多吗?(　　)

A.非常多　　B.比较多　　C.比较少　　D.非常少

17.学校在周末或节假日要求你们回校补课或推荐到培训机构补课吗?(　　)

A.非常多　　B.比较多　　C.比较少　　D.非常少

18.学校有教师在周末或者节假日私自招收学生,进行有偿补课的现象吗?(　　)

A.非常多　　B.比较多　　C.比较少　　D.非常少

问卷结束,衷心感谢您的参与!

附录4　重庆市区域城乡义务教育一体化发展现状访谈提纲(教师版)

尊敬的老师:

您好！非常感谢您在百忙之中参与此次访谈。为了全面了解重庆市区域城乡义务教育一体化的实际情况,以便为后期研究提供参考,我们诚挚地邀请您根据自身的经验与理解,对下面的问题谈一下您的看法。本次访谈采用匿名的方式,您的回答仅用于学术研究,所有回答没有好坏、对错之分,我们对于您的回答绝对保密。您的意见和观点对于本研究至关重要,谢谢您的支持!

1.您对目前的工作环境和工资待遇满意吗?

2.学校的功能室使用频率高吗?

3.学校为促进学生全面发展做了哪些努力?

4.您平时如何提高自身的专业素养?

5.同事离职率高吗?

6.平时管理学生存在哪些困难?

7.家长对学校工作的配合度高吗?

8.在本校任教过程中,您对本校的教师资源配置现状有何看法?

9.您认为本校在教师资源配置上存在哪些方面的实际问题?请您结合实际谈谈。

10.您认为本校在软硬件资源配置上存在哪些方面的实际问题?请您结合实际谈谈。

11.您对本校的教育经费使用情况了解吗?有什么看法?请您结合实际谈谈。

12.您认为在本县(市、区)内,教师发展的最大障碍和困难是什么?

13.您所在的学校在教师专业发展方面采取了哪些措施?效果如何?

14. 您所在学校近几年有新教师进入吗？新进校教师的情况如何？

15. 您所在学校是否存在教师流失现象？此类现象是否严重？教师主要流向哪里？您认为引发教师流失的原因有哪些？并由此带来了哪些影响？

16. 您对当前的教师流动政策（如支教政策、交流轮岗等）的态度是？您觉得应该以什么为标准来确定教师流动的对象？最满意的教师流动方式是什么？

17. 您对当前信息技术在教育教学中的应用的态度是？您觉得信息技术对于实现城乡义务教育资源精准配置是否有效？

18. 您认为本县（市、区）的教育环境中，是否存在不合理的机制体制？您的意见是？

19. 您认为本县（市、区）在城乡义务教育一体化发展的推进过程中，是否还存在问题？若有，请举例。

20. 您认为影响城乡义务教育一体化的主要因素有哪些？对政府、学校、教师等相关主体有何建议？

附录5　重庆市区域城乡义务教育一体化发展现状访谈提纲（家长版）

尊敬的家长：

您好！非常感谢您在百忙之中参与此次访谈。为了全面了解重庆市区域城乡义务教育一体化的实际情况，以便为后期研究提供参考，我们诚挚地邀请您根据自身的经验与理解，对下面的问题谈一下您的看法。本次访谈采用匿名的方式，您的回答仅用于学术研究，所有回答没有好坏、对错之分，我们对于您的回答绝对保密。您的意见和观点对于本研究至关重要，谢谢您的支持！

1. 您是通过什么途径了解这所学校的？

2. 您为什么把孩子送到这里？

3. 您对学校的环境和设施满意吗？

4. 您平时关注孩子的在校情况吗？

5. 您对本县（市、区）的小学和初中数量、布局，以及满足就近入学需求方面有何看法？

6. 您对本县（市、区）义务教育阶段学校在招生工作的公平公开透明方面有何看法？

7. 您对本县（市、区）政府相关部门在减小学校差距方面所做的工作及出台的政策有何看法？

8. 您认为进城务工人员随迁子女在本县（市、区）的就学权利保障如何？

9. 您觉得本县（市、区）义务教育阶段的校际之间的老师水平差距大吗？请您结合实际谈谈。

10. 你觉得本县（市、区）义务教育阶段的校际之间的办学条件（包括校舍和设备等）

差距大吗？请您结合实际谈谈。

11.您觉得本县(市、区)优质资源共建共享政策(如名校办分校、集团化等)的执行对促进义务教育均衡发展的作用如何？

12.您觉得本县(市、区)义务教育阶段学校额外订购教辅材料的现象多吗？

13.您认为本县(市、区)义务教育阶段学生参加校外辅导班的现象多吗？

14.您对本校的教育经费使用情况了解吗？

15.您孩子所在学校的班级人数超过45人的现象多吗？

16.您对本县(市、区)在提高教育质量方面所做的工作满意吗？

17.您认为本县(市、区)教育环境中，是否存在不合理的机制体制？您的意见是？

18.您认为本县(市、区)在城乡义务教育一体化发展的推进过程中，是否还存在问题？若有，请举例。

19.您认为影响城乡义务教育一体化的主要因素有哪些？对政府、学校、教师等相关主体有何建议？

附录6　重庆市区域城乡义务教育一体化发展现状访谈提纲（学生版）

亲爱的同学：

您好！非常感谢您在百忙之中参与此次访谈。为了全面了解重庆市区域城乡义务教育一体化的实际情况，以便为后期研究提供参考，我们诚挚地邀请您根据自身的经验与理解，对下面的问题谈一下您的看法。本次访谈采用匿名的方式，您的回答仅用于学术研究，所有回答没有好坏、对错之分，我们对于您的回答绝对保密。您的意见和观点对于本研究至关重要，谢谢您的支持！

1.与其他学校相比，你觉得你的校园环境怎么样？

2.你认为你的上学、放学路途远吗？

3.你们班上课水平好的老师多吗？

4.你们班公开你的考试成绩或考试名次吗？

5.你们学校艺术、体育、劳动、信息课程未上或被其他课程代替的现象多吗？

6.你认为你校教师使用多媒体上课的次数多吗？

7.与其他学校相比，你认为你校的办学条件(如实验室、多功能室、教学仪器设施设备、音体美器材、图书馆、运动场馆等)好吗？

8.客观地讲你认为你的课业负担重吗？

9.你校有教师在周末或者节假日私自招收学生，进行有偿补课的现象吗？

10.你的父母会主动了解你的学习情况吗？

